日本演劇思想史講義

西堂行人

NISHIDO Kojin

論創社

日本演劇思想史講義

NISHIDO Kojin

西堂行人

はじめに——世界の中の日本演劇

日本の演劇は、能や歌舞伎に代表される伝統演劇と、明治以降に誕生した近・現代演劇が並走して歴史を築いてきたと言われる。両者は、互いに浸食し合わない隔絶したジャンルとして進展したためタコツボ化した文化、芸術と見なされてきた。

だが果たしてそうだろうか。日本演劇の歴史には各時代に突出した特異な現象がある。それらは飛び石のように不連続だが、時代背景と照らしてみると、ゆるやかな稜線を描いてつながっているように思われる。「演劇」という枠組みで捉えると、その線は見えにくいが、社会的事件や背景と並列してみると、案外理解しやすいかもしれない。逆に演劇史における代表的な舞台を考察することで、社会の全体像が浮かび上がってくる。

西欧的な合理的思考は、明治期以降なら適応可能である。だがそれ以前の古代や中世、前近代である江戸時代までは同じ視点で扱うことはできない。西欧的な視点で見れば、独立した島宇宙を形成しているように見える各時代の現象も、別の視点で概観したならば、「日本演劇史」は別の相貌をもって立ち現われてくるだろう。

一四世紀に成立した能は、「家」という集団によって芸能が伝承し、近代まで生き延びた。それを継承させたのは、例えば世阿弥が著した『風姿花伝』という書物と言えるだろう。そこで記されているのは、演技術と演出術であり、身体の文化についての秘伝である。

まさに観世家の舞台形象のエッセンスであった。野外や屋外で上演されてきた能は室内劇場、つまり能舞台という固定化された舞台形式で上演され、ジャンルとして確立することになった。そこから能の歴史を「集団・身体性・劇場空間」という三つの基本要素で抽出することができる。

では歌舞伎はどうか。歌舞伎もまた代々の「家」によって伝承された芸術である。共有された「演技＝身体」が基盤をつくり、芝居小屋が彼らの技芸を保証し、そこに集う町人階級が歌舞伎という芸能を育ててきた。歌舞伎役者という集団は町人文化の真っただ中で生息し、娯楽を提供した。その意味では、狂言も人形浄瑠璃から転じた文楽も、同様である。

近代以降も西欧的な視点だけで捉えることはできない。近代国家になって、日本は否応なく他国と交わり、国際化、世界化されていった。というより、外国との異文化接触によって「近代国家」にならざるをえなくなったと言うべきだろう。と同時に、演劇はその時代の現実、とりわけ政治や経済の動向とは無縁ではいられなくなった。演劇は人々の単なる慰みものや娯楽としてだけでなく、社会に参加するための道具となり、現実を変えたり、人生の生き方を考える「思想」ともなった。

二〇世紀は、それ以前の歴史に比べて、驚くほど大きな変化をとげた。科学の発達にともなって文明の進化は加速化した。さらに二一世紀にはコンピュータやインターネットの急速な普及により、あらゆる次元でのグローバル化が避けられなくなった。こうした時代にあって、能や歌舞伎が成立した一四世紀や一七世紀はどう位置づけられるのか。今ひとたび歴史を通覧する「思想」、とりわけ「演劇思想」というものの所在を問わねばならない。

演劇には必ず俳優と観客が存在する。同じ空間に共存する彼らは劇作家と呼ばれる職能を通じて虚構の世界を生み出す。そして舞台で営まれる彼らの行為はその場で消えていくが、戯曲というテクストは記録として残され、後世の人びとが消滅した舞台を再生させる有力な手がかりとなる。舞台装置や照明、小道具、衣裳といったスタッフ作業の覚書きやプランも舞台を再現する重要な資料になるだろう。舞台についての批評や演劇論も、かつて観客を熱狂させた舞台の再考に一役買ってくれるはずだ。

その時代時代で演劇はどのような生命力をもって生きてきたのか。演劇を成り立たせる基本要素を視野に収めながら、他方で現代に至るまでの思想史を背景に据え、演劇思想の変遷を考察してみようというのが、本書の目的である。

日本演劇を島宇宙として捉えるのではなく、世界との交流や吸収、影響といった視点から、相互（依存）性を考察する。ギリシア劇からシェイクスピアが活躍したエリザベス朝演劇、イプセンらによって切り開かれた近代演劇、そして二〇世紀演劇のさまざまな実験とその思想。それは日本の演劇史とどう関係するのか。本書のテーマの一つは世界演劇の中に日本演劇をどう位置づけるかである。

もう一つのテーマは各々の時代の枠内で演劇がどう相互浸透したかである。能や歌舞伎は現代にどう取り込まれ、再生されてきたのか。単線的ではなく、複線、複合的な構造に着目した。

本書は全体の演劇史を五部に分けて論述している。日本演劇の始源から伝統演劇までを第一部、近代演劇以降、戦争直後までを第二部、そして二〇世紀の大きな転換期だった一九六〇年代までと以降の現代演劇を第三部、第四部とした。最後にまだ現在進行形で歴史化されない二一世紀以後を第五部とした。各章ではテーマごとに、可能な限り演劇家（劇作家／演出家）の仕事を軸にその時代の演劇史を論述した。

全体を貫くのは、「演劇思想」というキーワードである。古代から伝統、近・現代の演劇を、このキーワードに沿って通覧する。

本書は演劇専攻の学生を対象とした大学の講義録をもとにしているが、演劇人、演劇を専門としない人にもわかりやすいような記述を心がけた。また年号と出来事、作品を並べる単なる「通史」にとどまらない独自の「歴史」をめざした。そこに流れる演劇という思考、すなわち「演劇思想」を読み取っていただければ幸いである。

西堂 行人

日本演劇思想史講義

目次

第二部 近代演劇の格闘

第三部 戦後演劇の葛藤

写真提供

俳優座劇場（142p）
新宿区立新宿歴史博物館（206p）
彩の国さいたま芸術劇場（281p）

第一部

古代から
伝統演劇の成立

第一章

日本演劇の始まり

1　日本演劇史の特質

日本の演劇史の特質とは何か。これは「日本とは何か」「日本人とは何か」にもつながってきますので、演劇や芸術を学ぼうとする人以外にも、誰にも当てはまる大きなテーマです。

日本の文化は輸入文化であるとか、日本の中でタコ壺化しているという話は聞いたことがあると思います。近代以降になると、日本独自のものよりも外国、とりわけヨーロッパの先進的な文化や芸術を取り入れて、それをある意味で「日本化《ジャパナイズ》」して日本の文化として組み込んでいった。そのような外来のものを日本のものとして取り込む流れは実は古代から一貫してあったのではないでしょうか。

たとえば、河竹《かわたけ》登《と》志《し》夫《お》[*1]教授は以下のように述べています。

「長い歴史のなかで、外来の異質なものをいかに受け入れ、移植、消化してわれわれ自身のものとして育てていったかというその態度、方法、理念自体にこそ、日本人の演劇的特質が発揮されていたはずである。」（河竹登志夫『演劇概論』）

日本は江戸時代、二六〇年間、鎖国をしてきました。この頃は、外来の文化があまり入ってきませんでした。とはいえ日本は四方を海に囲まれた島国なので、朝鮮半島やアジアの近隣の人たちは船で日本にやってくるので、いろいろな形で外国の文化を持ち込んできます。このときの日本の特徴というものは、向こうから訪ねてきてくれたものを比較的柔軟に受け容れて、自分たちの文化に取り込んでいくことです。その対応力や受容性が日本人には根本的にあったのではないかと思います。

「重層性・併存性は、島国である日本の国土および民族の閉鎖性・孤立性、社会そのものの発展様式の重層性、皇族をはじめとする縦割り社会的な伝承・世襲制、内容の弁証的発展よりも様式の完成定型化を尊重する国民性――などと深くかかわる、きわめて本質的な特徴といえるであろう。」（前掲書）

では、そういうものをどのように「日本化」していったのか、ここが受け止め方のポイントですが、日本の中に様式として確立していこうとしたのではないかと思います。今でも、一四世紀に大成した能や一七世紀に発祥した歌舞伎は比較的損傷されずに残っていま

＊1　河竹登志夫
一九二四～二〇一三。東京生まれ。早稲田大学名誉教授。演劇研究家。著書に『比較演劇学』、『作者の家　黙阿弥以後の人びと』など多数。

す。これは世界的に見ても非常に珍しいことです。それは様式化して残していくという日本人独自の知恵がそれを可能にしたのではないかと考えられます。

ただ、様式化していくということは固定化していくことでもあります。例えばヨーロッパ文化の伝統は、一つの中心的なものがあるとその周りに新規のものが生まれてくる。次の時代になるとその新規のものが中心的なものを打倒していって、化合されて次の段階に進みます。そして次の時代はまたその周辺に新規のものが生まれ、それがまた化合されていきます。こういう考え方を弁証法と言います。テーゼ（命題）に対するアンチテーゼ（反命題）があり、それが綜合化・統合化とジンテーゼされて更新していく。このように元に戻らず少しずつ進化していくのがヨーロッパの基本的な歴史のたどり方です。

ところが日本は、このやり方を取りませんでした（もしくは取れませんでした）。新しいものが出てきても、都合のいい部分だけ取り入れて純化していく。一つの枠の中で固定化して洗練していき、様式になっていく。例えば能のあとには歌舞伎という演劇が出てくるわけですが、歌舞伎が能を取り込んで発展していったのかというとそうではありません。能は能、歌舞伎は歌舞伎として、異質な文化として残っていきます。これはヨーロッパなどと比べると著しい対照をなします。

「西洋演劇は文学的伝統はあるにしても、演技・演出という肉体的伝統やその古典的形式は存在しないといっていい。

日本の伝統演劇はこれとまったく異なり、俳優の演技をはじめ、舞台構造、舞台装置、音楽、衣装、照明などの演出様式一切が、伝統にもとづいている。それらはすべて代々、伝承者の肉体から、肉体へと伝えられてきたものであるから、これを伝統の肉体性と呼ん

でもいいだろう。」（同）

これを言い換えると、西洋演劇は、台詞、しぐさによる科白劇と音楽性、舞踊性が分離して発展しました。しかし日本は歌舞性、総合性として発展し、分化しなかったのです。西洋と日本の演劇を比べたときに、西洋の演劇は言語《テクスト》で演劇の形式が継承されていきますが、日本の場合は、一つの「家」で代々芸を受け継いでいく。肉体から肉体へ伝承されていくという形式も大きく異なります。「門外不出」という言葉がありますが、歌舞伎でも能でも、その家に生まれれば好き嫌いにかかわらず、三歳くらいで舞台に立つことになります。そうして舞や謡を叩き込まれ、既存の様式・形式として継承させてきたわけです。「島国根性」は日本人の特質をよく表わした言葉です。島国ということは他人を排除するというメンタリティを育みます。日本人が持っている生活の絆とか倫理観等はこのような条件から生み出されてきたのかもしれません。逆にこのようなメンタリティがあるからこそ海外の人たちのようにオープンマインドで自分をさらけ出して付き合えないのかもしれません。いずれにせよこういう長い歴史の中で日本の演劇は形づくられてきました。

2　日本芸能の始原

演劇の起こりとは何なのかという問いは実は果てしなく難しい問題です。ただヨーロッパにおいては演劇の起源は特定できています。紀元前六世紀にギリシアのアテナイ（現・アテネ）で演劇が起こったということは歴史上、ほぼ定説になっています。ヨーロッパの演劇の歴史は言葉の歴史ですが、その演劇の言葉が生まれたのがギリシアだったのです。演じる者と観る者が同じ空間を共有し、現実とは異なる営みを行なう。俳優と観客と舞台（＝劇場）、そこに虚構（＝物語）が語られる。

それ以前の演劇的なものというと踊り（舞踊）がありました。舞踊には言葉がありません。何かを奉納したり豊穣を祈願したりという踊りの儀式は古今東西を問わず見られるものですが、このような踊りの中から次第に言葉が生まれてきました。

舞踊は皆が踊っている中から踊りの上手い人間が現れると、それに見惚れる人との間で観る・観られる境界が生まれます。ここで演じる側と観る側（＝観客）が分化していくわけです。つまり同じ空間にいながら上手い人は踊り続け、下手な人は後ろに引いて観る側に回る。そこでは技術の巧拙が決め手になる。これが演劇の始まりの一つです。みんなが演じていたら誰も観る人がいない。それは演劇とは言えません。

そうなると今度は技術のある人は他人の前に出て演じ続けないといけない。観客に向かって何かを言っていく。こうして演劇の言葉が発生しました。

狭義の演劇とは、踊りから言葉が分離・独立し、語り手と聞き手に分かれる。ある一定の時間を観客の関心をつなぎとめるために、物語が有効になる。あるいは現実に起こっていることの報告も素材になるでしょう。そのさい観客を惹きつける魅力が演者になくてはなりません。その効用として音楽も使用される場合があります。衣裳もあった方がいいでしょう。こうして次第に、演劇の各要素が加わっていったと考えられます。

ギリシアで演劇が始まったときの話です。ある共同体（村落）に一人の伝令使が外国か

＊2　テスピス
紀元前6世紀頃に活躍した伝説的な人物で、最古の俳優、劇作家とも言われている。

＊3　アイスキュロス
紀元前五二五〜四五六。古代ギリシアの三大悲劇詩人の一人。俳優一人に複数のコロス

らやってきました。彼は「今、隣の国で王様が亡くなって世継のことで揉めていて、もしかしたら戦争が起こるかもしれない」というような有力な情報を伝えます。村人はうかうかしていられません。戦争に備えないといけないと話し合います。こうして、この伝令使と村の人たちとの間で対話が始まります。

ギリシアで最初のこの伝令使がテスピス[*2]でした。これが最初の俳優だと言われます。

共同体の外側から情報が持ち込まれる。持ち込む人間を客人《まろうど》と言いますが、こうした場が生まれるとき、演劇が発生したと言えるでしょう。

村の人たちは方針を決めるために集まって議論（対話）を行ないます。やがてその対話は村のあり方をどうするのかという考えにまとまっていきます。村の人たちがどのように自分たちの「政《まつりごと》」を考えるか、そのために必要な形式が「演劇」でした。

ギリシアで演劇が始まったのは、実はその根っこに共同体の人たちがどのように自分たちの生き方や「政」を考えるのかがあり、その道具として演劇があったわけです。そのためには台本とそれを書く人がいなければならない。演じる人がいないといけない。人が集まるための劇場も必要になってくる。こうして徐々に演劇が形をなしていきます。観客もどうせ観るなら、政治の話も良いけど面白い話を観たい。そこで筆の達者な創作家、つまり詩人が現われてきたのです。

ギリシアでは一年に三日間、ディオニュソス演劇祭が行なわれました。一人の劇詩人が一日に三本の作品を上演します。次の日には別の詩人の作品を上演します。これが三日続き、彼らを競わせてコンテストが行なわれていました。その有名な劇詩人がアイスキュロス[*3]、ソフォクレス[*4]、エウリピデス[*5]の三人でした。

の掛け合いで進行していたそれまでの演劇で俳優を二人にして劇的葛藤を高める改革を行なった。代表作に『テーバイ攻めの七将』、三部作『オレステイア』、『縛られたプロメテウス』など。

＊4　ソフォクレス
紀元前四九六頃～四〇六頃。古代ギリシアの三大悲劇詩人の一人。ソフォクレスは劇に第三人目の人物を登場させギリシア悲劇を大成させた。代表作に『オイディプス』、『アンティゴネー』、『ピロクテーテス』など。

＊5　エウリピデス
紀元前四八〇頃～四〇六頃。古代ギリシアの三大悲劇詩人の一人。「機械仕掛けの神」を用いたことで知られる。代表作に『メディア』、『バッコスの信女』、『アンドロマケ』など。

日本の場合はどうか。ここまで明確な形では演劇の記録は残っていません。なので『古事記[*6]』や『日本書紀[*7]』、『続日本紀[*8]』などの歴史書から芸能的な記述を取り出し、演劇の始まりを推測するしかありません。あくまで推測ですのでしっかりした記録が残っているギリシアとは大分違います。

原始社会での演劇の形態は、人びとの暮らしと生命の安全を祈願する呪術的な儀礼・祭儀にあったと言われます。

縄文時代（一万五〇〇〇年前〜紀元前一三〇〇年）は採集経済が基本で、狩猟の時代でした。狩猟というと、フランスのラスコーの壁画を連想したことがあります。洞窟の中に鹿などの動物の絵が描かれている。これは何なのでしょうか。壁画の前でその日狩猟に行く人が集まって今日は上手く鹿を射ることができるようにとお祈りしていた、あるいは踊りを奉納していたのではないか。そのような祈禱、祈りから演劇は生まれたのではないかと想像できます。そしてなぜ壁画の前なのか。壁の中ならいつでも動物を捕獲することができます。そういう人間の願望、生活に即した祈りのようなものがあの壁画を生み出したのではないでしょうか。宗教的であると同時に人間の生活のための知恵や願望が演劇の起源に結びつくと思われます。

狩猟社会ではアニミズム、呪術性など生活に密着した発想がありました。この縄文時代にはいろいろなものがつくられています。遺跡から出土したものとしては土偶があります。土偶は女性を象ったもので、乳房と腹の膨らみを強調したものです。これも呪術の一つの表われで豊穣や繁栄を祈願するものです。ただ土偶には手や足が欠けていて非常に不完全

＊6　古事記
日本最古の歴史書。七一二年（和銅五）に太安万侶が編纂。神代から推古天皇の時代までの出来事が描かれている。

＊7　日本書紀
日本最初の勅撰歴史書。七二〇年（養老四）に舎人親王らの撰で成立。神代から持統天皇までの時代の出来事が描かれる。

＊8　続日本紀
平安時代初期の勅撰歴史書。七九七年（延暦一六）に成立。文武天皇から桓武天皇までの時代が描かれる。

な人間を描いています。この不完全性は作り手がどこかで「死」を意識しているためと思います。また死は同時に再生を祈願し、悪魔祓いの意もあったのでしょう。そういう願望が土偶にはあります。仮面をつけて神や精霊などに「扮する」ことも行なわれました。

弥生時代（紀元前一〇世紀〜三世紀半ば）になると農耕社会に移行します。祭祀が定住社会で年中行事化するのです。いわゆる村祭りです。農耕社会では、人びとは家を建てて定住します。定住すると芸能が一気に盛んになります。農耕社会では天気とつねに向き合います。雨乞いをしたり、てるてる坊主の原初的なものをつくったり、田植えの前にお祭りをしたりと豊穣を祈願するのです。そういうお祭りを毎年定期的に春と秋に執り行なって年中行事化すると自然とお祭りが生活の中に入り込んでくるのです。こうして日本人の四季折々の季節感はお祭りによって長い歴史の中で体得されてきたとも言えます。災害などがあっても少々無理してでもお祭りを行なうのは、季節によって人びとの生活が動いて行くことを日本人は知っているからです。

大和朝廷によって統一国家が生まれると、祭祀は呪術（土偶）から歌舞（埴輪）へと移行します。そのさい、神がかり的な特殊な職能を持った巫女が登場するのです。

弥生時代の三世紀頃に邪馬台国という国があったと言われています。そこに卑弥呼《ひみこ》*9という呪術を司る権力者の女性がいました。彼女は巫女＝女優であったとも言えます。この頃から演劇らしきものの原型が現われてきます。

『古事記』や『日本書紀』には天照大御神《アマテラスオオミカミ》の話が記されています。あるときこの神はご不興を買って天の岩（屋）戸に隠れてしまいました。そのとき、岩戸に閉じこもった天照

＊9　卑弥呼
中国の歴史書『魏志倭人伝』に登場する邪馬台国の女王。鬼道に長け、国を治めたとされている。

大御を招き出すために、天宇受売命《アメノウズメノミコト》が裸になって巫女舞を踊りました。それに興味を持って天照大御神が天の岩戸から出てきたという微笑ましい記述があります。裸で踊る女性とそれを観たくて出てきた神様、演じる側と観る側として成立しています。これも演劇的なエピソードの一つと言えます。これが日本芸能の始源と言われます。

同じく『日本書紀』に海彦–山彦伝説があります。海の神様から呪力を貰った弟の山彦の前にお兄さんの海彦が屈服する話です。兄は弟に「汝の俳優者《わざおぎびと》になる」と言い、苦しむさまを滑稽に演じました。ここでの「俳優」という言葉は滑稽な身振りをしながらお仕えする人のことです。屈服した人間がおべっかを使って笑わせていくというエピソードです。この海彦は九州に起源があり現在の隼人舞につながっていると言われています。

そもそも古代の日本という国は隣の巨大な大国（中国）に屈服していたわけです。被征服民族として征服民族につねに屈服してきて、何かを奉納したり宝物などの贈り物を送ったりしてご機嫌を取ってきました。そのときに被征服民族が征服民族にお見せできるのが「芸」＝「演劇」です。弱いものが強いものに差し出すことのできるなけなしの芸が俳優の所業だったわけです。

日本の中には庶民的な芸能が支配階級に取り込まれて次の時代にはメインの芸能になっていく傾向があります。体制内で様式化され、固定化されると言ってもいいでしょう。「河原乞食」と呼ばれる最下層の人々の芸能が、時の支配者に愛でられて取り込まれていき、次の時代の芸能の中心に成り上がっていきました。足利家に取り入った世阿弥などは典型的な例です。最下層の階級から文化的な存在になりました。

このように芸能はつねに厳しい階級社会の中を生きてきました。

「渡来人」という言葉があります。この「渡」という文字には地続きというニュアンスがあるでしょう。そのくらい日本と中国、朝鮮は密接な関係がありました。土器や工芸品などは時々外国の職人が日本にやってきて伝えていく。芸能に関しても同じようなことが言えます。

最初に入ってきたのは伎楽です。七世紀前半、推古天皇の時代です。新羅や百済との交流を通じて伝えられました。百済から帰化した味摩之《みまし》が習得した技術を伝習したものです。渡来人による日本への定着で、彼は奈良県桜井に住んだと言われます。今でもこの地にその痕跡を見ることができます。桜井は独特の地で、日本浪漫派の保田與重郎《やすだよじゅうろう》*10の生地としても知られます。三輪神社のある所で、伎楽はここを根城に広まっていきました。

ちょうど同じ時期に仏教が伝来します。そして伎楽はお寺の芸能として、興福寺や東大寺、西大寺などの前庭で演じられ発達しました。伎楽の演技は宗教的（仏教）側面より、卑俗な物真似芸で、仮面を着けて行なう芸能です。正倉院、法隆寺、東大寺、春日神社などに（仮面が）現存しています。ただし平安中期以降、伎楽は衰退しました。この時代のお寺の果たす役割が存外に大きかったわけです。宗教的な意味合いと物真似などの世俗的・卑俗的なものが混然一体となっていました。

次に舞楽が入ってきます。舞は仮面などを着けて踊ります。先程の伎楽もそうですが、楽というのは伴奏音楽のことです。このような芸能は東アジアの特徴としてよく見られます。舞楽は東アジア、東南アジア、南アジアなどアジアの各地に発祥し、日本に入ってきましたが、日本人が文化として型をつくり、上手く形式化（様式化）して定着させました。

*10　保田與重郎　一九一〇〜八一。奈良県桜井市生まれの評論家。「日本浪漫派」の同人として知られ、反近代主義と日本古典主義を展開。著書に『日本の橋』、『近代の終焉』など。

巧みに日本「化」を成し遂げたわけです。伝承が完成したという意味では、「日本文化の鋳型」と言うことができるでしょう。

そう考えてくると本当の意味の純粋な日本オリジナルの芸能はあるのか。むしろ海外のものを形として上手く取り入れて形式化＝日本化していくありようこそが日本の「オリジナリティ」と言えるのではないでしょうか。

3　古代・中世の芸能

時代は下って奈良時代には散楽が入ってきます。散楽は演劇の少し手前の芸能です。『続日本紀』に聖武天皇が大仏開眼法会（七五二年〔天平勝宝四〕）の際に、唐から来た芸能者の散楽を観たという記録があります。この散楽が訛って猿楽に変わっていきます。「猿」というのは芸能の中では重要な名称です。これが発展していったものが能になるわけです。芸能はどこから始まるのかというと模倣、物真似行為《ミメーシス》からです。これが演技の始まりです。模倣することでその対象を自分の中に取り込んでいきます。相手の動きをよく観察していないと模倣はできません。猿楽の中には今で言う大衆芸能的なものがたくさん入っていました。曲芸や奇術、軽業などサーカスの原型のようなもので滑稽な寸劇が演じられていました。これは『信西古楽図』に残されています。

平安時代の末期に、この猿楽にある劇的な変化が起こります。単純な物真似から発展して権力を諷刺したりする表現に変わったのです。ここでお祈りや呪術的なものから演劇に一歩近づきます。この変化は社会を笑ってやろうという演じる者の意志が見られることです。演じる者が意識的に時の権力者を皮肉って演じます。そうすると抑圧されていた観客は一服の清涼剤を飲んだようになる。古代の祈願や儀式的なものから、現代につながる演劇の始まりがここにあると考えてよいと思います。猿楽は寺社で呪師／猿楽と対で行なわれることが多く、寺社の行法を一般人に見えるように演技化したものです。

この時代に「翁」という重要な存在があります。世阿弥の『申楽談儀』の中に、「猿楽の根本は翁の歌舞にある」という言葉があります。この時期には後の能につながるさまざまな仮面が充実していきます。「翁」はお爺さんの仮面ですが、特別な意味合いがありました。『翁』という作品は「式三番」と言って、「千載／翁／三番叟」で構成されます。現在でも劇場の柿落としでこの仮面を着けた「三番叟」というものが舞われます。演劇というものが自立して、正月とかおめでたい席の祝福芸として権力者に奉納して重宝がられていく側面もありました。

ここで寺社の果たす役割もかなり大きいものでした。芸人は市の立つところに移動して芸を行なってきました。しかしお寺が勧進元になっていくと、その周辺に定住するようになっていき、そこから「座」というものが生まれました。「座」は場、住居、劇団のような意味です。そこには恒常性を持った芸人集団が組織されます。一ヵ所に定住することで彼らは芸を磨けるし、技術を向上できるようになりました。平安の末期のことです。そこから能は飛躍的に発展していきます。

延年とは、舞楽、田楽、猿楽、風流、雑芸などの集合体で、平安から鎌倉時代にかけて、豊穣を祈願するためのイベントとして定住化の中で演じられていきました。田楽は平安末期に始まった、田植えを囃すもので、五〇～六〇人の集団演技であり、太鼓、笛など音楽が合体したものです。ささらという楽器が有名で、民俗芸能として生き延びました。

神楽は、年に一度祭りの場に神々を迎えて五穀豊穣、息災延命を祈願するもので、現行では早池峰《はやちね》神楽*11（岩手県花巻）などに残っています。その他、雑芸と呼ばれるさまざまな芸能集団があり、「平家物語」等を語った琵琶法師、人形遣いの傀儡、曲芸の放下、巫女、大道芸、猿回し等がそれに当たります。

この一群の芸能は現代では演劇と枝分かれして、民俗芸能として分類されていきました。

*11　早池峰神楽
岩手県花巻市大迫町に伝わる神楽。二〇〇九年にユネスコの無形文化遺産に登録された。

第二章

能・狂言はどういう演劇だったのか

1　なぜ能は世界で評価されるのか

世阿弥《ぜあみ》という能を大成した天才的な芸術家がいます。彼の『風姿花伝』[*12]を読むと、彼の芸論は芸術論であると同時に演劇美学を超えて人生論、人生哲学を語るものであることがわかります。単なる技術論ではなく、人生を深く内省し、自分と根源的なところで出会っていく。それは世界観の提示でもあります。

彼は役者（能楽師）であり、劇作家であり、今で言えば演出家も兼ねるので、作・演出・主演をしていました。重要なのは彼の言葉は役者が書いたということです。身体から生み出された言葉は無駄のない、凝縮されたものであり、一行一行に深みがある。

＊12　風姿花伝
別名・花伝書。世阿弥が残した最初の能の理論書。もともとは子孫にのみ伝えられていた秘伝書だが明治時代に発見された。日本を代表する演劇論、芸術論、人生論でもある。人生を「花」にたとえた。

このような芸能哲学者が一四世紀から一五世紀にかけて出てきたというのは、世界的に見ても類例のないことです。日本の芸術文化はひとつ発生すると徹底的に掘り下げて「型」＝様式にまでつくりこんでいく。しかし一旦様式を確立してしまうと、固定化する。能は一四〇〇年前後につくられたままさほど変わらず、残っています。これも世界的に例の少ないものです。能の確立から二〇〇年くらい後に歌舞伎が誕生しますが、歌舞伎と能とはまったく別のスタイルと美学をもちます。前回お話しした通り、日本の芸能文化は並列式になっているのです。

なぜ能が世界で注目される演劇になったのか。外国人の観光客が日本の演劇を観ようと思うとまず現代劇ではなくて能か歌舞伎を選びます。それが日本特有・固有のものであり、日本の美意識が結晶化されたものと考えられるからです。日本の伝統的な美意識である幽玄や侘び・寂び、凝縮された内面の舞台への投影、一点の隙もない抽象的な表現、このような美学は能によって確立し、能を通して生まれてきました。「幽玄」という言葉に独自の解釈を与えたのが世阿弥です。日本の美意識のルーツをたどると能に根っこがあるということがわかります。このことを改めて再発見する意義はあるのではないかと思います。

2　能の成立

能はいろいろな要素を引き算して最終的に残ったエッセンスだけで表現します。人間の動きや仕草にしてもそうです。過度のものを削ぎ落とし、無駄を省き、ゼロに近づく。一方、ヨーロッパの演劇は身振り手振り、表情たっぷりに表現します。その違いは明らかでしょう。

能は仮面を付けて演じます。ただし能面を付けるのはシテ方だけで、これを「面をかける」と言い、劇中人物の魂を呼び寄せるのです。

能で使われる仮面は無表情です。現代人において無表情はマイナスに捉えられがちですが、能の仮面における「無」は逆で、非常に多様な感情を映し出します。それを観た観客が無表情の仮面の中に喜怒哀楽などのさまざまな感情を読み取るのです。例えば小面などは、観客の多様な表情を映すのです。つまり能の仮面は観客の感情を写す（映す）「無」であると言えます。その無はニュートラル、中立と言い換えてもいいでしょう。別の言い方をするなら、観客の心の中で成立する劇。観る側に委ねられる劇。それが能だと言えるでしょう。

能の要素でもう一つ重要なのが能舞台[*13]です。もともと能は寺社の境内など屋外で行なわれていましたが、次第に屋内へ入っていきました。これは一つの形に収斂していきました。真ん中に三間（約五・五メートル）四方の正方形の舞台があり、そこに柱が四本立っています（目付柱、脇柱、笛柱、シテ柱）。その背後に後座《あとざ》と地謡座《じうたいざ》があり、その左端の方に奥に続く「橋掛り《はしがかり》」があります。橋は何かと何かをつないでいる。現世とあの世、現在と過去もしくは現在と未来をつないでいるのかもしれません。舞台が現在だとすると、その向こうには橋、さらにその向こうには「揚幕《あげまく》」があってその奥に鏡の間があります。

舞台奥には鏡板に老松の松が描かれています。その横には謡の人たちがいます。すべてこの形式に則っています。このように劇場形式を固定化するところまで煮詰めていった。演技も空間も表情も徹底的に削ぎ落として一つの型まで追い込んでいく。これが能の追求

＊13　能舞台

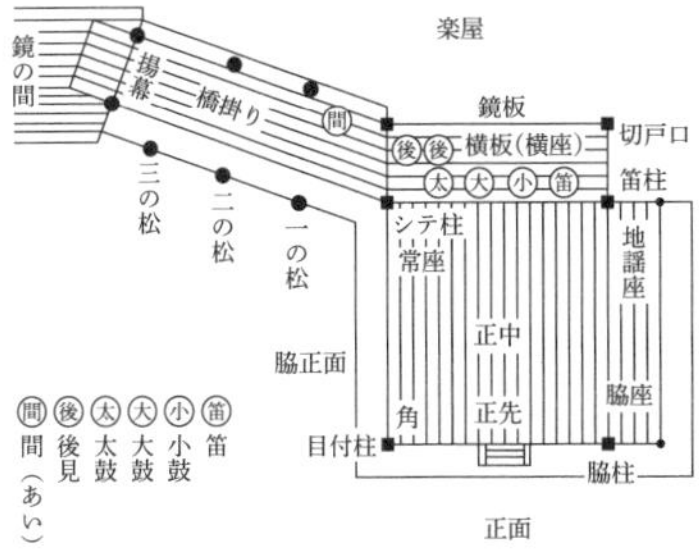

した美学の結晶と言えます。謡、鼓、舞、そこに流れる緩慢な動きも現代人の時間感覚とはかなり違います。

能は観阿弥《かんあみ》[*14]と世阿弥[*15]の父子によって一四世紀に大成されました。緩慢な動きの中にある力強さ、凝縮力、神秘性、象徴性などを呼び込んでくるのが能としての独特の芸能の形です。それと同時に重要なのは、能が音楽劇だということです。

世阿弥の父、観阿弥ははじめ奈良で活動していましたが、京都に進出して醍醐寺の境内で七日間興行を舞ったことを評価され、能という芸能が確立されたと言われます。

能は猿楽、あるいは申楽（「神」という字のしめすへんが取れたと言う説もあります）と呼ばれていました。世阿弥の著作の一つに『申楽談儀』があります。

どのように散楽から猿楽（申楽）そして能へと発展していったのか。猿楽はまず物真似から始まりました。その模擬、模倣から表現としてもう一歩水準を上げたものが能になりました。物真似は一つの擬態ですが、そこから表現まで昇華させていく賢者の目があった。それが観阿弥であり世阿弥でした。

もともと寺の境内で行なわれていた雑芸を能の水準にまで高めたのが「幽玄」という考え方です。日本の芸能の中で一つの到達点としてよく使われる言葉です。ある崇高な感情。観客が現世を忘れるような、夢のような世界。

表現が高度になったから残っていっただけでなく、もうひとつ大事なのは政治の力です。能を考察するさい、政治抜きには考えられません。能には各時代におけるパトロンがいて、このパトロンという存在はとても重要です。パトロンは寺社から将軍や上級武士へ移行しました。南北朝の時代です。この時期に抬頭してきた武家階級は、自分たちが庇護する対

＊14　観阿弥
一三三三〜八四。大和猿楽の猿楽師出身で息子の世阿弥と共に現在につながる能を大成した。それまでの物真似芸に優雅な舞を取り入れた。

＊15　世阿弥
一三六三?〜一四四三?。将軍・足利義満に庇護された能の大成者。俳優・脚本・演出・プロデューサーとして幅広く活躍した。『風姿花伝』、『花鏡』などの芸道書も多数。「初心忘るべからず」の言葉は現代でも有名。

象として能を選びました。貴族から新しい階層としての武士。それが能を発展させたのです（平安朝の支配層だった貴族は、歌や文芸を好みました）。

世阿弥は一二歳のときに、能を舞っていたのを一七歳の将軍・足利義満に激賞され、そこで義満は少年・世阿弥のパトロンになりました。これが後の世まで能が生き残っていく大きな役割を果たしました。演劇史の中での運命的な出会いの一つと考えられます。

当時の権力者は芸術を愛でないと将軍や政治家と認められませんでした。彼らは必ず芸能の愛好者でした。義満の死後、次の将軍義持にも世阿弥一家は優遇されました。給金を貰い、室町幕府のお墨付きを得た芸能になっていきました。今でいえば国立劇場のような存在です。

しかし、六代将軍・義教は幽玄よりも見世物的で派手な芸能を好みました。そして世阿弥から心が離れていきます。世阿弥は甥の音阿弥《おんあみ》*16に地位を奪われて一四三四年に佐渡に流されます。このとき七一歳という高齢でした。その後、女婿の金春禅竹《こんぱるぜんちく》*17の下で晩年を過ごします。こうして京都から追われた世阿弥は零落する運命をたどりました。

3　能の構造

能は舞いを中心とした音楽劇です。能の分類としては、五番立形式に特徴があります。一、脇能物。初番目物とも言い、神が登場します。代表作に『高砂』があります。二、修羅物。二番目物です。『八（屋）島』が有名です。三、鬘物。これは三番目物で、女性が登場し、恋物語を展開します。これを代表するのが『井筒』です。四、雑物（四番目物）。

＊16　音阿弥
一三九八年～一四六七年。室町時代の猿楽能役者。世阿弥の甥。六代将軍足利義教の庇護を受け活躍した。

＊17　金春禅竹
一四〇五～一四七〇?。室町時代の猿楽師で能作者。金春流中興の祖とされる。代表的な作品に『玉葛』、『芭蕉』、『雨月』など。

『安宅』など能面を付けず、力感あふれる作風が特徴です。五、尾（切《きり》）能物《のう》（五番目物）鬼が出ます。

次に、能の役について。

シテ方（仕手、為手）。これは主役を表わし、しばしばシテ一人主義という言葉も使われます。前ジテ、後ジテ。シテヅレ、トモ、子方、地謡、後見までがシテ方です。

次にワキ方。現実を生きる人間として登場し、能面を付けることはありません。冒頭に登場し、場面設定を告げ、シテの登場を待ちます。演技は現実的、叙事的であり、ある意味で観客の代表でもあります。

狂言方。前ジテと後ジテの間に主題などを説明する間《あい》狂言を担当します。

地謡。シテ方に属し、六～一〇人が合唱をし、シテの心情を歌います。

後見。面装束や小道具の世話をします。

囃子方。笛、小鼓、大鼓、太鼓の四人が担当。

演技に関しては、サシ込ミ、ヒラキ、左右、打チ込ミ、サシ回シ、サシ分ケ、面《おもて》、ユケン、足拍子、ノリコミ、打チ合ワセ、シオリ、双《もろ》シオリ、月の扇など、独特のものがあります。これを習得するだけでも簡単ではありません。

戸井田道三《といだみちぞう》*18は『能芸論』（一九六五）で、能は封建制社会での感情表現であり、抑圧された日本人が中性的な表情の面を通して、シオルという泣くしぐさで悲しみを表わし、直接的な身体表現ではなく、「隠す」ことで感情を表現するのが能なのだと言っています。

ドラマの構成としては、序破急が基本になります。序は始まりです。そこから一気に破れて、最後に急転がくる。これは三段構成ですが、さらに破を細かく切って、序、破の序、

*18　戸井田道三　一九〇九～八八。能楽・狂言の評論家。著書に『能芸論』、『観阿弥と世阿弥』など多数。

破の破、破の急、急の五段構成にする場合もあります。西洋演劇では、アリストテレス[*19]の「初め-中-終わり」やドルーテン[*20]の「起承転結」などがありますが、いずれも一定の時間の中でどのように劇が盛り上がり、沈静するかを言ったことで共通しています。

形式としてもっとも重要なのは、夢幻能《むげんのう》[*21]です。なかでも世阿弥が得意とした複式夢幻能の名作『井筒』を例にあげて説明します。

舞台は大和（奈良県）石上にある在原寺。ここに脇が登場します。彼は旅の僧侶で、寺から在原業平と紀有常の息女の話をします。そこに里の女が登場します。これがシテです。彼女は一度退場します。そこで脇の僧侶が眠っているときに、女が夢の中に現われる。業平の霊が移った女性です。女は序の舞を舞います。

そして無念の裡に死んでいった自分の境涯を語るのです。

4　能の世界性

戦後になって、作家の三島由紀夫が『近代能楽集』（一九五六）という作品を書きました。そこに世阿弥の作品も何本か入っています。なぜ三島由紀夫が能に魅せられたのか。なぜ近代劇の台詞の形式で書き起こしたのか。これも画期的な作業でした。

謡曲は一種の「語り物」ですので、地謡が発語して言葉をモノローグで語ります。この語りの形式が日本の演劇には連綿としてある。一方、ヨーロッパの演劇では対話が中心です。両者は対極に近い。三島由紀夫は「語り物」として残っているだけでは、日本のドメスティックな演劇の枠を越えられない、能は世界的な演劇になり得る可能性を持っている

＊19　アリストテレス
前三八四年〜前三二二年。古代ギリシアの哲学者。プラトンの弟子。三段論法の定式化でも知られるほか、ミメーシス（模倣）やカタルシス（浄化）の原理を解き明かした『詩学』は現存する最古の演劇論とされる。

＊20　ジョン・ウィリアム・バンドルーテン
一九〇一〜一九五七。アメリカの劇作家・演出家。実践家としての側面以外にも戯曲創作について解説した『現代戯曲創作法』の著者としても知られる。

＊21　夢幻能
現実の人間の前に霊的な存在が現れる能の形式。現実世界を扱う現在能と大別される。

と考え、ヨーロッパの演劇スタイルに翻訳したかったのかもしれません。能が現代に生き残ったことに「世界化」ということがあります。日本の一ジャンルに留めるのではなく、世界の演劇の一ジャンルに登録する。こういう想いが三島の中にあったのではないかと思います。

一九五四年、能はベネチア国際演劇祭で初めて海外公演に出ました。日本人ですら台詞を聞き取れないのですから、能役者自身も世界に理解されないと思っていました。しかし意外なことに、上演すると観客には新しい演劇、むしろ前衛劇として見られました。日本の古典的な形式が近代演劇を飛び越えて、もっと新しい二〇世紀の前衛劇として受け容れられたのです。

理由の一つは、俳優の体の一部としての能面です。ヨーロッパ人はそこにヴィヴィッドに反応してきます。なぜか。ヨーロッパの古典である、ギリシア劇も仮面劇でした。同じ仮面であるということに、彼らの心を揺さぶる何かがあったのではないかと思います。

ヨーロッパでは仮面劇はすべてキャラクターになっています。例えば、コメディア・デラルテ[*22]では軍人の仮面、ヒロインの仮面、宿屋の主人の仮面などすべて性格《キャラクター》を表わしています。一方、日本の能面は無表情ですが多彩な表情を隠し持っている、あるいは観客が観ることで意味が浮かび上がってきます。

ヨーロッパには仮面＝ペルソナという言葉があります。このようなものをすでに一五世紀に成立した能は持っていた。二〇世紀のヨーロッパ人たちは仮面の先駆的な存在だと評価したのです。日本人が見知った能を、海外の人は日本人以上に文化の参照項を駆使しながら解釈していると思います。これは二〇世紀における能の革新的な受容です。

＊22　コメディア・デラルテ　一六世紀中頃にイタリア北部で生まれた仮面を使用する即興演劇。使用される仮面にはそれぞれの役柄の性格が表現されている。

二〇世紀のヨーロッパの劇作家、クローデル、ベケットなど演劇の革新を行なった劇作家の研究者たちは、彼らの作業と能が近いことを発見します。そこで「クローデルの詩による能」（渡邊守章）、「ベケットと能」（高橋康也）という論考が書かれていく。二〇世紀の最先端の劇作家と能が近接している。そこには五〇〇年以上もの時間が経っています。このように時間を超えてつながっていくのが能ではないでしょうか。

5　世阿弥の演劇

世阿弥は、一三七五年、京都今熊野での演能で足利義満と出会い、若くして栄耀栄華を極め、以後寵愛、庇護されましたが、晩年は佐渡に流されてしまいました。いつ亡くなったのかは定かではありません。生年はわかっても、没年が正確にわからないということは、晩年は無惨だったと言えます。ただ最後の活動の拠点だった佐渡には今でも能舞台が残っています。これは世阿弥の残光でしょう。

世阿弥の劇作家としての作品は、『井筒』、『砧』、『敦盛』、『融』、『鵺』など現存しているものが五〇曲くらいあります。一曲は日本語で読めば一〇ページから一五ページくらいの短いものです。近代劇のような大きな作品が書かれているというよりは短編戯曲と言えます。『伊勢物語』[*23]と『平家物語』[*24]などを典拠とする場合が多いのも世阿弥の特徴です。

世阿弥の名前がなぜ現在に残っているか。それは彼がたくさん秘伝を残しているからです。しかもその芸術論の質の高さは言うまでもありません。「秘すれば花」。有名な『風姿花伝』は観世家の極秘の話でした。代々その家だけで一子相伝、門外不出で受け継がれて

＊23　伊勢物語
平安前期の歌物語。在原業平と思われる男の様々な恋を描く。

＊24　平家物語
鎌倉時代に成立した平家の栄華と没落を描く軍記物。琵琶法師の語りによって多くの人々に享受された。

きました。そこには演技の極意が書かれています。

実はこれは二〇世紀になった一九〇八年に、吉田東伍《よしだとうご》[*25]という歴史学者によって翻刻されました。江戸時代には世阿弥がそんな本を書いていることは知られていません。世阿弥は『風姿花伝』を一四〇〇年頃に書きましたが、観世家以外は知られていなかったものが五〇〇年後に発見されるというのはドラマチックです。この発見はある意味で奇跡的と言えるでしょう。

世阿弥は世界でも特別な存在です。彼の芸談集は海外でも多数翻訳されています。日本の劇団が海外公演に行くと、必ずといっていいほど歌舞伎や能からどういう影響を受けたかを聞かれます。そのとき日本の演劇人は言葉を濁してしまいます。〝歌舞伎や能とは違ったオリジナルの演劇をやっているだけです〟と。〝でもあなた方のお芝居には能の影響があるでしょう。例えばあの間の取り方。あの緩慢な動きの中にさまざまなニュアンスが浮かび上がってくるあの演技は能そのものなんじゃないですか？〟と、彼らは日本の現代演劇を伝統演劇との関連性から解釈してきます。ところが日本人はそういうことを意識していない。どうしてこういうギャップが起きるのか。それには二つ理由があると思います。

一つは本当に日本人が能を知らないことです。むしろヨーロッパ人の方が能を身近に感じている。もう一つは、われわれは能や歌舞伎を直接知らなくとも子どもの頃から何らかの形（謡曲や義太夫、落語など）で触れていて、知らず知らずのうちに身体感覚に染みついていることです。

なぜ日本人は七五調に快感を持つのか。説明はできないのです。でも謡曲や歌舞伎の名

＊25　吉田東伍
一八六四〜一九一八。歴史学者・地理学者。能楽研究のほか、『大日本地名辞書』の編纂でも知られる。

台詞でも使われている。それがごく自然に近代の文化を経て現代に送り届けられている。伝統とはまさにそういうことです。無意識の中で伝わっていく。血液の中、感覚の中、細胞の中に伝わっていきます。自分たちの体が能や歌舞伎や浄瑠璃から連綿とつながっていることに触れたとき（海外に行ったときに初めて触れるのではないか思いますが）、改めて日本の文化とは何かが理解できます。外国人という他者に出会うとき、伝統文化が切れることなくわれわれの中に培われていることがわかるのではないかと思います。

世阿弥の芸能論は、『風姿花伝』の他、『至花道』『花鏡《かきょう》』『風曲集《ふうぎょくしゅう》』を経て、晩年の『拾玉得花』『習道書』『却来華』など多数残されています。『風姿花伝』や『花鏡』などの言葉は読みやすいですが、それでいて含蓄があって深いものがあります。

「一調二機三声」という言葉が『花鏡』に出てきます。これは能の極意みたいなものです。能役者は舞台に出るときに調える。何を。自分がどういう声を出すかです。自分の声の調子を把握してみる。高い声を出すのか、低い声を出すのか、いまここにいる観客にどういう声で届けるか。雰囲気や調子を探る。舞台に立ったときにそれを能役者は把握する。次の機はタイミング、チャンスです。どのタイミングで第一声を出すのか。そのときに自分の意識が後ろにある感じになります。自分の声であって自分の声でない感覚。声が出たときにはすでに演技は終わっているのです。

自分の体の後ろに自分の目がある。主体であって客体である。こういうことを「離見の見」[*26]と言います。日本の芸能の中でももっとも有名な言葉の一つだと思います。

若いときに無意識で華やいでいる状態、これを能では「時分《じぶん》の花」と言います。若い体操選手やフィギュアスケートの選手が持っているものもおそらくこれです。しかしこれは

＊26　離見の見
世阿弥が『花鏡』で述べた言葉。演者が自身の身体から離れて客観的な目線で自己を見つめる理想的な状態。反対に自己満足的な状態を「我見《がけん》」という。

本物の花ではないと世阿弥は断言します。そこから年を取ったときに「まことの花」になるのです。晩年の世阿弥はこれをさらに進めて、最終的に花は観客の心の中に存在するのであって、追求するものではない、という心境に至りました。

「初心忘るべからず」という言葉。自分が舞台に立ったときにいかに自分が未熟であったかを忘れるなという教えです。このときに「時々の初心」という言葉が出てきます。さらに「老後の初心」という言葉まで出てきます。世阿弥の芸能論を読むと、人生のいつの段階で芸能を極めるのか、老後になって本当に輝く可能性もあることがわかります。

その他、「二曲三体」といった言葉もあります。舞と歌+老女、女体、軍体、これが二曲三体です。また「動十分心、動七分身」という含蓄のある言葉もあります。舞台上では心を全開にして、動きは七分目にした方がよろしいという心構えを言ったものです。

6　世阿弥以後の能の歴史

世阿弥の死後、音阿弥を後継者として能は引き継がれましたが、織田信長、豊臣秀吉も能を保護しました。秀吉などは金春流を師匠とし、自ら演じましたし、観世流、宝生流、金剛流には給金を与え、保護しました。徳川家康は保護制度をさらに強化し、「武家の式楽[*27]」としてもてなしました。喜多流の樹立にも力を貸し、「四座一流」を確立したのもこの時期でした。

だが、丁重に遇すれば遇するほど、次第に競争がなくなり、能は民衆から離れていって衰退していきました。江戸時代には、歌舞伎や人形浄瑠璃など大衆に根づいた芸能に負け

＊27　式楽
公式な場で演じられる芸能のこと。

ていきました。

明治時代になり、江戸幕府が崩壊すると、かつてのパトロンを失い、能役者たちの中には転業や廃業を強いられる者もありました。しかし岩倉具視が欧米視察旅行（一八七一〜七三）でオペラに代わるものとして能を推奨したこともあり、一八七六年、岩倉邸で天覧能が催され、一八八一年に、能の保存と発展を目的とする「能楽社」が設立されました。ブルーノ・タウト[*28]ら高名な学者の研究が進み、〝歌舞伎はきれいだが夾雑物が多いから余り好まない。能にはそれがなくて実に美しい〟といった賞賛の言葉も受けました。

そして一九五四年、能の初の海外公演（ヴェネチア国際演劇祭）があり、絶賛されて、戦後は能のブームが起こったほどです。世阿弥の『風姿花伝』が発見されたことも手伝って、数々の芸談が翻訳され、海外での注目を集めて今日に至っています。

7 狂言の歴史

狂言を一言で言うならば、大らかな笑いを持った喜劇です。滑稽なものを見せる笑劇（ファルス）と言ってもいいですし、ドタバタ喜劇とも言えるでしょう。ヨーロッパ風にいえば、ヴォードヴィル[*29]に近いものがあります。能が詩劇であるのに対して、庶民的な笑いを持つのが狂言です。狂言は台詞としぐさの対話劇です。能の象徴性に対して、狂言の写実性、庶民性、喜劇性は際立っています。

狂言の歴史をたどってみると、第一期は一四世紀半ばから一六世紀半ばまでの二〇〇年と捉えることができます。この時期に狂言は成立し、また流動期を迎えます。散楽から真

＊28　ブルーノ・タウト　一八八〇〜一九三八。ドイツ人の建築家。集合住宅と都市計画の権威。桂離宮を絶賛する一方、日光東照宮を痛烈に批判したことでも知られる。著書に『日本美の再発見』など。

＊29　ヴォードヴィル　一七世紀にフランスで興った歌や踊りなどを取り入れた通俗的な軽喜劇。

力です。

面目な部分が能になり、滑稽な要素が狂言となっていきましたが、もともとは同根説が有力です。

第二期は一六世紀半ばから一七世紀半ばまでの一〇〇年。この時期に流儀が形成され、定着していきます。狂言の家が成立するのです。

第三期は一七世紀半ばから現在まで。台本は固定され、伝承されていくのです。徳川幕府時代には保護の対象となり、能とともに式楽になりました。

狂言もまたいくつかの家によって伝承されました。大蔵流、和泉流、鷺流（明治初年に滅ぶ）などです。

狂言方の分類としては、三番叟と風流・間狂言・本狂言の三種があげられます。『唐人相撲』『釣狐』『花子』等が名高いものです。大蔵流が二百番、和泉流が二百五十番残されています。小分類としては、脇狂言・大名狂言・小名狂言・婿女狂言・鬼山伏狂言・出家・座頭狂言・集狂言などがあります。

狂言の特徴は個人を描かないことです。つねに類型的な人物が描かれ、仮に具体的な誰某を批判したり、からかったとしても、当の批判された側は気づかなかったという例もあります。例えば、大名は狂言の中で揶揄の対象になったとしても、自己の姿を作品の中に見出さず、批判される切実感がなかったのです。

ある意味で、融通無碍な古典劇になることで、式楽の中でも禁止にならず生き残れたという面もあるでしょう。

第三章

歌舞伎・文楽とはどういう演劇だったのか

1　かぶきと歌舞伎

歌舞伎とは何かを一言でいうと、歌・舞・伎（演技）が三位一体化したものです。いわばトータルシアターです。

もともと「歌舞伎」は平仮名の「かぶき」でした。漢字を当てると、「傾き」になります。ここからさらに「傾奇」という表記が生まれました。つまり斜めから社会を奇異に見ている目。真っ直ぐではなく、少々傾いた演劇、それが歌舞伎の底流にあったわけです。これが歌舞伎の語源です。

しかし「歌舞伎」という当て字には意味深長なニュアンスが込められています。すなわち、歌の中には音楽が含まれており、舞は踊り（日本舞踊）であり、伎とは「わざおぎ＝俳優」だからです。音楽を基盤にした全体演劇、それが歌舞伎です。

心中や仇討ち、義理人情を扱うのが歌舞伎の作風です。そこには違反、侵犯といった禁忌性が漂い、芝居小屋の周辺は悪《あく》場所と呼ばれました。その舞台を担うのが役者です。役者の自在な演技と直接性、即興性重視も歌舞伎を成り立たせる要素となります。もともと反社会的であったり、秩序を乱したり、良俗を紊乱するものという意味合いを持った芸能が歌舞伎だったのです。

また歌舞伎に西洋演劇のバロック性を指摘する人もいます。バロックとはもともと「歪んだ真珠」が原義で、ルネッサンスを正型真珠とするのに対して、劣悪な頽廃形式を意味するものでした。雑多でバラバラな属性を持ち、端正、秩序、統一性、緊密性といった古典主義の対極にあり、自由奔放、豪華絢爛といった言葉が似合うような独特のスタイルを持ち合わせているのです。

「バロック」とは出鱈目さ、何かが崩れ壊れてしまったという意味もあります。何が壊れてしまったのか。それ以前にあった古典主義です。

古典主義演劇は、フランスで一七世紀に確立されました。一貫した物語の筋、上演される場面が一ヵ所だけに固定され、時間も一日（一昼夜くらい）のうちに、物語の発端があって終わりがある。そういうものを「三単一」あるいは「三一致の法則[*30]」と言います。このような三単一で均整の取れた格調の高い古典主義に対して、バロックはその約束事をことごとく破ったのです。

古典主義ではいささか格式ばって息苦しくなると、今度はバロックに行く。しかしバ

＊30　「三単一」あるいは「三一致の法則」
「時」の一致、「筋」の一致、「場所」の一致、を進行させるべきという劇作上の制限のこと。フランス古典主義演劇の作家たち（コルネイユ、モリエール、ラシーヌら）によって多用された。アリストテレスの『詩学』の曲解によるものとされている。

ロックであまりに出鱈目が横行すると、今度は理性の伴った、格調の高い古典主義の形式に戻っていく。こういう繰り返しが時代ごとに行なわれてきたのではないかと思います。

「あらゆる演劇は古典主義とバロック性とを両極とし、スペクトルのようにその間に分布する」（河竹『歌舞伎美論』94p）

河竹教授は、主知的と主情的、論理的と衝動的、求心的と遠心的、収斂的と発散的という相反する要素、人間の双極性が混在し、並び立ったものとして演劇を考えました。歌舞伎とはまさに混沌とした矛盾に満ちた世界の反映なのです。

日本には能と歌舞伎という優れた芸能がありますが、その性格や形式はまったく異なります。能は優雅で静謐な感覚で洗練され大成されていきました。足利将軍家など武士階級がパトロンになり、保護して国家の式楽となりました。しかし式楽になるということは博物館入りするのと同義です。権威はありますがそこから発展や展開が止まってしまいます。明治時代になって幕府の式楽でなくなったときに民間に戻された能楽師は転職を迫られました。人によっては郵便局員になったりして細々と稽古を積んだりしたという泣けるエピソードもあります。

一方、歌舞伎は江戸時代の民衆の演劇でした。この民衆性を持っているところが能とは決定的に違うところです。幕府など権力者に庇護されなかったのも、歌舞伎の特性と言えるでしょう。

能はどちらかというとゆっくりしたテンポで水墨画的な雰囲気を湛えます。対して歌舞伎は波乱万丈、豪華絢爛、色彩豊かな芸能です。外国人から見ると日本人は水墨画的な静謐な文化を好む国民性なのか、豪華絢爛でダイナミックなものを好むのかどちらなのだろうと悩むと思います。

2　人形浄瑠璃の誕生

近世（鎌倉幕府成立から江戸幕府成立時：一二世紀末から一七世紀初頭）を代表するのが歌舞伎と人形浄瑠璃です。人形浄瑠璃は義太夫節を伴奏音楽とし、一〇～一二世紀の傀儡子による人形戯と一五、六世紀のえびすかきが結合したものです。

人形浄瑠璃という言葉は「人形」と「浄瑠璃」という二つの言葉から出来ています。人形劇の歴史は日本では古くからあります。一方、浄瑠璃という「語り物」は、琵琶法師が『平家物語』を朗誦する一三世紀から行なわれていました。能に取りこんだ曲舞《くせまい》*31、幸若《こうわか》舞《まい》*32などを土台に古浄瑠璃が発生（一六世紀前半）します。さらに琉球から三絃《さんしん》（線）を改良した三味線を導入することによって浄瑠璃は発展しました。この人形と浄瑠璃が合体して操り浄瑠璃芝居が成立し、一つのジャンルとして「人形浄瑠璃」が誕生しました。

一八一二年（文化八）に植村文楽軒《うえむらぶんらくけん》*33が座を立てました。ここから「文楽《ぶんらく》」という名称が生まれ、一八七二年（明治五）、正式に文楽を名乗るようになります。以後、ジャンルの俗称として名乗るようになりました。

日本の演劇は能もそうですし、「語り物」という一つの系譜があります。演じるのではなく、語る。語る人のことを太夫と言います。

能は地謡の人がいます。そして仮面を着けた能楽師が演じます。人形浄瑠璃では人形遣

*31　曲舞
南北朝時代から室町時代にかけて流行した踊り。演者は鼓に合わせて謡い、扇を手に舞った。

*32　幸若舞
曲舞の一種で室町時代に流行し、特に武士に愛された。織田信長は桶狭間合戦を前に「人間五十年、下天の内を比ぶれば夢幻の如くなり」の一説で知られる幸若舞の『敦盛』を舞ったとされている。

*33　植村文楽軒
一七五一～一八一〇。淡路島から大坂に出て、道頓堀にて人形浄瑠璃の劇場を開設した。

いが人形を動かして演じます。しかしこの人形遣いはしゃべりません。話す人、つまり太夫は別にいます。この分離は世界的にみても珍しい方式です。俳優は語って演じることが普通だからです。それゆえ、語りと演じ手が分離しているのは日本独特の形式と言えます。ここからさらに展開して歌舞伎が成立しました。

「語り物」の文化の系譜で言うと『平家物語』が有名です。琵琶法師がさまざまな土地を放浪しながら『平家物語』を伝えていく。『古事記』も太安万侶が語り継いだものですが、このような「語り物」の系譜が先ほどの人形劇と合体していきます。

人形劇というのは淡路島などいろいろなところで発祥しています。現代では操り人形＝マリオネットの系譜や、もっと原始的なのは指人形などがあります。

文楽は三人や四人が一組になって一体の人形を操ります。その中に人形の手と足を遣っている黒衣《くろこ》がいます。しかし人形遣いの中に素顔を出している人がいます。これが文楽におけるスターです。しかし手と足を持っている黒衣とのチームワークによって文楽は成り立っているのです。

3　人形浄瑠璃から歌舞伎へ——近松門左衛門

日本の歌舞伎作者としてもっとも高名な近松門左衛門《ちかまつもんざえもん》*34はもともと浄瑠璃の作者でした。近松の書いた「語り物」の形式を俳優が語って実際に演じたものが歌舞伎になりました。

人形浄瑠璃はどういう演目を生み出したのか。ここで作者が問題になってきます。

近松門左衛門の『出世景清』を竹本義太夫（一六五一〜一七一四）が竹本座で上演（一六

＊34　近松門左衛門　一六五三〜一七二五。浄瑠璃作者・歌舞伎狂言作者。人形浄瑠璃の竹本義太夫と組んで作品を発表。坂田藤十郎にも多くの脚本を提供した。代表作に『出世景清』、『曽根崎心中』、『女殺油地獄』など。

八五）しました。近松はこの成功で、以後竹本座の座付き作者になります。

近松門左衛門の『曽根崎心中』（一七〇三）は彼の代表作で、市井の出来事に取材した世話物の第一作です。この作品によって人形浄瑠璃が芸術にまで高められ、発展に結びつきました。

醤油屋を営んでいる寺田屋の手代に徳兵衛という人がいました。この徳兵衛には恋人のお初という遊女がいます。徳兵衛は商人の若旦那です。お初は遊郭の人ですから簡単に結婚はできません。遊郭から足を抜いて町人にならないと結婚できないのです。これが当時のしきたりです。そのために何百両というお金を積んで受け出しをする必要があります。ところが彼の友達に九平次という男がいて、言葉巧みに金を借りようとする。徳兵衛は人が良いのでお初のために用意していたお金を渡してしまう。しかし九平次はいつまで経っても返済しない。そして受け出しの期限がきてしまう。結局お初と徳兵衛は添い遂げることができずに心中するのです。

現代人の感覚ではそんなことで心中しなくてもいいじゃないかと思うでしょうが、当時は階級の問題（娼婦と町人）、男女の差別の問題がありました。結婚するというのは家同士の商売のための契約であり、親同士が決めるわけです。好いた惚れたで恋愛が成就するわけではないのです。しかし恋愛がまったくなかったかというと、もちろんありました。ただ恋愛の基本的な条件が男女対等というのは近代的な発想です。階級制の社会では恋愛は社会的に抑圧されるのです。その問題を象徴的に表わしたのが心中ものです。

日本でも明治時代まで相手の顔も知らずに結婚することは珍しいことではありませんでした。結婚は恋愛というより家同士を結びつけて行く重要な契約だったわけです。今のような自由恋愛や恋愛結婚というのは近代、とりわけ戦後になってから出てきた男女の新しい価値観です。こうして心中ものなどを媒介としながら人形浄瑠璃は江戸時代に根づいていきました。

浄瑠璃の構成を考えてみるとなかなか良くできています。日本のドラマトゥルギーをよく表わしているものとして「序破急」ということを以前お話しました。この浄瑠璃の構成を五段で考えると、初段（序）は事件の発端です。二段（破の序）は展開、三段（破の破）は頂点、四段（破の急）は転機、そして五段（急）が解決になります。

『曽根崎心中』では二人の出会いが「序」です。自分たちの恋愛をどう成就するか考えるのが「破」。そしてこの「破」の中でさらに三つの序破急に分かれます。徳兵衛が九平次にお金を渡してどうにもならなくなり、ついに受け出しが不可能になるまで追い詰められて、心中に向かう。最後の「急」は心中の後の余韻です。因みに歌舞伎では死へと旅立っていくシーンのことを「道行」と言います。二人が手を取り合って生から死の世界に一方向に歩いていく。そしてここが最大の見せ場になるわけです。〝私たちはこの世では結ばれなかったけれど、あの世で結ばれましょう〟と言葉を交わしながら世界の果てに行くわけです。これがクライマックス、頂点です。このように三段構成、あるいは五段構成（五幕構成）の構造となります。

ドラマの構造は日本でもヨーロッパでもほぼ同じような形式です。ヨーロッパでは「起承転結」と言い、四段構成になっています。日本は三段、あるいは五段でドラマの時間を構成しています。その中で観客が自分の感情を高めたり沈めたり、クライマックスを経たあとに余韻に浸っていく。こうした感情の起伏を時間構造でたどったのが、序破急や起承転結なのです。その意味では、世界共通のものです。このようなドラマの原形が近松門左衛門、竹本義太夫によってつくられていきました。

そして重要なのは音楽の存在です。三味線、太鼓、笛が劇の背後に流れ、このような伴奏音楽と言葉（台詞）、人形の演技、この三つが重なり合いながら展開していく総合的な演劇が人形浄瑠璃です。

ヨーロッパのオペラもこれに似ています。オペラも音楽があり歌があり演技がある。歌舞伎や人形浄瑠璃はヨーロッパのオペラと対応していると考えられるでしょう。ヨーロッパとの比較で言うと、歌舞伎の発生とシェイクスピア[*35]の活動時期はほぼ重なります。近松門左衛門は「日本のシェイクスピア」としばしば言われます。シェイクスピアは殺人や煽情的なシーンを得意としていました。歌舞伎とシェイクスピアとの近親性もよく指適されることです。シェイクスピアは近松よりも一〇〇年くらい前に生まれているのですが、ヨーロッパにおいてシェイクスピアの果たした役割を日本で果たしたのが近松門左衛門です。

近松門左衛門が得意としたのはいわゆる人情話、世話物（世の中で起こっている事件を題材にした話）です。一番話題になる世話物の素材は「犯罪もの」です。なかでも心中を扱ったものを近松は好んで取り上げました。『曽根崎心中』の曽根崎という地名は実際に大阪の梅田から歩いて数分のところに今でもあります。そこで実際に起こった心中事件を近松はすぐに台本化しました。

どこからか町人の口に上り、噂話になった事件を近松門左衛門は舞台にかけていく。それを観にきた客は話題を共有するわけです。当時の人形浄瑠璃、広くいえば演劇は、皆の

＊35　シェイクスピア　ウィリアム・シェイクスピア。一五六四～一六一六。イギリス・ルネッサンス期のみならず演劇というジャンルそのものを代表する劇作家である。初め俳優として出発し、その後劇作家に転じた。『ハムレット』『オセロー』『リア王』『マクベス』は四大悲劇として知られる。

関心ごとを虚構のお芝居仕立てで伝えていく。新聞、瓦版、今でいえばテレビのワイドショー的な側面がこれらのお芝居だったわけです。

近松には世話物以外にも、歴史的素材を扱った時代物という系譜があります。『国姓爺合戦』『平家女護島』などです。世話物では『冥途の飛脚』『心中天網島』『女殺し油地獄』など多彩な作品が並びます。また近松には穂積以貫（一六九二〜一七六九）の著したものですが「浄瑠璃文句評注難波土産」（一七三八）という芸論があります。この本の中に、「芸というものは実と虚の間にあるもの也。……虚にして虚にあらず、実にして実にあらず……」という有名な一説があります。これが「虚実皮膜《きょじつひまく》（肉）論*36」です。虚と実の隙間に演劇がある。実に含蓄深い一文です。

4　歌舞伎の歴史

歴史的な定説になっていますが、歌舞伎の発生の年は一六〇三年とされています。出雲《いずも》の阿国《おくに》*37、この人はもともと巫女さんですが、遊女的な存在でした。この巫女さんが春日神社や京都の北野神社、四条河原で踊ったのが歌舞伎の誕生と言われています。

歌舞伎には苦難の歴史がありました。遊女であり巫女でもある出雲の阿国からはじまり、女性たちが歌舞伎を創始するわけですが、この「女歌舞伎」は風俗を紊乱するという咎で、一六二九年、徳川幕府によって禁止されました。以後、一八九一年、新派による「男女合同改良演劇」まで二八八年間、女性は歌舞伎から追放されてしまうのです。

そのあとに「若衆歌舞伎」という系譜が出てきます。今で言うとジャニーズのような一

＊36　虚実皮膜論
芸というものは虚構と現実とのあいだ、皮一枚のような微妙なところにあるというもの。

＊37　出雲の阿国
一五七二〜？。出雲国（現在の島根県東部）出身の安土桃山時代から江戸時代初期にかけて活動した女性芸能者。阿国は男装して人びとの前で踊り、観衆を熱狂させたという。

〇代の中盤から後半の少年（若衆）が演じる形式です。しかしこれもいかがわしいということで禁止になります。中年男性の同性愛者が美少年を愛でてしまうということが問題になったのです。そしてそのあとに出てきたのが「野郎歌舞伎」です。中年や若者が一緒に演じます。ここで完全に女性が歌舞伎から排除されました。

ヨーロッパも似たような歴史をたどります。シェイクスピアの時代に女優はいませんでした。『ハムレット』のオフィーリアは声変わりをしていない少年が演じていました。オフィーリアは名こそ有名ですが、実は出番や台詞が案外少ない。それは少年が舞台に出て、台詞で観客の関心を引き続けるのが難しかったからです。『ロミオとジュリエット』のジュリエットもそうです。しかしガートルードなどの母親役は芸達者な「俳優」が女装して演じました。このようにシェイクスピアも男優だけで演じられていました。

歌舞伎も女性が追放されたあとは男性だけで演じられるわけですが、そこで生まれたのが歌舞伎の最大の特徴である「女形」（おんながた、おやま）です。これは男性が女装して演じる形態です。

他にもいろいろな役者の系譜が生まれます。六方を踏み荒事を得意としたのが市川団《いちかわだん》十郎《じゅうろう》*38（一六六〇～一七〇四）。世話物など和事を得意とした坂田藤十郎《さかたとうじゅうろう》*39（一六四七～一七〇九）。女形では現在名前は残っていませんが、芳沢《よしざわ》あやめ*40（一六七三～一七二九）の各々系譜などがありました。

竹本座の座付き作者が近松門左衛門でした。演劇において劇作家は想像力の頂点に立っているように思われがちですが、当時の歌舞伎の世界では頂点にいるのは役者でした。この役者をどう活かすのかを考えるのが座付作者の仕事でした。役者の下に作者がおり、し

＊38　市川団十郎
歌舞伎役者の名跡。屋号は成田屋。歌舞伎市川家の宗家。荒事芸における「にらみ」で知られる。

＊39　坂田藤十郎
歌舞伎役者の名跡。屋号は山城屋。和事を得意とした。

＊40　芳沢あやめ
歌舞伎役者の名跡。屋号は橘屋。上方歌舞伎を代表する女形として活躍した。

かも作者は複数いて、作者部屋を形成していました。近代以前の演劇では役者が中心であり、作者が台本を書かせてもらっている。このような上下関係がありました。

この時代の歌舞伎は役者が一座を率いる座長でもありました。荒事、和事、女形が一体化しながら、江戸では「市村座」、「中村座」、「森田座」(明治以降は守田座)という大きな江戸三座が劇場経営を担っていきます。

足利将軍家をパトロンとして国家に庇護されていた能に対し、歌舞伎は自分たちの売上げで興行を成していました。民衆を観客として持っていないとこのような興行は成り立ちません。

シェイクスピア時代の英国でも同じようなことが成されていました。バーベッジ[*41]という今でいうプロデューサーのような人が興行主になっていました。グローブ座とかシアター座、カーテン座などロンドンの周辺に劇場をいくつも立ち上げて、そこでシェイクスピアやクリストファー・マーロウ[*42]、ベン・ジョンソン[*43]といった作家の作品を競わせて、バーベッジが売り上げを皆に還元していく。江戸でも似たようなことが行なわれていたと考えられます。これは演劇が成功していく上で非常に重要なモデルケースと言えます。もしかすると現在よりも円滑に興行が成り立っていたのかもしれません。今は助成金など国家からお金が出てこないと演劇が成り立たないと言われています。しかも劇団は助成金に依存することで自らの首を締めていく。ところが当時は興行を自力で賄うことができたわけです。

もっとも日本ではパトロン制度、ご贔屓筋になる人たちがいました。宝塚歌劇団を裏で支えるのもこのご贔屓筋です。宝塚の周りには西宮や芦屋などに高級住宅街があって、お

＊41　ジェームズ・バーベッジ
一五三一?～九七。イギリス最初の公衆劇場を建てた俳優。息子のリチャードも俳優として活躍し数々のシェイクスピア劇で主役を演じ、劇場運営でもその手腕を発揮した。

＊42　クリストファー・マーロウ
一五六四～九三。イギリスの劇作家。ケンブリッジ大学卒業。その博学多識を活かした創作を行なった。代表作は『フォースタス博士の悲劇』『マルタ島のユダヤ人』など。

＊43　ベン・ジョンソン
一五七二～一六三七。イギリスの劇作家。喜劇を書いて人気を博す。代表作に『ヴォルポーネ』『錬金術師』など。

金持ちの人がパトロンとなって宝塚歌劇団の屋台骨を支えてきました。似たようなことが江戸時代にもあっただろうと思われます。

　パトロン制度は明文化されていませんが、暗黙のうちにありました。お茶、生け花、お琴や三味線などお稽古ごとはパトロンによって成り立っています。通常チケットを売って興行を成立させるのは資本主義のシステムですが、それを超えるのがパトロンの制度です。しかし実態は目に見えないから実際に動いているお金がどのくらいかはわかりにくいのです。

　宝塚歌劇団は阪急電鉄がつくった少女歌劇団です。阪急電鉄の社長だった小林一三は演劇の興行とパトロンとしての企業を結びつけた最初の企業人です。ロンドンや江戸時代の興行街でも同じようなことが起こっていたのではないでしょうか。

　人形浄瑠璃の作者らによって台本も豊かになっていきます。竹田出雲（?〜一七四七）、並木千柳（宗輔、一六九五〜一七五一）、三好松洛共作により『菅原伝授手習鑑』『義経千本桜』『仮名手本忠臣蔵』などの名作も生まれ、松王丸、大星由良之助、平知盛ら実事の大立ち役が確立しました。享保末から寛政中期です。

　さらに江戸の末期から明治にかけて二人の大作家が生まれます。『東海道四谷怪談』『桜姫東文章』の四世鶴屋南北《つるやなんぼく》*44。『白浪五人男』『弁天小僧』で七五調の名台詞と下町情緒をたたえた河竹黙阿弥《かわたけもくあみ》*45です。この二人の活躍により江戸歌舞伎は完成し、爛熟した歌舞伎は江戸を突き抜けて明治まで命脈を延ばしていったのです。

　歌舞伎は多くのキーワードを残しました。物語は立ち役と敵役によって担われ、実方《じつがた》、

*44　鶴屋南北
一七五五〜一八二九。江戸時代後期の歌舞伎狂言作者。桜田治助、並木五瓶らに師事して劇作を学ぶ。「悪」を巧みに描いたことで知られる。

*45　河竹黙阿弥
一八一六〜一八九三。幕末から明治時代にかけて活躍した歌舞伎狂言作者。「七五調」を駆使した名調子で知られ、四代目小団次、五代目尾上菊五郎、九代目市川団十郎らに数多くの作品を提供した。代表作に『青砥稿花紅彩画（白浪五人男）』『三人吉三廓初買（三人吉三）』など。

色悪《いろあく》などの性格を持ち、女形は歌舞伎の代名詞となりました。荒事や和事（濡れ事）、くせつという演技のやりとりがあり、花道[*46]は、客席の下手寄りにつくられ、観客と役者を近づける心理的効果があり、ヨーロッパの近代劇場にはない独特の形式を生み出しました。

歌舞伎小屋周辺は悪場所とも言われました。これもフランスの「犯罪大通り」というブールバール街に対応します。演劇の周辺は絶えず喧騒といかがわしさが同居しているのです。

歌舞伎は明治以降に古典劇として残っていきます。それまでの歌舞伎はあくまで現代劇でした。二〇世紀になって歌舞伎は古いものの生き残りとして保存されていきます。

歌舞伎で大事なことのひとつに「型」があります。役者は歌舞伎の家に生まれると小さい頃からこの「型」を習得していきます。「型にハマる」というのは悪い言葉で使われます。あるいは「紋切り型」という言葉も同様です。その「型」からどうやって逸脱していくのか。「型破り」をどう行なうか。これが芸術家にとって非常に重要な課題です。しかしそのためには「型」を身につけなければいけない。体に「型」を染み込ませた上でどう対象化して破っていくか。役者の修業というのはここに尽きるのではないかと思います。

＊46　花道

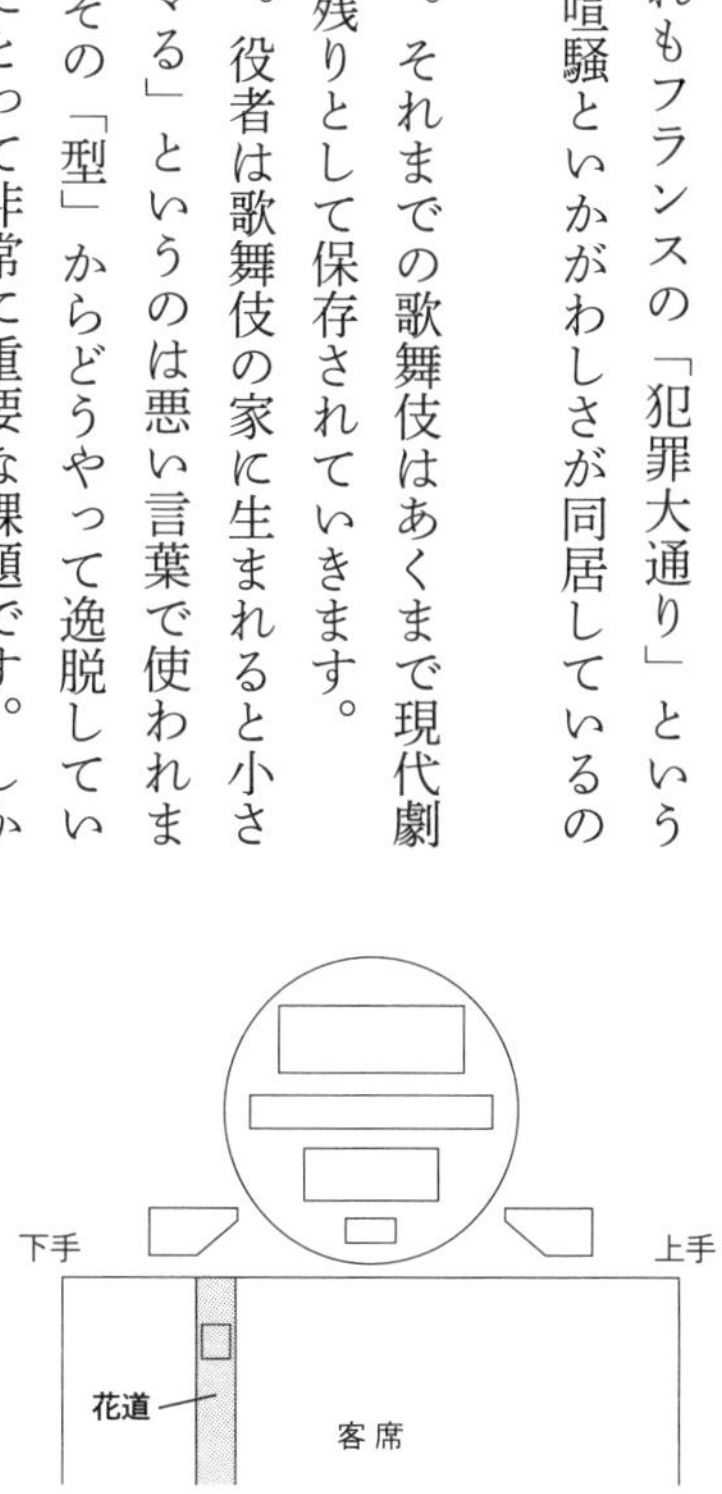

第二部

近代演劇の格闘

第四章

近代国家と演劇改良運動

1　近代化とは何か

近代以前の演劇には「古典」や「伝統」などさまざまな言い方があります。近代の定義自体はそれほど明確ではありませんが、現在のわれわれの生活スタイルの原型を成してくる時代、それが明治時代以降です。

江戸時代から明治時代に変わるときに非常に大きな切断がありました。そこにどのような切れ目があったのか、演劇や文化、芸術はそれをどうつないでいったのかがこの章の話の骨子になります。

日本は明治以降になって世界への道を開くようになりました。それまでの鎖国時代はドメスティックで何事も国内だけでやってきたわけですが、明治以降は大国と渡り合わざるをえないフィールドに連れ出されてしまいました。最初のグローバリズムとの遭遇です。文化や芸術もそれに見合う装いを整えなければいけない。これがこの章のもう一つのポイントになります。

歴史とは何かを考えるときに、一人の人間の個体の成長史にたとえてみるとわかりやすいと思います。明治になって「日本」が誕生した。そこから一人の人間の個体史として考えてみると、明治期は幼少年期に相当します。近代日本という少年はどのように成長してきたのでしょうか。

前章まで能・狂言と歌舞伎・文楽についてお話をしてきました。そして明治維新が起きて時代が変わったと言いましたが、果たして人間の生き方や生活が一気に変わったのでしょうか。

この時代を象徴したのは「文明開化」という言葉でした。「文明」という言葉は明治になって生まれたもので、文明とは古い生活やしきたりを捨てて新しく生まれ変わることです。日本人の一番の変化はおそらく髪型や衣服の変化でしょう。男性は髷を切ります。これを散切頭と言います。「散切頭を叩いてみれば文明開化の音がする」、当時よく読まれた戯歌です。それから服装も徐々に変わっていきます。一気に洋装の被服に変わったわけではありませんが、明治の初期の頃の人たちは「生活革命」という大変な激動の時代を生きていたのではないかと思います。

教育でもまた新たなカリキュラムが始まりました。美術、音楽に加えて体育が正課となりました。そこで歩き方が矯正されました。例えば、それまで右足と右手を同時に動かすことが常道でした。これを「ナンバ（歩き）」と言います。農民にとって足元が定かでない農地では、これが一番安定した歩き方でした。しかしこれが否定されました。右手と左足を同時に動かす。このように矯正されたのはヨーロッパの軍隊がモデルになっているからです。つまり身体の西洋化は、軍事化する身体への一歩となっているのです。

ここで否定されたのは、広義の意味での「伝統」です。相撲の四股や立ち合いはナンバを基本にしています。腰を落として重心を安定させ、相手にぶつかって力を加えるには、ナンバの形がもっとも合理的だからです。歌舞伎もまた、ナンバを基本にしていました。六方という踏み込みの手法は、右手と右足を同時に使用するわけですが、これは日本ならではの身体技法です。いずれも湿地帯である日本の風土性から生まれた身体所作です。それが西洋化によって排除されたのです。

近代化が世界の一員に日本が組み込まれた証だとすれば、狭義の意味では「戦争」へ向から準備を徐々にこなしていったプロセスと捉えることができます。西洋の近代、とりわけ一九世紀は戦争の世紀でした。こうした近代国家の発展と演劇はどのような関係にあったのでしょうか。

2　演劇改良運動――上からの「改良」

明治になってもあくまで芝居というのは歌舞伎のことでした。江戸から明治にかけて狂言作者・河竹黙阿弥も健在でしたし、役者では名優と呼ばれた九代目市川団十郎《いちかわだんじゅうろう》*1、五代目尾上菊五郎《おのえきくごろう》*2なども存命で、舞台は江戸の香りを残していました。

*1　九代目市川団十郎
一八三八～一九〇三。七代目・市川団十郎の五男として生まれる。史実を重視した活歴や写実的な演技など歌舞伎の近代化に取り組む一方で、荒唐無稽な古典作品の洗練化にも力を注いだ。劇聖と称される。

*2　五代目尾上菊五郎
一八四四～一九〇三。父は十二代目・市村羽左衛門。九代目・団十郎、初代・左団次と共に「団・菊・左」と称される。河竹黙阿弥による世話物を多く演じ、『青砥稿花紅彩画（白浪五人男）』における弁天小僧は終生の当たり役となった。文明開化の時代を反映した散切物なども演じた。

明治政府は新しい近代国家としての日本を建設することが国是となりました。そのためにはまず西洋の事情を知ろうと思い、一八七一年（明治四）に岩倉具視を長とする使節団を海外に送り、米国を皮切りに英仏を経て、開通したばかりのスエズ運河を通って帰国しました。約二年間の渡航でした。ここで得た知識をもとに、中央集権国家の建設を進めます。地租改正や廃藩置県などを通して、明治政府の権力が全国に浸透するシステムをつくりあげました。そのさい、政府にとってもっとも重要だった課題は憲法をつくることでした。

　近代国家のアイデンティティは憲法を制定することです。そして憲法をつくった後には議会も必要になってきます。そこで伊藤博文や井上馨や外山正一など明治政府の元老たちはヨーロッパに視察に行きました。そのときに滞在先で歓待を受けます。もちろん食事会などのもてなしも受けましたが、いちばん衝撃的だったのは、劇場文化です。例えば彼らはオペラに招待されます。ウィーンやベルリンのオペラハウスの劇場建築を見て日本の芝居小屋とおよそレベルが違うことに驚きます。そこで上演されているオペラを観てさらに驚くわけです。オペラは一七世紀以降の貴族文化に根を持つものですが、それが彼らにカルチャーショックを与えたことは想像に難くありません。そこで感銘を受けた元老たちは世界の一流国に並び立つにはこういう劇場文化が必要だと思ったわけです。

　彼らは日本に帰ってからオペラのようなものをつくれないかと考えます。しかしヨーロッパでもオペラは一朝一夕にできたわけではありません。そこで彼らが目をつけたのが歌舞伎でした。ところが歌舞伎は江戸時代の町人に出自を持ちます。ヨーロッパのオペラが貴族文化であるのに対して、歌舞伎はあくまで町人の文化なのです。ここにまず大きな隔たりがありました。もう一つの古典芸能である能はどちらかというと貴族の文化に近いのですが、歌舞伎ほど大衆性がなかったため、庶民的で派手な歌舞伎に目をつけたのです。彼らは何とかこの町人文化を近代社会にふさわしい文化に模様替えできないかと考えました。

しかし歌舞伎はおよそ近代国家にふさわしくない主題を扱っています。心中や仇討ちは下劣で野蛮な世相を反映している。これでは一流国にふさわしくないと思った明治の元老たちは当時の興行主たち（中村座、市村座、守田座）を呼び集めて「上品に作劇せよ。歴史上の人物は実名で脚色し、史実を歪曲してはならぬ」といった「芝居御諭」を出します（一八七二）。ここから、「演劇改良運動」[*3]が始まりました。一八八六年に「演劇改良会」が伊藤博文、井上馨、外山正一ら政府主導で発足します。

仇討ちや心中は江戸時代までの価値観です。明治の近代社会ではそういうものを排除したい。結婚においても、士農工商という身分を越えて結婚できるようにしようと考えるのが近代社会です。歌舞伎を新しい時代に即したものにできないか。歌舞伎の作者や興行主たちに、心中や仇討ちを抜いて脚本を上品に変えてくれと「諭し」ます。これには歌舞伎の現場側から猛反発を受けます。

近松から心中を抜いたら何が残りますか？『忠臣蔵』から仇討ちを抜いたら何が残りますか？　あの作品の中には心中や仇討ちが絡みついているのです。言い換えれば、江戸という時代のパラダイムの中に心中や仇討ちは組み込まれていて、これを除いて劇は成立しないのです。政府の中にも芝居の心得がある依田学海《よだがっかい》[*4]のような人がいて、『吉野拾遺名歌誉』など改良台本を作成しましたが、結局成功しませんでした。

＊3　演劇改良運動
歌舞伎の近代化を推し進めようとした運動の総称。一八八六年（明治一九）、第一次伊藤内閣で政治家・経済人・文学者らによって「演劇改良会」が結成され、パリのオペラ座に倣った劇場建設、女形・チョボの廃止、勧善懲悪に拠らない脚本や俳優の品位向上などが提言された。

＊4　依田学海
一八三四〜一九〇九。幕末から明治時代の漢学・文学・演劇評論家。演劇改良運動を推進し、歌舞伎脚本『吉野拾遺名歌誉』『文覚勧進帳』などを書いた。

それともうひとつ、芝居小屋を近代的な建築の劇場につくり変えてもらえないだろうか、こういう要求を出すわけです。実際の歌舞伎役者や興行主、台本作者はとんでもないと思ったのですが、そこは上からのお達しなので簡単には突っぱねられません。ここでもし変わっていたら今の歌舞伎はひどいものになっていたでしょう。あの時代に作者や興行主が歌舞伎を守ったのです。

なぜ明治政府はそこまで歌舞伎を変えようとしたのか。一八八六年というと明治維新から二〇年近く経っています。それにもかかわらず江戸を引きずっている。相変わらず芝居といえば歌舞伎。歌舞伎は江戸の象徴なのです。だから目の敵にされる。しかし歌舞伎は民衆に支持されているから無下にできない。ただ台本の内容は簡単に直りませんでした。

ついに政府はこの上からの改革、とくに脚本を変えるというのは不可能だと断念します。ただし、新しい劇場を作るということに関しては一八八九年に歌舞伎座が誕生します。翌一八九〇年には帝国議会が完成します。「演劇改良会」にはそういう一定の成果はありました。

この演劇改良会に明治政府はどう幕引きしたか。彼らにも当然面子があります。芝居をやっている人間など見下していますから、こんな連中に自分たちの鼻をへし折られたことに頭にきている。一八八七年に井上馨邸で明治天皇を招いて天覧劇を開催します。これを実施することで「演劇改良会」は幕を引きます。歌舞伎の側にも天皇が観たというお墨付きを与えて手打ちとしました。

国が音頭を取って文化や芸術に対して〝上から〟指導しようとしても芝居屋たちは簡単には受け容れません。むしろ反故にされる。これが西洋の文化を日本が受け容れるさいの最初の失敗談でもあり教訓です。

3　新派——自由民権運動、壮士芝居、書生芝居

演劇の内部にいる人たちはどう対応したのでしょう。その中でもっとも重要な人物は坪《つぼ》内《うち》逍遥《しょうよう》*5です。彼はもともと歌舞伎の愛好家でした。一八八五年に文学論集『小説神髄』を書きますが、実はそれ以前にシェイクスピアの翻案劇を書いています。このタイトルが『自由太刀余波鋭鋒《じゆうのたちなごりのきれあじ》』（一八八四）です。これは『ジュリアス・シーザー』の翻案です。

明治の元老たちは仇討ちを古臭い因習として嫌いましたが、逍遥は『ハムレット』を読んだときにこれは日本の『忠臣蔵』みたいだと連想が働いたわけです。『ハムレット』はお父さんが叔父さんに殺されてその息子が復讐する話です。ここからヨーロッパでも仇討ち劇があるというアナロジー（類推）が働いたのです。それをもとに逍遥はシェイクスピアを翻訳できたのでしょう。

シェイクスピアはイギリスの物語であるのと同時に日本の中世のお話でもあります。逍遥は日本文化の歌舞伎にシェイクスピアをたやすく移植しました。井上馨たちが仇討ちは野蛮だと言いましたが、世界的な共通性として仇討ち劇はあったわけです。道ならぬ恋や心中も同様です。別にコンプレックスなど持つ必要がなかった。演劇改良運動というのは半端なインテリの文化運動に過ぎなかったわけです。

政府の演劇改良の動きを当時の日本の文学のトップに立っていた逍遥は非常に不快に思っていましたが、表立って反対もできません。そこで『当世書生気質』や『小説神髄』

＊5　坪内逍遥　一八五九〜一九三五。小説家・劇作家・評論家・教育家・翻訳家などの多彩な顔を持つ。『小説神髄』『当世書生気質』などで日本近代文学成立に多大な影響を残す一方で、シェイクスピアの全作翻訳や文芸協会で俳優の養成に取り組むなど演劇界にも大きな足跡を残した。

を執筆し、シェイクスピアや近松の研究などをしながらこの時代をやり過ごしていたのです。研究や学問は、実は国家への文化的抵抗にもなりうるのです。

内なる近代化の運動の嚆矢は「新派《しんぱ》」です。「新派」とは何でしょうか。明治政府にとって、新しい文明国になるために議会をつくり憲法を発布するのが国是でした。そのためにヨーロッパに遠征した伊藤博文らは、文化や芸術の香りに触れて日本に帰国します。そこでヨーロッパ風のサロンとして鹿鳴館をつくります。これは西洋のエッセンスを集めたものを日本人でもつくれるというアピールです。ここで舞踏会を催したりしました。三島由紀夫の『鹿鳴館』(一九五七)はこの時期の日本社会を描いたものです。

その頃、江戸末期の武士たちで薩長を核とした明治政府の成立に不満を持っていた勢力があります。こうした「元」武士たちを壮士と言います。彼らが東京にきて政治に首を突っ込もうとしても明治政府は不穏分子として取り締まる。一八八七年制定の保安条例によって彼らは関西に追いやられてしまいます。そこで彼らは明治政府に反対する政治活動を展開します。しかも演劇を通した政治活動です。ここに「新派」という新しいジャンルが誕生しました。

この中に自由党壮士の川上音二郎《かわかみおとじろう》*6がいました。彼は演説を盛り込んだお芝居を街頭で始めます。これは芝居の中に政治的なものを入れ込んだ路上パフォーマンスの一種です。街頭劇とも言えます。「板垣死すとも自由は死せず」などメッセージ性の強い『板垣君遭難実記』(一八九一)などを上演しました。

当時はテレビもラジオもありませんから、演劇はいま世の中で起こっていることを一番最初に伝える速報性を持っていました。江戸時代の近松門左衛門も町で心中があるとすぐ

*6 川上音二郎
一八六四〜一九一一。自由民権運動を歌に盛り込んだ「オッペケペ節」で人気を博す。書生芝居を上演して後の新派劇の基礎を築いたほか、一座を率いてヨーロッパ公演を行なうなど興行師としても優れた側面を見せた。

にお芝居にして舞台にかけています。演劇は生きた壁新聞の役割を果たしていました。

その時代にはその時代特有の新しいメディアが必要です。演劇は市民と幕内の人たちをつなぐメディアだったわけです。同じような現象は世界中で見られます。例えば一九一七年のロシア革命。[*7] このときにも演劇が活躍します。当時の俳優たちが集まって「青シャツ隊」を結成しました。彼らは〝モスクワでニコライ王朝が滅んだ〟ことをお芝居仕立てにし、街中で上演しました。演劇はテレビやラジオが出てくる前に、速報性を持って事実を伝える表現活動だったのです。

川上音二郎もそれを実践しました。川上は政治青年で選挙にも出たりしますが、有名になったのは彼のオッペケペ節が知られたからです。これは一種の言葉遊びですが、時事風談を入れた歌入り芝居です。しかしこれは無料の街頭公演ですから、興行収入はありません。当然資金がなくて行き詰まります。ここでこの人がすごいのは、演劇は日本だけでやらなくてもいいのではないかと考え、一八九九年にいきなり海外に進出したことです。アメリカ、イギリスを回って一九〇〇年にパリ万博で大人気になります。日本ではちょっと煙たがられていたのに、海外でいきなり脚光を浴びて、日本を代表するアーティストになったのです。日本で最初に海外公演を行なったのが川上音二郎一座です。このことだけでも彼がいかに冒険的演劇人であったかがわかります。

川上のもう一つの演劇革命。それは彼の妻だった川上貞奴《かわかみさだやっこ》[*8]を舞台に上げたことです。この貞奴はもともと芸妓さんでプロの芸を持っていました。たまたまパリで俳優が舞台に出られなくなったときに代役で舞台に出たところ爆発的な人気を博しました。結果として日本近代における、事実上最初の女優になったわけです（実際は千歳米坡が最初の女優）。

＊7　ロシア革命
帝政ロシアが倒され世界初の社会主義国家が誕生した一連の市民革命。一九〇五年の第一次革命の後に、一九一七年の第二次革命が起きてロマノフ王朝は崩壊した。

＊8　川上貞奴
一八七一〜一九四六。日本橋の芸者であったが音二郎と結婚後女優業に転身。パリ万博で多くの観衆を魅了した。帰国後、帝国女優養成所を開設し女優の育成に力を注いだ。

女優は歌舞伎の時代には排除されていました。能も女性能楽師は基本的にいませんでした。そこに出雲の阿国から始まった女歌舞伎以来、二百数十年ぶりに女優が舞台に立ったのです。貞奴は日本に帰ってからも舞台に立ち続けました。

川上はヨーロッパを回りながら演劇を学んだ中で、歌舞伎とは違う現代劇をつくりたいと思うようになります。そこで彼が提唱した演劇が「正劇」。これはドラマのことです。対話を中心とした、人間の内面心理を描いた劇。これを日本に植えつけようとします。しかも『ハムレット』のような王子だとか『忠臣蔵』のような武士ではなく、今のわれわれの時代を生きている登場人物を舞台に出したい。これが「新派」となります。

歌舞伎に対抗した最初の現代演劇が「新派」です。今も「新派」はありますが、現在の「新派」はお涙頂戴のメロドラマです。水谷八重子《みずたにやえこ》[*9]や花柳章太郎《はなやぎしょうたろう》[*10]などによって引き継がれ、今では歌舞伎の明治版のような存在ですが、最初はあくまで現代演劇でした。

こう考えると、川上音二郎こそが、近代演劇の創始者と言うこともできます。ただし彼には、近代化を担うとか、近代精神の発露としての演劇思想はありませんでした。ただ彼の航跡をたどってみると、素人ゆえの近代化の発芽は随所に見られるのです。

4　逍遥、鷗外、そして小山内、抱月

この頃、もう一つの大きな流れが始まっていきます。それが先ほどの坪内逍遥の活動です。逍遥は大隈重信らと共に早稲田大学の基盤をつくった教育者でもあります。小説など文学も書いていましたが演劇の勉強もしていました。彼には新しい演劇を興したいという

＊9　水谷八重子（初代）
一九〇五〜一九七九。女優。新劇から新派に転身し戦後は新派の大黒柱となる。舞台を中心に映画でも活躍した。夫の十四代目守田勘彌との間に水谷良重（二代目・八重子）がいる。

＊10　花柳章太郎
一八九四〜一九六五。新派を代表する女形。喜多村緑郎に師事し、戦前には新生新派を結成。戦後は水谷八重子と共に合同後の新派を支えた。人間国宝。

願望があり、一九〇六年に新しい演劇学校をつくります。それが「文芸協会」[*11]です。これは私設の劇団兼研究機関でした。

設立のきっかけになったのは近代劇の始祖・イプセン[*12]の死です。イプセンはシェイクスピアの後で一番流行っている演劇だと逍遥は気づいていました。しかし逍遥はイプセンに食指が動きませんでした。シェイクスピアとはまったく違う現代服を着た人物が登場する劇だからです。

当時イプセン（イブセンと言われていました）が新しい近代社会の人間を描いているとして、これを本格的に日本に紹介したのは森鷗外でした。彼はドイツに留学しているときにイプセン劇を知り、いち早く日本に持ち帰ってきました。ドイツ語や英語から重訳で日本に紹介した立役者の一人です。しかし逍遥はあくまでシェイクスピア派です。ここで逍遥のシェイクスピアと鷗外のイプセンが対立構図をつくるわけです。

シェイクスピアは中世の、日本だと近松に当たるような作家です。魔女が出てきたり亡霊が出てきたり荒唐無稽な話が出てきます。一方イプセンは近代市民社会の生活を描いたリアリズムの作家です。荒唐無稽なシェイクスピアとリアリズムのイプセン。日本の演劇もこの二つの流派に分かれていきます。

イプセン派についたのは小山内薫《おさないかおる》[*13]です。彼は文学者でもありましたが、演劇にも興味を示して、「イブセン会」を主導します。そこに柳田国男、田山花袋、島崎藤村、正宗白鳥らが参加します。当時の若いインテリたちは皆イプセンに群がったわけです。一方、シェイクスピア派につくのは主に古い時代の人たちが中心。その象徴が逍遥です。

一九〇九年に逍遥は本格的な演劇創作に乗り出して「後期文芸協会」をつくります。こ

＊11　文芸協会
坪内逍遥、島村抱月らによって結成された文化団体で後に劇団・研究・俳優養成機関となる。雑誌『早稲田文学』を発行した一九〇六年結成の前期文芸協会と、坪内が私財を投入し演劇に特化した一九〇九年結成の後期文芸協会とに分けられる。松井須磨子、沢田正二郎らを輩出した。

＊12　ヘンリック・イプセン
一八二八〜一九〇六。ノルウェーを代表する劇作家。自然主義、社会派の作品で知られるが、『ペール・ギュント』などの詩劇もある。代表作に『人形の家』『幽霊』など。

＊13　小山内薫
一八八一〜一九二八。劇作家・演出家。一九〇九年に二代目市川左団次と自由劇場を創立。近代劇（新劇）の発展に大きな役割を果たす。一九二四年に

こで演劇学校を併設して俳優の教育を始めます。その教え子から生まれたのが松井須磨子《まついすまこ》[*14]という大スターです。もう一人、逍遥の弟子に島村抱月《しまむらほうげつ》[*15]という劇作家兼演出家がいました。この抱月と松井須磨子がコンビになって後に「芸術座」という劇団を立ち上げます。これは興行的にも大ヒットした近代日本で最初の劇団です。

一方の小山内薫は同年、「自由劇場」[*16]という劇団を創設します。この一九〇九年は日本の近代演劇にとって幕開けと言ってもいい、明治維新に匹敵するくらいの意味がある年です。

逍遥は文学者として一流でした。大学の教授もつとめたので、取り巻きが多く人材にも事欠きませんでした。対して小山内薫は裸一貫。そこで歌舞伎の俳優、二代目市川左団次《いちかわさだんじ》[*17]と組んで興した劇団が自由劇場だったのです。

この自由劇場という名前には由来があります。もともと彼が目標とした劇団の名前が「自由劇場」でした。遡ること二〇年ほど前、一八八七年にフランスで創設された、リアリズム演劇の始まりになった劇団です。アンドレ・アントワーヌ[*18]がこの自由劇場を興しました。この人はもともとガス会社に勤めるサラリーマンでしたが、演劇が大好きで自力でアマチュアの小劇団を創設します。昼間働いて夜稽古して公演を打つ。何がそれほど情熱的に彼を動かしたのかというと、それがイプセンでした。

イプセンはもともと市民社会のタブーに触れるようなことを書いていました。例えば『人形の家』(一八七九)。蝶よ花よとかわいがられていた若妻のノーラはあるとき夫に黙って借金をしてしまう。当時は女性にほとんど人権がありませんでした。借金することは罪だったのです。ノーラは夫の療養のために、自分のお父さんからお金を借りようとしたの

は土方与志と築地小劇場を創立し、戦前・戦後を通じて活躍する多くの演劇人を育てた。

＊14　松井須磨子
一八八六～一九一九。女優。後期文芸協会演劇研究所の第一期生となり演技を学ぶ。『人形の家』での演技が好評となり、島村抱月らと「芸術座」を結成。『復活』において須磨子が歌った劇中歌「カチューシャの唄」のレコードが大ヒットする。病死した抱月の後を追って二ヵ月後に自殺。

＊15　島村抱月
一八七一～一九一八。演出家・文芸評論家。坪内逍遥の文芸協会に参加、イプセン劇などの翻訳・演出を手がけるが、松井須磨子のスキャンダルにより退団。須磨子とコンビを組んだ「芸術座」で成功するもののその後スペイン風邪にかかり死去。

ですが、お父さんが急死してしまってある人から借金をします。あくまで夫のためでしたが、夫に相談もせず勝手に借金をします。この事実を知ったときに夫は激怒します。それまでかわいがられていたノーラはこのことで夫は自分のことしか考えていない、ということに気づきます。自分は家の中で奴隷のように使われているだけだ。いまは夫に保護されているけれど、その前は父に保護されていた。自分たち女は父親から夫に所有権を移譲されたに過ぎない。このことを『人形の家』は問いかけたわけです。結末では二人の子どもを置いてノーラは家から出ていきます。

これが古いノルウェーの社会でどれだけスキャンダラスだったか、破廉恥だったか。当時イプセンはノルウェーを見捨ててドイツやイタリアに暮らしながら作品を書き、家族を養っていました。まずドイツ語で出版します。それを読んだ誰かが上演したいと手を挙げるのを待つ。しかし誰もこの作品をやりたいと申し出ません。こんな破廉恥な芝居を誰が見にくるか。われわれの真実を暴露するような作品を誰が見たがるか。こうして『人形の家』はお蔵入りしてしまいます。

彼はそのあとに『幽霊』を書きます。今度は家出しないという話です。ここでは女は夫の不実を我慢して子どもを育てたけれども、今度は子どもに復讐されてしまうという劇です。ますます誰も上演してくれなくなってしまいました。

当時、一九世紀末は商業演劇の時代です。自分の美しい容姿を見せるスター主義全盛の時代にこのような作品を書いても誰も見向きもしません。そこで手をあげたのがアントワーヌだったのです。ぜひこの戯曲を自分たちの劇団の旗揚げ公演で上演したい。こうしてフランスの自由劇場は『幽霊』をもって旗揚げしました。

＊16　自由劇場
演出家・小山内薫と歌舞伎俳優・二代目市川左団次による劇団。旗揚げ公演はイプセンの『ヨーン・ガブリエル・ボルクマン』。ゴーリキー、メーテルリンクなどの海外作品のほか、森鷗外、秋田雨雀ら日本人作家の作品も上演した。

＊17　二代目市川左団次
一八八〇～一九四〇。父は初代市川左団次。欧米視察時に海外の演劇から刺激を受けた左団次は帰国後、小山内薫と自由劇場を結成。翻訳劇を中心に出演する。一九二八年には初の歌舞伎海外公演を行った。

＊18　アンドレ・アントワーヌ
一八五八～一九四三。ガス会社に勤務しながらアマチュアの劇団に所属し演技や演出の経験を積む。自由劇場を結成し自身の演出・主演でイプセンの『幽霊』を上演。後にオ

デオン座の芸術監督となる。

この舞台は当然、大変な評判になりました。今までの演劇とはまったく違った演劇が開始されたのです。小山内薫はこれを知っていました。歌舞伎全盛の時代に、ヨーロッパではすでにこのような現代劇がやられている。イプセンを上演しようとした小山内薫はフランスのアントワーヌに匹敵する革命的存在だったといっても過言ではありません。ここから日本の新しい演劇の時代が始まりました。

5　自由劇場の発進

小山内薫の自由劇場の旗上げ公演はイプセンの『ヨーン・ガブリエル・ボルクマン』です。ヨーロッパの本格的な戯曲を日本で翻訳上演できるようになりました。小山内はヨーロッパの新しいものをどうやって上演するのかに悩みます。七五調の歌舞伎の台詞が体に染みついた俳優でどうやって上演するのか。そこで演劇に触れていない学生を鍛えて俳優にしようとする。同じようなことを逍遥も考えていました。素人を鍛えて一人前にする。

当時の日本でプロの俳優といえば歌舞伎役者を指します。小山内薫は学生たちに混じってプロの俳優、二代目市川左団次を呼んできます。しかし考えてもみてください。学生演劇の中に一人だけプロの俳優がいたらどうなるか。およそちぐはぐなものになってしまうでしょう。もっとも二代目左団次は、海外渡航経験もあり、相当開明的な役者でもありました。彼はイプセンを喜んで受け容れ、彼なりの西洋芝居を演じました。

小山内も逍遥もこの玄人と素人の問題で躓きます。玄人の歌舞伎俳優と素人の学生上がりをどう重ね合わせたらいいか。逍遥の文芸協会は素人を徹底的に鍛えて何とか玄人にしていこうという方針を立てます。一方自由劇場はもともと玄人だった歌舞伎俳優を学生演劇に混ぜていきます。いわば歌舞伎の技芸を〈素〉に戻す。素人とは技芸にまみれていないという意味でもあります。

この二つの劇団の間に彗星のごとく現われたのが島村抱月・松井須磨子の芸術座でした。一九一四年、トルストイ[*19]原作の『復活』を上演します。松井須磨子が歌った劇中歌「カチューシャの唄」が大ヒットします。テレビのない時代でしたが劇中歌が大流行したのです。松井須磨子は一気にスターダムにのし上がり、劇場は満杯になります。芸術座は商業的にも成功したのです。その後、オスカー・ワイルド[*20]の『サロメ』なども松井須磨子が演じます。

島村抱月のポリシーとして有名なのが、芸術と職業の「二元の道」です。芸術性も重要だけど経済性も重要だということです。芸術性が優れていても興行として当たらなければ意味がない。しかし同時に興行が当たっても芸術性が伴わないと意味がない、これを唱えたのが島村抱月でした。逍遥は学術的で道楽半分。小山内薫は真面目すぎて大衆性に欠ける。その両方の弱点を島村抱月は克服したと言えます。

ところが一九一八年、その島村抱月が急死します。失意の松井須磨子は翌一九年に後追い自殺をします。もし島村抱月が長生きしていたら日本の演劇史はもっと違った展開をしていたと思われます。この年、芸術座解散、自由劇場も幕を閉じます。ここで近代演劇運動の曙が一旦消えてしまいます。

翻案劇は作品を日本の土壌に置き換えたものです。例えばハムレットを葉叢丸《はむら》という武将の名前に置き換えて日本の話にしました。これが翻案劇です。翻訳劇はハムレットはハ

＊19　レフ・ニコラエヴィチ・トルストイ　一八二八〜一九一〇年。ロシアの小説家。ドストエフスキー、ツルゲーネフと並ぶロシア文学を代表する作家。代表作に『戦争と平和』、『アンナ・カレーニナ』、『復活』など。

＊20　オスカー・ワイルド　一八五四〜一九〇〇。アイルランドの作家。代表作『サロメ』は日本でも多く上演される。長編小説に『ドリアン・グレイの肖像』がある。

ムレット、オフィーリアはオフィーリアとして登場させます。日本人からすると片仮名の名前を呼ぶことに違和感や窮屈な思いがあります。葉叢丸というと違和感が減ります。この違和感を解消するために一度翻案劇をくぐる必要がありました。

しかし今では日本の名前と変わらないくらいに受け容れられています。翻案劇を通過して翻訳劇、そして自国の言葉の劇のように受け容れていく。さまざまな段階はありますが、シェイクスピアやイプセンなら外国の事情を考えずに受け止めていくことは可能になっているのではないかと思います。

明治維新から五〇年、人間史でいえば成人を迎えた二〇歳に相当するでしょう。幼少年期に翻案劇や翻訳劇などいろいろ試行錯誤の果てに、日本演劇という青年が挫折を経て成長していくのです。

こうして、江戸時代の香りもあるところで消えていきます。

明治になって時代が徐々に移り変わっていく。髪型を散切頭にしたり着物を洋服に着替えたりして日本人の身体が良くも悪くも近代化されていきました。江戸時代の文化が少しずつ消えていく。その象徴が河竹黙阿弥の死（一八九三）と九代目市川団十郎、五代目尾上菊五郎の死（一九〇三）です。江戸の香りを最後に漂わせた名優たちの死、ここで本格的に江戸歌舞伎の時代が終わったのです。

この時代までに政治や制度は大きな転換がありました。例えば、大日本国憲法の発布（一八八九）や帝国議会の創設（一八九〇）、日清戦争（一八九四）や日露戦争（一九〇四〜〇五）など大文字の歴史は大変動しています。八幡製鉄（現新日鐵住金）など重工業も発達しました。しかし、日本人の生活はいまだ江戸からそう脱していなかったわけです。その意味では法や制度などの「言語」は進んだけれど、生活や風習など「身体」は遅れていた。いわば「進んだ言語と遅れた身体」の跛行性が実状だったのではないでしょうか。言語は時代の波頭を切って、ぐいぐい進展していきます。しかし、それを受け止める内面や心情、つまり身体はそれに遅れてしまうのです。これは政治と文化の跛行性と言ってもいいかもしれません。しかし通常の歴史、政治や事件で綴った大文字の歴史では決して見えなかった事柄が、文化史、とりわけ演劇の歴史ではよく見えてくるのではないでしょうか。

第五章

演劇の実験——小山内薫と築地小劇場

1　築地小劇場の誕生

今日のテーマの中心は日本の近代化に非常に大きな役割を果たした「築地小劇場」という劇団・劇場です。

明治以降の日本の近代化を整理しておくと、ヨーロッパ化というイメージが日本の中では非常に強い。西洋の文明を取り入れて日本化していく。これが「外からの近代化」でした。それに対して内側から旧弊なものを追い出して、いかに革新していくか、これが「内なる近代化」です。

日本の中での近代化はまず演劇改良運動から始まりました。日本ローカルで既成の演劇

＊21　新国立劇場
一九九七年開場。文化庁所管の独立行政法人日本芸術文化振興会が設置者。オペラ劇場、中劇場、小劇場の三つのホールを備える。

＊22　世田谷パブリックシアター
一九九七年開場。東急三軒茶屋駅前のキャロットタワー内に設置。小劇場「シアタートラム」が併設されている。

である歌舞伎をつくり変えていこうという考えです。この演劇改良運動が失敗した後、劇作家と演出家の運動が合体して日本の近代化が進められていきます。その一つの合流点が自由劇場です。そしてそれをさらに発展させたのが築地小劇場です。

築地小劇場は劇場でしょうか、それとも劇団でしょうか？　これは劇場の中に劇団が内属されている、座付き劇団を持った劇場です。現在では日本にも新国立劇場[*21]や世田谷パブリックシアター[*22]、座・高円寺[*23]などさまざまな公共劇場がありますが、いくつかの例外を除けば、基本的には建物だけで劇団は内属していません。ハードはあるけどソフトがない。ところが一九二〇年代にできた築地小劇場は劇場の中に劇団がある。ハードとソフトが一体化していました。

一九二三年（大正一二）に関東大震災[*24]が起こります。当時土方与志《ひじかたよし》[*25]という演出家がドイツに留学していました。そこである一枚の葉書を受け取ります。葉書には東京が焼け野原になったということが書かれていました。そこで彼は急遽日本に帰ろうとするのですが、当時の交通事情ですぐに帰れない。彼はモスクワ経由で帰ろうとしますが、船の都合によりモスクワに一週間滞在することになりました。

そこで彼は「モスクワ芸術座[*26]」の演劇を一週間観ました。この体験はものすごく充実していたようで、ドイツで三〇〇本くらい演劇を観たけどモスクワで一週間の間に観たお芝居の方がはるかに刺激的だったと、土方は書いています。実は一九二〇年代のモスクワは演劇の最先端だったのです。

モスクワ芸術座は二人の演出家に代表されます。スタニスラフスキー[*27]とメイエルホリド[*28]です（それとダンチェンコという演出家もいました）。この二人の演出する舞台に土方与志は

＊23　座・高円寺
二〇〇九年開場。正式名称は杉並区立杉並芸術会館。座・高円寺1、座・高円寺2、阿波おどりホールの三つのホールを備える。

＊24　関東大震災
一九二三年九月一日に発生した。マグニチュード七・九。最大震度六。南関東から東海地域にわたり大きな被害が発生した。死者・行方不明者は十万人以上。混乱の中、流言飛語により朝鮮人虐殺が起きた。

＊25　土方与志
一八九八〜一九五八。演出家、土佐藩士・土方久元の孫。小山内薫に師事し演劇を学ぶ。ドイツ留学中に関東大震災が発生。帰国後、私財を投じて築地小劇場を建設。小山内と共に演出家として活動した。

魅了されました。

震災の年の暮れにようやく日本に帰ってきたらやはり焼け野原です。そこで彼は一念発起して劇場をつくろうと考えます。当時は震災法などのおかげで土地代が安く、また劇場を建てる建設費も当時としては破格的に安く、彼は自力で劇場を建てることができたのです。

土方与志は、父親が貴族院の代議士の家系で裕福な家庭で育ちました。当時外国に留学するというのはよほど金持ちの家庭の子息でないとできません。土方はおそらく五年から一〇年ほどの期間海外に留学するつもりで出かけていったのですが、震災により一年半で帰国しました。そのとき持っていったお金の何分の一しか使っていません。この残った私費を使って劇場を建てたわけです。このときまだ土方与志は二五歳でした。

土方与志は巨匠だった小山内薫にまず声をかけました。今度劇場をつくりたいのだが、顧問になってくれないかという申し出です。小山内薫は自由劇場で挫折し、当時、大阪に在住し、四二歳になっていましたが、小山内薫は自分はまだ現役であると思っています。四二歳といっても、現在だと六〇代くらいに相当するでしょうか。現役をリタイアするかしないかの年齢です。しかし彼はまだまだ意欲を持っていたのです。

こうして実質的に小山内薫をリーダーとして一九二四年に築地小劇場が誕生しました。この結成にあたり何人か同人を募ります。そのメンバーが友田恭助、汐見洋、和田精、浅利鶴雄と小山内、土方の六人です。浅利鶴雄は「劇団四季」の浅利慶太のお父さんです。浅利慶太は慶応大学在学中の一九五三年に劇団四季をつくりますが、お父さんがそもそも築地小劇場の同人という演劇人だったのです。

＊26　モスクワ芸術座
スタニスラフスキー、ダンチェンコらによって創立されたロシアの劇場兼劇団。一八九八年のチェーホフ作『かもめ』の上演によって注目を集める。日本のリアリズム演劇に大きな影響を与えた。

＊27　コンスタンチン・スタニスラフスキー
一八六三〜一九三八。ロシアの演出家・俳優。モスクワ芸術座を設立し、チェーホフ、ゴーリキーの作品などを演出した。独自の俳優教育法「スタニスラフスキー・システム」は世界中に広まり二十世紀の俳優育成に多大な影響を与えた。

＊28　フセヴォロド・メイエルホリド
一八七四〜一九四〇。ロシアの演出家・俳優。モスクワ芸術座に俳優として参加。その

築地小劇場のその他の研究生も錚々たる顔ぶれです。千田是也《せんだこれや》*29は「俳優座」の主宰者、演出家で日本の戦後演劇を力強く引っ張った最大のリーダーです。山本安英《やまもとやすえ》*30は木下順二作『夕鶴』の「つう」を一〇〇〇回以上演じた、日本の三大女優の一人です。田村秋子は映画でも活躍した美人女優でした。丸山定夫《まるやまさだお》*31は広島で原爆の被害を受け亡くなりましたが、「新劇の団十郎」と呼ばれました。滝沢修《たきざわおさむ》*32も後に加わります。

こうした劇場・劇団をつくるときにはマニフェストが大事です。小山内薫は一九二四年五月二〇日に慶應大学で講演会を開きました。そのときに彼は問題発言をします。

「私たちはここ暫くの間翻訳劇を上演する。……私たちは現在の日本の既成作家の創作から何ら演出欲を唆られないからであります」

翻訳劇をやるだけで日本の劇作家の作品は上演しない、と言ってしまったのです。そのときの日本の劇作家は菊池寛《きくちかん》*33、山本有三《やまもとゆうぞう》*34、久米正雄《くめまさお》*35など皆小説を活動の中心にしていました。小説の片手間に劇作をしている。そういうことに対する反感も小山内にはあったと思います。

その批判された劇作家の中に岸田國士がいました。岸田は前述の三人と比べれば新進の若手で、フランスから留学帰りの劇作家でした。まだ無名でしたが、とても有望でした。

小山内に批判された彼らは新潮社がバックになって「演劇新潮」という雑誌をつくっていました。この「演劇新潮」のグループが一斉に小山内薫に反発したのです。築地小劇場は立ち上がる前に「演劇新潮」派と対立構図をつくってしまいました。これが後まで軋轢として残ります。

その後、岸田國士はメキメキと頭角を現わします。彼はフランスに留学していましたの

後、演出家として前衛的な方向に舵を切り、身体訓練法「ビオメハニカ」を唱えて演劇の革新を追求した。スターリンにより粛清される。

*29　千田是也
一九〇四〜九四。俳優・演出家。築地小劇場の第一期研究生として旗揚げ公演に参加。その後演出家としてもキャリアを踏む。戦中「俳優座」を設立し、戦後新劇界のリーダーとして活躍した。

*30　山本安英
一九〇六〜一九九三。日本を代表する舞台女優。築地小劇場に参加後、戦後木下順二らと「ぶどうの会」を設立。主人公「つう」を演じた『夕鶴』は四〇年近くに渡り再演され自身のライフワークとなった。

で語学が堪能です。岸田國士は築地小劇場の翻訳劇を観にきては誤訳を指摘します。彼は粗雑な訳文に我慢ならなかったのでしょう。結果として粗さがしのようなことをしてしまう。もともと岸田國士という人は小山内薫や土方与志と一緒に組んで仕事をしてもおかしくなかった。そういう立場の人まで小山内薫は敵に回してしまったのです。

さすがに小山内薫も「演劇新潮」の反発があったからか、もう一度言い訳めいた宣言をします。それが『築地小劇場は何のために存在するのか』という論考です。そのとき彼は三本の柱を立てます。

A．演劇のために存在する。

当たり前のように聞こえますが含みがあります。当時の「演劇新潮」は小説家が文学としての戯曲を書いている。しかし文学のための演劇ではなく、演劇のための演劇をつくりたい。そういうひとつの宣言です。

B．未来のために。

C．民衆のために。

この頃、「演劇は、文学の単なる下女たるには、余りに、力強く、余りに我侭である」と、ドイツのトーマス・マン[*36]という小説家の言葉を築地小劇場の機関紙に掲載していました。他にもドイツのハウプトマン[*37]の言葉を引用しています。

「戯曲は劇場を支配するのではなく、世界を支配するのだ」

単に演劇（戯曲）は劇場の中で完結するのではなく世界に向かって波及していくものだ。そういう壮大なことを語っています。

「築地小劇場は未来の日本の劇術の為に未来の劇術を作り上げよう」

＊31　丸山定夫
一九〇一～一九四五。戦前、舞台、映画俳優として活躍。「新劇の団十郎」と称される。移動演劇隊「桜隊」として広島滞在中に原爆投下により死亡。

＊32　滝沢修
一九〇六～二〇〇〇。俳優。築地小劇場に研究生として参加。戦後劇団民藝を創設し、宇野重吉と並んで看板俳優として活躍。

＊33　菊池寛
一八八八～一九四八。小説家・劇作家・実業家。文藝春秋創始者。代表作に『父帰る』、『真珠夫人』、『恩讐の彼方に』など。

＊34　山本有三
一八八七～一九七四。小説家・劇作家・政治家。代表作に『路傍の石』、『真実一路』、『嬰児殺し』など。

これが先ほどのBに当たります。

「吾人が待ち望む未来の日本戯曲は、歌舞伎劇や、新派劇では解決出来ないものでなければならぬ」

演劇改良会は歌舞伎を外側から変えようとしましたが、小山内薫や土方与志たちは新しい日本の創作劇として変えていこうとしました。このような演劇のあり方を含めて彼らは「〝演劇実験室〟築地小劇場」と名乗りました。

「実験」という言葉には、つねに新しいことをめざして古いものを克服していく、未来に向かって新しい表現を更新していく。小さな成功を求めずに、失敗を恐れずに挑んでいく。そのような意欲が読み取れます。

「新劇それ自体の歴史が、日本においては、伝統演劇にたいする演劇の新しい『実験』の内容を、形づくっているのである」(河竹登志夫、前掲書)

歌舞伎や伝統演劇に対してつねに新しい実験、新しい言葉や身振り、演技、服装、髪型、新しい舞台美術を生み出していこうということが彼らの頭の中にはありました。

最終的に小山内は「国劇」という言葉に行き着きます。日本という国の中で文化のアイデンティティをどうすれば持てるか。それまでの演劇のアイデンティティは歌舞伎であり能でした。それを現代劇によってつくりだそうというのが「国劇」だったわけです。

とくに日本語としてもっとも美しい生きた言葉を生みだす。それが演劇の使命だと彼は考えました。その思いの念頭にあるのは、ヨーロッパの先進国ではどの国においても国民的作家がいるからです。イギリスにはシェイクスピアがいます。シェイクスピアは新しい英語、美しい英語をたくさん生みだしています。イギリスの小中学生が英語を学ぶときに、

＊35　久米正雄
一八九一～一九五二。小説家・劇作家。代表作に『牛乳屋の兄弟』、『蛍草』、『破船』など。

＊36　トーマス・マン
一八七五～一九五五。ドイツの小説家。代表作に『魔の山』、『ファウストゥス博士』、『ヴェニスに死す』など。

＊37　ゲアハルト・ハウプトマン
一八六二～一九四六。ドイツの劇作家。代表作に『日の出前』、『織工』、『寂しき人々』など。

シェイクスピアの詩を暗記して朗々と語る授業が正課として取り入れられています。ドイツであればゲーテ。[*38]『ファウスト』は戯曲としてはあまり上演されないかもしれませんが、最高級のドイツ語をゲーテはつくりだしました。イタリアには『神曲』[*39]を書いたダンテがいます。フランスでは一七世紀に古典悲劇を書いたラシーヌ。このような人たちの作品の言葉がそれぞれの国の国語教育の基礎となっています。これを日本でもつくろうと小山内薫は考えたのだと思います。

それでは日本では国民的劇作家はいるのでしょうか。これはなかなか難しい問題です。近松門左衛門がそれに当たるという人もいます。ただ明治以降日本の言葉は口語に変わりますから、近松が国民的作家というには無理があります。

このことを一番意識したのが木下順二です。木下は日本の国語の基礎になるのは何かを探索したときに、『平家物語』にたどり着きました。『平家物語』のたおやかな日本語、中世の文学を生かして新しい現代語をつくりだすことを考えました。近年では井上《いのうえ》ひさし[*40]もこれに当たるのかもしれません。ただ井上ひさしは喜劇作家なので同時代の生きた言葉を書くけれど、駄洒落や言葉遊びなどの言葉が日常的すぎる面は否定できません。

小山内薫が「国劇」を提唱するということは、この国の文化のレベルがある段階に達したことを意味するでしょう。逍遥も同様のことを考えていたのですが、それを踏襲しつつ小山内薫によって日本の演劇のレベルが一段引き上げられたとも考えられます。これが「内なる近代化」の内実です。

＊38　ヨハン・ヴォルフガング・フォン・ゲーテ　一七四九～一八三二。ドイツを代表する詩人・作家。代表作に『ファウスト』『若きウェルテルの悩み』など。

＊39　『神曲』　イタリアの詩人で、ダンテによる長編叙事詩。一三〇四から二一年にかけて創作された。地獄篇・煉獄篇・天国篇の三部から成る。

＊40　井上ひさし　一九三四～二〇一〇。小説家・劇作家・放送作家。NHK人形劇『ひょっこりひょうたん島』を手がける。『手鎖心中』で直木賞。劇作家としてこまつ座で自作を上演した。『吉里吉里人』『父と暮せば』他代表作多数。

2　築地小劇場の五年間の活動

一九二四年（大正十三）六月十三日に築地小劇場[*41]の第一回公演が行なわれました。丸山定夫が開幕を告げる銅鑼を鳴らします。彼には「銅鑼を鳴らす男」という異名がありました。新国立劇場が一九九七年に開場するさい、井上ひさしはこけら落とし作品を依頼されたとき、日本の近代演劇の夜明けを象徴する作品を書こうとしました。そのタイトルが『銅鑼を鳴らす男』でした。結局この作品は『紙屋町さくらホテル』と改名されましたが、日本の近代演劇の幕開けを告げたのが丸山定夫の銅鑼の音だったと言えます。

この第一回公演では三本の作品が上演されました。土方与志演出、ドイツのゲーリング作『海戦』。ロシアのチェーホフ作『白鳥の歌』、フランスのマゾー作『休みの日』、この二本は小山内薫の演出です。『白鳥の歌』『休みの日』の小編二つとゲーリングの『海戦』。この三本合わせても三時間半から四時間くらいの上演時間だったのではないかと思います。

ゲーリングの『海戦』は軍艦の話です。そこで働いている兵士が登場人物です。当時ドイツでは表現主義運動[*42]が広がっていました。土方与志もドイツで表現主義を勉強しました。ドイツでは、いわゆるリアリズムをどのように超えていくのか。その試みとしてゲーリングの『海戦』も書かれました。ここでは電報文体という言葉が使われました。

電報というのは例えば「チチキトク　スグカエレ」のように不要な言葉を取ってしまい、単語だけを残す文体です。とくに助詞を省きます。これを水兵たちが使いました。なぜなら軍艦の上で水兵たちが丁寧に言葉を話していたら情報がすばやく伝達できないからです。

＊41　築地小劇場

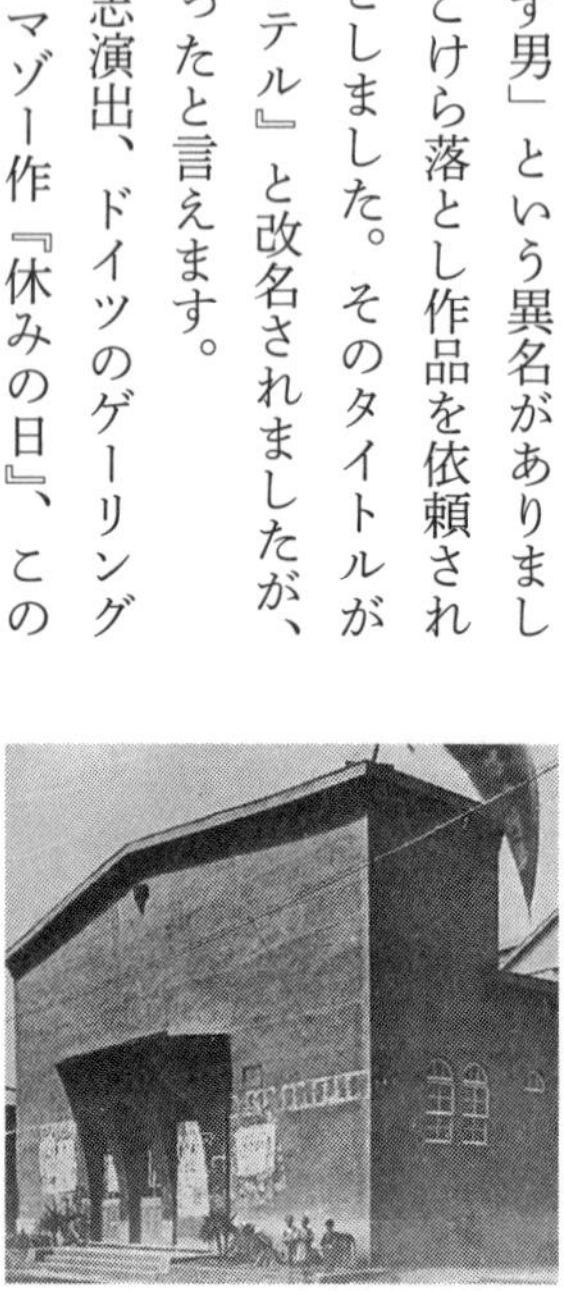

＊42　表現主義運動
20世紀初頭にドイツで起こった芸術革新運動。内面の主観的表出に主眼を置いた。代表的な芸術家カンディンスキー（75頁註＊58参照）、トラークル、カイザーなど。

情報を伝えていくため最小限に言葉を切り詰めていく。すると電報のような文体になってくのです。

例えば「父が危篤だからすぐに帰ってこいよ」の「よ」という呼びかけの言葉が日常では重要視されます。電報にはそれが一切ありません。細かなニュアンスは重要視しない。ニュアンスを伝えることと情報を伝えるものが交互に繰り返される。これが人間の言語文化ではないかと思います。

一九二〇年代はヨーロッパ中で前衛芸術運動が始まっていました。フランスではシュールレアリスム*43、ロシアではロシア・アヴァンギャルド*44、イタリアの未来派*45ではマリネッティが有名です。スペインにはキュビスム（立体派）のピカソがいました。このように現実をデフォルメしていくような表現運動がヨーロッパの各国に起こっていたのです。

これらの動きと同時代で対応していたのが、築地小劇場でした。モダンな芸術と前衛的な実験、両者が合わさった劇場の運動だったのです。その意味では、多くの文化人、芸術家にとって築地小劇場は焦眉の的だったのです。

3　有形劇場としての築地小劇場

築地小劇場の客席数は四九七席です。日本でいうと現在の中劇場クラスです。しかしこの劇場はいつも客入りが四割くらいでした。この赤字を補填していたのは、驚くべきことに土方与志の私費でした。一人の資産家の私財で日本の近代演劇の幕開けと言われた劇団は成り立っていたのです。

＊43　シュールレアリスム　一九二〇年代の始めにアンドレ・ブルトンによって提唱された思想・芸術運動。超現実主義と訳される。無意識や夢、偶然性などが重要視された。シュールレアリストの作家としてダリ、ピカソらが有名。アントナン・アルトーにも影響を与えた。

＊44　ロシア・アヴァンギャルド　20世紀初頭のロシアにおける前衛芸術運動。社会主義革命の影響を受け、文学、絵画、映画、演劇、建築など広範な領域に広まった。マヤコフスキー、エイゼンシュテイン、ロトチェンコなどが知られる。

＊45　未来派　一九〇九年にイタリアのマリネッティにが発表した「未来派宣言」が発端となり、伝統的な芸術や社会を否定し、機械美や速さ・力強さが描かれた。

築地小劇場は一九二四年六月に始まり一九二九年（昭和四）に解散しますが、実質四年半の間に実に一一七作品もの舞台が上演されました。単純に計算して一年間に二六本、月に二本ずつつくり続けていたのです。

ここで彼らが自分たちの劇場を持っていたことが重要になってきます。劇場が二四時間フル稼働していたらどうなるか。公演は三本立てなら夕方から夜九時頃に終演します。昼間は空いているのでその間に稽古ができます。稽古する出し物はその夜に上演する作品ではなく、次回上演する作品です。劇団員は研究生を合わせても一五人くらい。毎日ほとんど泊まり込み状態で朝から昼間に稽古して、夜は公演を打つ。自転車操業で月に二本、三本の舞台の初日を開けていくのです。

普通の劇団が一本の作品を上演するのに最低一ヵ月間準備にかかります。あるいは練り込んだ作品であれば三ヵ月、一年かける劇団もあります。月に二本の新作を二〇日間くらいの稽古で舞台に上げるというのはいかに拙速であったかということです。

しかしこんな状態で何年も続きません。やはり五年が限度です。築地小劇場はフル稼働の五年間をやりきりました。上演した一一七本の内訳は、日本の作品が二七本、ロシア十九本、ドイツ一七本、イギリス・アイルランド一三本、アメリカ九本、スウェーデン七本（これはストリンドベリです）、ノルウェー六本（イプセンです）、フランス五本、ベルギーとイタリア三本ずつ、それ以外が八本あります。

とくに注目していいのは、ロマン・ローラン[*46]の『狼』、SF作品の草分けだったカレル・チャペック[*47]の『人造人間（ロボット）』、それにルイジ・ピランデルロ[*48]の『作者を探す六人の登場人物』など、前衛的な作品が並んでいることです。このレパートリーの基準は

＊46　ロマン・ローラン　一八六六～一九四四。フランスの小説家。平和主義・反ファシズムの作家として知られる。代表作に『ジャン・クリストフ』、『ベートーヴェンの生涯』、『狼』など。

＊47　カレル・チャペック　チェコの作家・劇作家。一八九〇～一九三八。「ロボット」の造語を生み出し、古典的SF作家として知られる。代表作に『人造人間』（『ロボット』『R.U.R』とも）、『山椒魚戦争』など。

＊48　ルイジ・ピランデルロ　一八六七～一九三六。イタリアの劇作家、小説家。メタ的構造を持つ戯曲『作者を探す六人の登場人物』で知られる。他に『ヘンリイ四世』など。

何だったのか、アトランダムな感もなきにしもあらずですが、イプセン、チェーホフなどの人気作家以外にも、実に多彩な作品群が選ばれているのです。定番だったのはゴーリキー[*49]の『夜の宿（どん底）』です。木賃宿に集まった多様な人間模様、これはその後の新劇の定番となりました。これらが築地小劇場の代表的なレパートリーです。

このようにヨーロッパの作品を多数上演していた築地小劇場ですが、ある時期に方向転換します。観客の不入りが続くので、どういう作品を上演したら良いか観客にアンケートを取りました。そこで一番票数が多かったのが岸田國士の作品でした。しかし小山内薫が劇場開場前に啖呵を切った以上、まさか岸田國士をやるわけにはいきません。そこで落とし所として坪内逍遥の『役《えん》の行者《ぎょうじゃ》』[*50]を一九二六年（大正一五）に初演します。これが日本の作品の初めての上演でした。日本の近代文学の草分けである逍遥の作品なら誰も文句を言わないし、小山内薫も一応面子が立ちます。この戯曲は逍遥が二一年に書いたものでしたが、都合があって上演は見送られていました。というのは、ここで登場する行者、彼に反発する広足、広足を魅惑する女魔の関係が、逍遥、抱月、須磨子の関係に酷似しているからです。ただ小山内にとって逍遥は「国劇」を唱える先達であり、格別な思いがあったことは想像に難くないでしょう。

このときに有名なダメ出しを小山内薫が行ないました。

「歌舞伎を離れよ」「伝統を無視せよ」「踊るな、動け」「歌うな、語れ」。

築地小劇場の時代でも俳優たちの体の中には七五調が残っていて、台詞を言うにも節をつけて朗々と歌ってしまう。動こうとしてもしなをつくって踊りになってしまう。踊るな、動け、伝統を無視せよ、歌舞伎を離れよ。小山内薫が伝統演劇の呪縛からいかに離れない

*49　マクシム・ゴーリキー　一八六八〜一九三六。ロシアを代表する社会主義リアリズムの作家。代表作に『どん底』（『夜の宿』）、『母』など。

*50　『役の行者』　坪内逍遥の戯曲。一九一六年に発表され、一九二六年に築地小劇場で上演された。修験道の開祖である役小角（えんのおづぬ）を描いた。

といけなかったかの表われです。

「修行時代とでもいう三年の経った今後は、一定の方針のもとに仕事をするつもり」。

築地小劇場はこれからは日本の戯曲も上演していくという宣言をします。一九二七年、『何が彼女をそうさせたか』は藤森成吉という作家の作品です。これは社会主義思想の影響を受けた内容をもった作品です。検閲が入って大幅に台本のカットが入りました。表現の自由が保障されていなかった時代です。

一九二八年、『国性爺合戦』は近松門左衛門原作を小山内薫が脚色し、土方与志が演出したものです。この上演の二ヵ月後に、小山内は急逝しました。

小山内薫という演劇人はとても多彩な人でした。『演出者の手記』や『芝居入門』などの啓蒙書、理論書を手がける一方、帝劇、新派、松竹など商業演劇の仕事も多く、戯曲『第一の世界』や『息子』また若い頃には新興宗教にかぶれたり、霊魂を信じるなど、一筋縄で行かぬ芸術家でもありました。

築地小劇場を牽引した小山内薫と土方与志はまったくタイプの違う演出家です。モスクワ芸術座にもスタニスラフスキーとメイエルホリドという二人の演出家がいました。スタニスラフスキーはチェーホフなどの日常の言葉を使った市民劇を主に演出しました。対するに、土方与志がモスクワで本当に感動したメイエルホリドは実験的でアヴァンギャルドな作風を持った演出家です。二人はある意味対極的でした。

この両極性が日本にも輸入されました。スタニスラフスキーは小山内薫、メイエルホリドが土方与志に対応します。作風の異なる二人の演出家が同じ劇団に共存していたのです。片や正攻法の台詞劇、片や人間の身体を使った動きの多い劇。

＊51　薄田研二
一八九八〜一九七二。俳優。築地小劇場で初舞台を踏んだ後、新築地劇団の結成に参加。戦後は東映時代劇の名悪役として数多くの作品に出演した。

＊52　新築地劇団
小山内薫の死去により分裂が露呈した築地小劇場内部において、土方与志を支持する主

ポリティカルシアターとアカデミカルシアターという言葉が築地小劇場でも用いられました。小山内薫はアカデミカルシアター、市民的な教養豊かで芸術的な演劇です。それに対して土方与志はポリティカルシアター、政治的演劇の代名詞です。前衛劇はポリティカルでもあるということです。このような二つの傾向が日本の築地小劇場の中にも、「モスクワ芸術座」の中にもありました。この対立構図は多かれ少なかれ現在でもあるのではないでしょうか。

劇団の中では土方与志の方が勢力を持っていました。徐々に政治的な演劇の方に皆がなびくようになっていきます。そのような中、一九二八年『国性爺合戦』の上演後に小山内薫が急死します。翌年、追悼公演が行なわれました。出し物は、『桜の園』（二月）と『夜の宿』（三月）です。だがそのさ中に、分裂騒ぎが起こります。劇団は創立者である土方を中心に引き継ぐことが既定路線でしたが、土方が病気になったことをきっかけに、土方排斥が起こり、丸山定夫や山本安英、薄田研二《すすきだけんじ》*51らが脱退して土方とともに「新築地劇団」*52をつくります。小山内のように普通のお芝居がやりたいのだという田村秋子や友田恭介らは築地座を結成し、後に杉村春子《すぎむらはるこ》*53も加わります。残留組は、青山杉作《あおやますぎさく》*54を中心に劇団を引き継ぎますが、結局一九三〇年に劇団としての築地小劇場は解散します。

ただし建物は「国民新劇場」と改称して残ります。しかしこれも太平洋戦争の空襲で焼け落ちてしまいました。

このようにわずか五年足らずの活動期間でしたが、将来有望な若者たちが一つの劇場に集まり、いろいろな試みに挑んで後の日本演劇界の礎を築いた。それが築地小劇場でした。まさに日本近代の曙光でした。

に社会派作品の上演に意欲を持つグループを中心に結成された劇団。メンバーは丸山定夫、山本安英、薄田研二、久保栄など。後に岡倉士朗も加わる。

＊53　杉村春子
一九〇六～一九九七。女優。築地小劇場で初舞台を踏んだ後、築地座に参加。解散後は文学座の旗揚げに参加。『女の一生』の布引けい役が当たり役となり一九四五年から一九九〇年まで九四七回に及ぶ公演で同役を演じ続け日本新劇史に残る金字塔を打ち立てた。

＊54　青山杉作
一八八九～一九五六。演出家。築地小劇場創設に参加し、演技部を経て後に演出を担当する。解散後は劇団築地小劇場にて活動を継続。戦後は千田是也らと俳優座を結成した。

第六章

一九二〇年代のアヴァンギャルド――土方与志と村山知義

1　一九二〇年代の前衛＝アヴァンギャルド運動

一九二〇年代は、世界的なレベルでいろいろ新しいことが起こった時代です。それまでの時代を一新して突然変異のように新しいことが一斉に起こってきた。それを推進した者たちが土方与志、村山知義《むらやまともよし》＊55という二人です。そこに労働者や民衆の演劇がどのように絡まったのか。その時代を読み解いていきたいと思います。

大正期は一五年（一九一二～二五）しかありませんでしたが、さまざまな試み、例えば大正アヴァンギャルドのような前衛的な運動が起こりました。

明治期は近代国家の成立のため、憲法をつくって議会を開き、産業を興して国土を整備

＊55　村山知義　一九〇一～一九七七。絵画・デザイン・小説・絵本・ダンス・舞台演出などの分野でマルチな才能を発揮した。演劇においては戦前・戦後を通じて新協劇団などで活動した。

しました。その結果、資本主義が発達し、帝国主義の段階に入って、日清・日露戦争など、日本の近代国家の基礎を固める建設の時代でした。そして昭和期はそれがさらに展開した時代です。戦争や国家といった大文字の歴史が綴られた時代でもあります。その間に挟まれた大正期は位置づけが難しいのですが、逆に言うと、不安定な時代だからこそ実験的なこと、冒険的なことが試行されたとも言えます。

アヴァンギャルドという言葉はこの時期に出てきます。これはもともと軍事用語です。軍隊の一番最前列にいるのが前衛です。これに対して一番後ろにいるのが後衛です。

この時期を先頭に立って推進したのは美術です。そこに美術家として村山知義という人が出てきました。この人はいろいろな顔を持っている人です。一九〇一年（明治三四）、まさに二〇世紀の初頭に生まれて七七年（昭和五二）に死去しました。彼は東京帝国大学を一年で中退し、一九二二年にベルリンに宗教学を学びに留学しました。が、学問的にはすぐに挫折します。宗教学を勉強するにはラテン語が必要でした。しかし彼はラテン語を勉強していなかった。そこで学問の成就を諦めて、ベルリンの街を徘徊して美術館、ギャラリーや劇場などでいろいろなものを見て回ります。

とくに彼が一番惹かれたのがダンスでした。ニディ・インペコーフェン[*56]という女性ダンサーを見て天才だと惚れ込んでしまいます。他にも初期のバウハウス[*57]や、絵画でいうとカンディンスキー[*58]など前衛的な芸術に触れます。当然劇場にも通い、芝居も観ています。本来の学問ではなく、すっかり芸術に魅せられてしまいました。

一九二三年（大正一二）、日本に帰国して間もなく「意識的構成主義的小品展覧会」を開きます。この頃、村山はまだ二二、三歳です。この時代の人は非常に早熟で、他にも美術

＊56　ニディ・インペコーフェン　一九〇四～二〇〇二。ドイツの女性舞踊家。

＊57　バウハウス　一九一九年にドイツのヴァイマルに設立された総合造形学校。建築などの工業技術と美術、芸術に関する総合的な教育が行われた。

＊58　ワシリー・カンディンスキー　一八六六～一九四四。ロシア出身。抽象絵画の先駆者。バウハウスで教鞭を執る。

の翻訳なども始めていきます。ドイツを勉強したとか、カンディンスキーを知っているとか、バウハウスに通じているというだけで、仕事になる時代でした。海外に行って勉強するということは時代に先駆けた前衛そのものだったのです。

彼は前衛美術集団の〈マヴォ[59]（ＭＡＶＯ）〉というグループを結成します。柳瀬正夢《やなせまさむ》、[60]中川紀元《なかがわきげん》、[61]後に舞台美術家になる吉田謙吉たちと仲間を組みます。雑誌「マヴォ[62]」も創刊します。ここでは切り貼りをして、コラージュ的な表紙の雑誌をつくっています。〈マヴォ〉でパフォーマンスもしました。絵を見せながら、同時に自らダンスを踊り、個展を開き、前衛美術的なパフォーマンスを展開する。〈マヴォ〉は今で言うと超ジャンル的なパフォーマンス集団です。そういう活動を一九二〇年代の前半から半ばにかけて始めていきました。

村山にはダンスの素養があったわけではありません。見様見真似で始めたのです。素人がいきなり何かをやれてしまう時代。そこが一九二〇年代の面白いところです。

こういう実験的なことを実践させていく要因として、都市の成立がありました。農村から東京や大阪に人が集まってきて都市ができあがる。そこで何が生じるか。地方でくすぶっていた才能たちが都市を背景に芸術活動を始め、実験的なことをしていく。都市の成立によって一定数の受容者も生まれ、文化の裾野が広がっていきました。

2　浅草喜劇、モダンダンスと宝塚の誕生

この時代にはさまざまなジャンルの芸術・芸能が生まれました。その一つは「浅草オペ

＊59　マヴォ
村山知義らによって結成された日本の前衛芸術作家グループ。絵画にとどまらずダンス、彫刻、建築、広告・デザインなどの分野に進出した。

＊60　柳瀬正夢
一九〇〇～一九四五。画家・デザイナー・舞台美術家。村山知義らとマヴォを結成。プロレタリア美術運動に参加し、政治風刺漫画なども描いた。一九四五年、空襲により新宿駅にて戦災死。

＊61　中川紀元
一八九二～一九七二。画家。フランスに渡りアンリ・マティスに師事。村山知義らとマヴォを結成。戦後は二紀会を結成した。

ラ」です。この時代の東京の文化の中心は浅草でした。浅草〝オペラ〟と言っても、ヨーロッパ風のオペラというよりも、オペレッタに近い、喜劇、オペラのパロディのようなものです。高木徳子は浅草オペラを始めます。他にも「浅草軽演劇」がこの時期に始まっていきます。榎本健一《えのもとけんいち》*63（エノケン）、古川緑波《ふるかわろっぱ》*64（ロッパ）、菊谷栄《きくやさかえ》。*65 エノケンは天才的な喜劇役者です。ロッパは台本を主に書いていた劇作家です。菊谷栄も劇作家です。こういう人たちが集まったのが浅草でした。戦後になるとコメディアンたちは新宿の「ムーランルージュ」の方に移っていきますが、戦前は盛り場といえば圧倒的に浅草でした。

この時期に重要なジャンルが二つ始まります。一つはモダンダンス。当時踊りといえば日本舞踊で、歌舞伎の基本も日本舞踊です。そこにヨーロッパから入ってきたモダンダンスが始まっていきます。その創始者が石井漠《いしいばく》。*66 もともとモダンダンスはドイツやフランスで始まったものですが、石井漠はドイツでラバンに学び、日本に帰国して一九二〇年代に舞踊の研究所をつくってダンスの種を撒いていきました。まさに舞踊の創始者です。

もう一つは、一九一四年（大正三）に誕生した「宝塚少女歌劇」です。もともと兵庫県の宝塚に温泉が出たために、箕面有馬電気軌道（現阪急電鉄）が宝塚本線を引きます。しかし温泉だけだとお客を引っ張れないので、ショー、レヴューのような出し物ができないかと考えます。そこでまず学校をつくり、これが宝塚少女歌劇学校です。そこで若い女子たちがミュージカルの基礎のようなものを学んで、少女歌劇というものが生まれました。初期の頃はアマチュア的な学校演劇の延長でしたが、卒業生を中心に劇団を結成して活動していきます。

これを作ったのが小林一三《こばやしいちぞう》*67という阪急電鉄の社長です。企業のトップが劇団のパトロン

*62　雑誌「マヴォ」

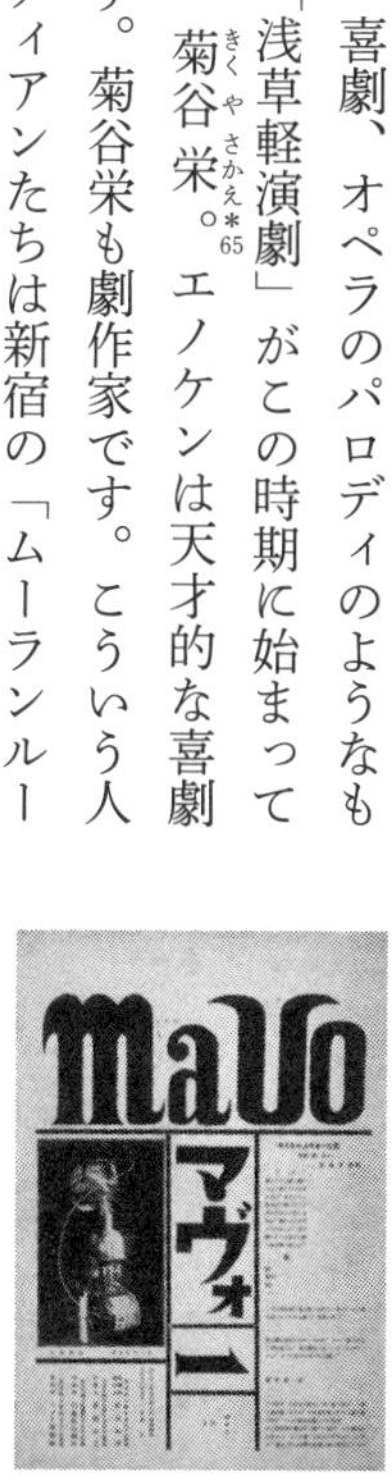

創刊号

*63　榎本健一
一九〇四～一九七〇。俳優・コメディアン。エノケンの愛称で親しまれ日本の喜劇王とも称される。舞台・映画で活躍した。

*64　古川緑波
一九〇三～一九六一。榎本健一と人気を二分した喜劇俳優。食に関するエッセイの執筆でも知られる。

*65　菊谷栄
一九〇二～一九三七。画家・喜劇作家。榎本健一の座付き作家として活躍した。日中戦争に出征し河北省にて戦死。

になる。「メセナ」という言葉が文化支援の意で使われますが、その草分け的存在が小林一三でした。

関西には個人がお金を出してパトロンになって芸能団体を支えるという伝統がかなり昔からあります。いわゆる「たにまち」です。最初は個人が出資して私企業を起ち上げ、それが当たると興行会社になっていく。その一番の成功例が「吉本新喜劇」です。小さなファミリー劇団だったのが、関西はお笑いの地盤が強いので、発展して多くの才能を生み出し、現在に至る巨大な笑いの産業をつくりだしました。

一九一〇、二〇年代の日本には、モダンダンスなどヨーロッパの最新のものが入ってきたり、宝塚のような、レヴュー産業が一斉に始まっていきました。

しかし浅草オペラは残念ながらその後廃れて行きます。理由の一つは、戦後になってテレビが出てくることによって実演型の喜劇がテレビの方へ移行していったからです。テレビで吉本新喜劇の番組が放映され、有名になっていきましたが、実演の劇場文化は徐々に廃れて行きました。

これが大正アヴァンギャルド運動の始まりと終焉です。

3　プロレタリア演劇の隆盛

同じ時期に、築地小劇場が演劇の文化として存在していました。築地小劇場は一種のエリート文化で、時代の先端を行く演劇でした。少数者のインテリを対象にした演劇と言ってもいいかもしれません。

＊66　石井漠
一八八六～一九六二。ダンサー、舞踊家。日本におけるモダンダンスの父とされる。息子の作曲家・石井歓著『舞踊詩人　石井漠』がある。

＊67　小林一三
一八七三～一九五七。実業家・政治家。阪急東宝グループを一代で作り上げた。鉄道を中核にした事業モデルの一環として宝塚少女歌劇団を創設した。

エリート文化が都市芸術として成立する一方で、もっと民衆的な演劇も始まっていました。それがプロレタリア演劇です。

一九〇〇年頃から資本主義の発達とともに労働運動が起こり、一九一〇年（明治四三）には大逆事件があり、日本の近代史は新たな段階に入りました。世界の動きとしては一九一七年にロシア革命が起こります。ソビエト政権が成立し、世界で初めての社会主義国家が誕生しました。以後、社会主義国と資本主義国の対立が始まります。

社会主義運動に背中を押される形で日本の労働運動も盛んになりました。その中から、一九二一年に結成された平澤計七《ひらさわけいしち》の[*68]「労働劇団」があります。当時の亀戸、江東、墨田あたりの下町は工場が多く、そこで働く労働者を対象にした演劇が盛んになります。平澤計七の『工場法』は工場の労働者の問題を正面から扱った劇です。労働劇団は小さな劇団でしたが、多くの観客を集め注目を浴びます。アマチュアに近い素人が集まった小劇場運動の始まりです。小山内薫らもこれに非常に注目しました。当時の文化人や作家たちからもプロレタリア演劇は注目を浴び、平澤計七は劇作家としても嘱望されました。築地小劇場の結成前ですが、すでに小劇場運動は始まっていたのです。

一九二三年の関東大震災によって東京が焼け野原になります。その中で、「亀戸事件」が発生し、平澤計七は虐殺されました。彼は特高や警察に目をつけられ、震災の混乱のさなかに虐殺されたのです。無政府主義者の大杉栄も甘粕大尉に虐殺をされています。

震災時、土方与志はベルリンに留学中でしたが、日本の惨状を知って急遽帰国します。そのときには小劇場運動が下火になっていました。ならば自分がやるしかないということも、築地小劇場の建設の背景にはあったのではないかと思います。土方与志も社会主義に

＊68　平澤計七
一八八九〜一九二三。劇作家・労働運動家。若い頃から芝居に興味を持ち、自作の脚本を小山内薫に持ち込むなどして親交を結ぶ。工員として勤務する傍ら、労働組合活動に精力を傾ける。戯曲・小説の執筆も行ない、「労働劇団」を結成し亀戸の寄席で自作を上演。関東大震災の混乱に乗じて警察と軍により連行・殺害される。代表作に『工場法』『一人と千三百人』など。

シンパシーを持っていたので、自分が引き継いでいくという志もおそらくあったろうと思われます。

プロレタリア演劇の流れは二つあります。

一つの流れは、一九二六年に結成された「前衛座」です。このときの中心になっていたのが佐野碩《さのせき》*69と千田是也でした。それ以前に日本プロレタリア文芸連盟の演劇部門として始まり、「トランク劇場」*70を名乗って簡易な移動演劇を試行しました。その後、前衛劇場に改名し、二七年にプロレタリア劇場になり、その後、東京左翼劇場に転じていきます。

佐野は日本で左翼演劇活動をしていましたが、活動が困難になった後にソビエトに行き、メイエルホリドに会います。一九三〇年代のソビエトからすれば日本は敵国なので、佐野はスパイ扱いを受け、佐野に会ったメイエルホリドは粛正されます。佐野はほうほうのていで逃げのび、メキシコにたどり着きます。当時のメキシコはヨーロッパ人にとって精神的な癒しの場で、生活に疲れるとメキシコに逃避する、一種の黄金郷でした。

佐野碩はそこで演劇をメキシコ人に教えます。彼はスタニスラフスキーの演技論の勉強をしていたので、後に「メキシコ演劇の父」と言われました。一九六六年に佐野が没するまでメキシコでの活動は続きました。

前衛座には千田是也も関わっています。千田是也は築地小劇場の旗揚げ公演『海戦』で主役を演じました。当時二〇歳の気鋭の俳優でしたが、その後千田は築地小劇場の活動が物足りなくなり、もっと過激な政治的演劇に関わりたいとして前衛座に移籍しました。さらに前衛座を退団し、プロレタリア演劇の本家だったドイツに留学しました。

もう一つの流れは、東京左翼劇場の動きです。築地小劇場を「ブルジョワ演劇」と言っ

*69　佐野碩
一九〇五～一九六六。演出家。トランク劇場、左翼劇場に参加。村山知義作『暴力団記』(『全線』から改名)の演出で名をなす。その後ソ連に渡りメイエルホリドに師事。ソ連を追われた後はメキシコに拠点を移し、同地の演劇の発展に貢献。「メキシコ演劇の父」と呼ばれる。

*70　トランク劇場
日本プロレタリア文芸連盟演劇部の移動劇団。佐々木孝丸、佐野碩、千田是也らが中心。トランク一つで身軽に各地に出かけるスタイルをモットーとした。共同印刷争議の際には風呂敷に小道具を詰め込んで徒歩で駆けつけ、労働者の前で芝居を熱演した。

て攻撃したのがプロレタリア演劇でしたが、一九二八年、全日本無産者芸術連盟（略称・ナップ）の演劇部門として発足し、共同印刷で起きた大きな労働争議に対応するために結成されたものです。これをもとに書かれたのが徳永直《とくながすなお》*71の小説『太陽のない街』で、これが舞台化されて大変な話題を呼びました。一九三〇年のことです。中心人物は、佐野碩、久板栄二郎、蔵原惟人、村山知義、佐々木孝丸、杉本良吉らです。村山作『暴力団記』（一九二九年、初演時は『全線』）、レマルク作『西部戦線異状なし』（三〇）などが代表作です。また「生きた新聞」「赤いメガホン」など身軽な小公演も行なっています。この劇団は中央劇場を経て、新協劇団につながっていきます。

二九年にはプロット（日本プロレタリア劇場同盟）が結成されて労働者演劇の拠点になっていきます。同年に築地小劇場が解体すると、土方与志を中心として左翼思想の人が集まって新築地劇団を結成し、その一翼を担っていきました。

一九三一年（昭和六）に満州事変が起きて十五年戦争が始まります。日本の暗黒の時代の始まりです。その直前に、労働劇団が戦いの烽火を上げるわけですが、三四年にプロットが持ちこたえられなくなって解散します。ここで事実上、プロレタリア演劇運動が終焉します。

国家、警察、特高が芸術に目をつけてこれを潰しにかかる。国家が演劇を激しく弾圧していくのは一九三〇年代の半ばから後半にかけてです。なぜか。演劇は集団で作品をつくり、劇場で多くの観客を集めて公演を打ちます。政府の側からすれば一種の集会に映るのです。大きな集会が毎日劇場で開かれている。人が集まっているだけで、権力の側に脅威を与えたのだろうと思われます。その渦中でプロレタリア運動の象徴的な作家・小林多喜《こばやしたき》

*71 徳永直
一八九九〜一九五八。小説家。共同印刷に勤務しそのときの労働争議の経験から『太陽のない街』を執筆する。他に『はたらく一家』などがある。

二《じ》*72が虐殺されました。一九三三年（昭和八）二月二〇日のことです。
これが一九二〇年代から三〇年代にかけての演劇の動きです。

4　土方与志

ここで土方与志と村山知義の二人に焦点を当て、もう少し詳しく見ていきます。この二人は似たような前衛的、実験的な志向性を持っていました。

土方与志は一九二二年に外遊に出ます。彼の父は貴族院の議員で、裕福な家庭で育った彼はベルリンに留学し、劇場に通って演劇の勉強をしました。ある書店で演劇の棚がありました。その棚の本を現金で全部買ってしまったというエピソードが残っているほどの破格の金持ちでした。

一九二三年、関東大震災の惨状を四代目河原崎《かわらざき》長十郎《ちょうじゅうろう》*73の葉書で知った土方は、矢も楯もたまらず帰国の途に着きます。帰国後、築地小劇場の建設に向かうのですが、修行時代のベルリンで、滞在期間の一年半に三〇〇本ほど舞台を観ました。その留学を打ち上げて日本に帰国する途上でモスクワに立ち寄りました。

「ヨーロッパの演劇巡礼一年間の収穫よりも、モスクワの一週間のほうが、より多くのものを解決してくれた」（『なすの夜ばなし』）

モスクワは、当時のヨーロッパ有数の演劇都市で、スタニスラフスキー、メイエルホリドなどの大演出家が所属していたモスクワ芸術座はその最たるものでした。パリやロンドンよりも、もちろんベルリンよりも一番面白い舞台がモスクワにあったわけです。

＊72　小林多喜二　一九〇三～一九三三。プロレタリア作家。代表作『蟹工船』は新築地劇団にて舞台化されたほか映画化も行われた。一九三三年、特高に逮捕され築地警察署に連行後、取り調べの最中に暴行を受け死亡した。

＊73　四代目河原崎長十郎　一九〇二～一九八一。歌舞伎俳優。小山内薫の元で近代演劇を学ぶ。劇団前進座の旗揚げに参加。

この頃の演劇人たちは記憶力が頼りでした。小山内薫もヨーロッパに旅行していますが、（一九一二〜一三）が、劇場に行くと舞台セットのスケッチをしています。そのスケッチを日本に持ち帰ってそれを活かそうとする。手本はすべてヨーロッパにあるわけです。それをいかに日本で再現、模倣できるか。そういう勉強の仕方を当時の演劇人はしていました。青山杉作という築地小劇場の三人目の演出家は同じ映画を何遍も観て、名優たちの台詞回しを記憶する。その記憶したものを稽古場で俳優たちに口伝えしました。

このやり方が正しいかどうかはわかりません。しかしＤＶＤもビデオもない時代でどうやって当時の日本人が外国の最新鋭のものを習得していくのか、この気迫は凄いものがあったろうと思われます。

土方与志も、『大地に逆立つ』を見た。そこには鉄骨を組み合わせてつくった構成舞台の、俳優もそのメカニズムに合致するように訓練された」（前出）と書いています。

構成舞台というのは複数の場面が舞台の中に組み合わされたものです。部屋や作業場、食堂、二階には寝室があったりと、立体的な舞台を構成舞台と言いますが、それが当時のヨーロッパ演劇の最新鋭でした。この留学時代のエピソードは『なすの夜ばなし』という土方与志のエッセイ集に詳しく書かれています。一九二〇、三〇年代の日本の知識人たちが海外で何に接し、何を習得し、何をがむしゃらに摂取していたのかの一端がわかります。今でも彼らの必死さが伝わってきます。

一九三〇年代の末に日本の演劇人たちは警察に目をつけられて、次々と検挙されていきました。土方与志も捕らえられて終戦まで刑務所に入っています。戦後刑務所から出てきて、演劇活動に復帰しますが、一番重要視したのが演劇の教育でした。共産党の文化活動に関わりながら日本共産党宣伝芸術学校をつくったり、それが中央演劇学校になりました。一九四九年には舞台芸術学院[*74]を創立します。そこからユニークな俳優や演劇人が輩出されました。俳優の李麗仙や劇作家・女優の渡辺えり、演出家の鵜山仁らが卒業生として活躍しています。

　中央演劇学校も共産党の下部組織でしたが、後にここから青俳[*75]というプロダクションが生まれます。もともとは本田延三郎というプロデューサーが関わっていましたが、やがて木村功や岡田英次ら映画俳優を育てる養成所になり、ここに蜷川幸雄や石橋蓮司らもいました。

5　村山知義

　村山知義は日本に帰国したときに舞台美術をめざしました。当時の舞台美術家には吉田《よしだ》謙吉《けんきち》[*76]や伊藤《いとう》熹朔《きさく》[*77]（千田是也の兄）がいましたが、美術家でもある村山には舞台美術家として演劇現場に関わるのが夢でした。

　帰国した村山は、まず土方与志に手紙を書きます。〝自分はベルリンで演劇の勉強をしてきた〟と、少し誇張が入っていますが、実際は多少舞台を観ていたくらいです。〝築地小劇場の旗揚げ公演でゲーリングの『海戦』を上演していたが、自分はゲオルク・カイザー[*78]をよく知っている。もしカイザーの舞台をやるならぜひ自分に舞台美術をやらせてほしい〟という内容を土方与志に送りつけます。

　土方は村山より三歳ほど年上ですが、すでに土方与志は日本の演劇人として名をなして

＊74　舞台芸術学院
東京都豊島区にある専門学校。初代学長は秋田雨雀、副学長に土方与志。演劇界だけでなく幅広く芸能界に人材を輩出している。

＊75　青俳
劇団青俳。一九五二年に本田延三郎らにより設立。岡田英次、木村功、西村晃などが所属。演劇だけでなく映画制作にも積極的に関わる。後に蜷川幸雄、石橋蓮司、蟹江敬三などを輩出した。

＊76　吉田謙吉
一八九七〜一九八二。舞台美術家。築地小劇場第一回公演『海戦』ほか、『狼』などを担当する。戦後は後進の育成にあたった。

＊77　伊藤熹朔
一八九九〜一九六七。舞台美術家。兄に舞踊家の伊藤道郎、

いました。しかし村山知義という年少の人間から手紙がきて、なかなか面白い男だと思い、二人は会います。そこから『朝から夜中まで』というカイザーの作品の舞台美術家として村山知義が築地小劇場にデビューします。

この舞台は先ほど述べた構成舞台です。普通のお芝居では一幕目は室内、二幕目は屋外、三幕目はまた室内に戻っていたりして、幕間ごとにセットを全部変えるわけです。しかしこれでは舞台転換に時間がかかりすぎます。これをどうしたら短縮できるか。そこで生まれたのが構成舞台です。室内と屋外をひとつのセットにつくってしまうのです。その幕の必要なところにだけ照明を当てて他は暗くしてしまう。これによって幕間なしに一挙に舞台が進行できるようになりました。セットを動かす手間も省けます。こういうことをおそらくドイツで村山は勉強したのでしょう。

『朝から夜中まで』は日本で舞台美術が初めて脚光を浴びた作品です。舞台美術は今でも本や雑誌などで紹介されて残っています。舞台の内容よりも舞台美術が注目される。非常に珍しい例です。

しかし村山知義は、結局築地小劇場の劇団員にはなりませんでした。あくまで外部に留まった。彼は一九二五年に心座を四代目河原崎長十郎と創設します。あくまで自分で劇団をやるということにこだわったのだと思います。ただ村山が築地小劇場に加わったら、さらに強力な劇団になったことでしょう。

当時の村山知義は髪の毛がおかっぱ頭で、かなり風変りな男だったようです。千田是也は村山知義ととても近いところにいましたが、お前はダダイズムかぶれだと言って、「ダダやめろ!」と言って、馬乗りになり首を絞めたというエピソードも残っています。どう

弟に演出家の千田是也がいる。築地小劇場公演『ジュリアス・シーザー』で舞台美術家としてデビュー。以後、新劇、新派、歌舞伎、オペラなど多くの作品を手掛けた。

＊78　ゲオルク・カイザー　一八七八～一九四五。ドイツの劇作家。代表作に『カレーの市民』『朝から夜中まで』など。

やら周りもそう思っていたようです。

土方与志に送った手紙には一筆書き添えられていました。「もしこれが採用されないなら誰にも公言しないで欲しい」と。非常にプライドの高い男でした。その後も村山知義は人との付き合いで軋轢をしばしば起こしています。

村山は一九二八年に「左翼劇場」を組織して劇作家・演出家として君臨していきます。そのときの代表作に『暴力団記（全線と改題）』があり、演出は佐野碩です。その後『志村夏江』が一九三二年に書かれます。女性を描いた作品としては草分け的作品です。当時は女性劇作家はおらず、女性の描き方も男にかしづくようなステレオタイプなものばかりでしたが、その中で村山知義は毛色の違う女性を書きました。

劇作家としても彼は徐々に頭角を現してきて、『太陽のない街』では演出家として成功を収めます。しかし村山知義も治安維持法で逮捕され牢獄に入れられてしまいました。

村山知義という芸術家は、とても多芸な人と言えます。もともと美術家出身で、素人ながらダンスを始める。舞台美術も手がける。またこの頃子どもの絵をたくさん描いています。絵本も書き、本の装幀も手がける。レタリング、ロゴなど産業デザインの草分け的なこともしている。小説家としても作品をたくさん書いています。『忍びの者』という大衆的な小説は戦後よくテレビドラマになりました。映画にも手を広げています。

村山は前衛的なことを志向しながらも、同時に大衆的な芸術家として自立できるくらいの幅で作品を創作していました。今で言うところのマルチアーティストのはしりと言えるでしょう。

寺山修司が一九六〇年代に出てきたときに村山知義の後継者ではないかと思いました。

詩、短歌、エッセイ、シナリオ、戯曲、映画、演出……。寺山は一つのジャンルに留まらない横断的な才能の持ち主でした。それは村山知義と酷似していたのです。

ただ戦後の村山は前衛芸術家の面を棄てて、リアリズム作家になりました。東京芸術座を創設し、リアリズム演劇に邁進したのです。ですから、彼がアヴァンギャルドだったのは、一九二〇年代のほんの一時期だったとも言えます。寺山が一貫して前衛だったのに対して、村山は微妙に方向転換し、転成していったのです。それは成熟なのか、変節なのか。

そこが村山知義という芸術家の評価の難しいところです。

第七章

劇作家の冒険——岸田國士と田中千禾夫

1　近代劇作家の誕生

今回のテーマは劇作家の「誕生」です。正確に言えば、「近代最初の劇作家」ということになります。

これまで扱ってきた小山内薫や土方与志、村山知義はいずれも劇作家というよりは演出家でした。明治期以降、演出家が日本の演劇を指導者として引っ張ってきました。なぜ演出家が主導したかというと、海外の既成の戯曲を上演していたからです。つまり翻訳劇の上演が近代演劇の出発だったのです。

小山内薫は、日本の劇作家の作品には刺激を受けない、当分の間は外国の戯曲を上演す

＊79　谷崎潤一郎
一八八六〜一九六五。小説家。

ると言い放ちました。そのときの日本の「劇作家」は小説家でした。菊池寛や山本有三など小説家が片手間に戯曲を書いていました。谷崎潤一郎《たにざきじゅんいちろう》＊79も川端康成《かわばたやすなり》＊80も戯曲を書きましたが、あくまで小説家の余技でした。いわば、小説の地の文を抜いて、会話体を独立させたという感がありました。

言うまでもなく、戯曲の文体とは小説の会話とは違って、演劇独自の文体があり、構造があるはずです。戯曲とは舞台の上に立てられた柱のようなもので、むしろ重要なのは隙間と余白、つまり書かれていないところに観客は想像力を注ぎ込んで、読み解くわけです。空間をびっしり叙述で埋めていく小説の会話とは、根本的に異なるのです。

小山内が職業的でない劇作家に対して批判的だったのは、こうした認識を小説家は持ち合わせていない、あるいはすべてを言葉で埋め尽くそうとする小説家の姿勢に対して、手厳しかったのです。上演にさいして、俳優が舞台上で発語することで初めて起ち上がってくるイメージにこそ戯曲の生命があり、演劇の本体が現前するのです。これを担うのが、近代劇作家です。

2　岸田國士

日本にようやく誕生した近代最初の劇作家、それが岸田國士《きしだくにお》＊81です。彼は新聞小説なども書いていますが、戯曲を書くことがメインの仕事で小説は二の次でした。

岸田國士は一八九〇年（明治二三）生まれ、東京大学を卒業後、一九二〇年（大正九）にフランスに留学します。フランスではジャック・コポー＊82という演出家について演劇の勉強

耽美主義の作家として知られる。代表作に『細雪』、『刺青』、『痴人の愛』他、多数。

＊80　川端康成　一八九九～一九七二。小説家。代表作に『伊豆の踊子』、『雪国』、『千羽鶴』他、多数。日本初のノーベル文学賞作家でもある。

＊81　岸田國士　一八九〇～一九五四。劇作家。文学座創設者の一人。代表作に『紙風船』『チロルの秋』『牛山ホテル』など。その功績を称えて創設された「岸田國士戯曲賞」は新劇界の芥川賞と呼ばれる。

＊82　ジャック・コポー　一八七九～一九四九。フランスの演出家、劇作家、俳優。ヴィユ・コロンビエ劇場を主宰。モリエールやシェイクスピアなどを上演した。

をしました。コポーはヴィユ・コロンビエ座という劇団を組織し、演劇教育にも尽力しました。彼の元には、カルテルと呼ばれ、俳優であると同時に演出家としても活躍したシャルル・デュラン[*83]、ルイ・ジュヴェ[*84]、ガストン・バティ[*85]、ジョルジュ・ピトエフ[*86]の四人組がいました。

留学中、岸田は当然のことながらフランス語で戯曲を書きました。それを読んでもらい、批評を受けます。そこで、論理性が乏しく情緒的である、と指摘されました。これは日本人が持っている大きな欠陥かもしれません。情緒は上手く描くけど論理性に欠ける。論理と論理が格闘するような劇を書き切れない。

そのような思いを抱えながら岸田は、一九二三年に帰国しました。彼は日本に帰りたくなかったのですが、家庭の事情などもあって仕方なく帰ってきたのです。その直後に築地小劇場が立ち上がりました。しかし岸田國士は築地小劇場には参加せず、菊池寛や山本有三などが作った「演劇新潮」というグループに若手として迎え入れられます。

岸田は築地小劇場の翻訳劇も観に行きましたが、彼はフランス語など語学が堪能なので、築地小劇場の芝居を観て誤訳を指摘したりしたところ、築地小劇場側には煙たがられました。

海外留学の経験を活かして最初に書いた戯曲が『古い玩具』(一九二四)です。これはフランス人と日本人が対話する劇です。もちろん日本語で書かれています。海外での生活を踏まえて日本とフランスを合体させるような劇が初めて書かれました。これが岸田國士という作家の特異な出発点と言えます。

彼はどちらかというと短編の戯曲が得意でした。一九二五年に書かれた『紙風船』という作品があります。上演時間三〇分くらいの短編ですが、後々の日本の演劇界に大きな影

＊83　シャルル・デュラン　一八八五〜一九四九。ジャック・コポーのヴィユ・コロンビエ座出身の俳優・演出家で〈カルテル四人組〉の一人。マイムや舞踊などの身体表現を重視した俳優学校を創設。

＊84　ルイ・ジュヴェ　一八八七〜一九五一。ジャック・コポーのヴィユ・コロンビエ座出身の俳優・演出家で〈カルテル四人組〉の一人。モリエール劇を得意とした。

＊85　ガストン・バティ　一八八五〜一九五二。演出家。ドイツに留学しラインハルトなどの影響を受ける。〈カルテル四人組〉の一人。

＊86　ジョルジュ・ピトエフ　一八八四〜一九三九。ジャック・コポーのヴィユ・コロンビエ座出身の俳優・演出家で〈カルテル四人組〉の一人。

響を与えました。

この劇は結婚して一年位経って、そろそろ倦怠期を迎えた夫婦の日曜日の午後を描いています。当時は土曜日の午前中まで仕事しています。日曜日は一日休みですが、日曜の午後ともなると、明日の仕事のことがそろそろ気にかかりだします。奥さんはどこか連れて行ってほしいと思っていても、なかなか言い出せない。夫はちょっと友達のところへ行ってくると言います。友達といっても会社の同僚です。明日会社で会うのだからわざわざ出かけることないじゃないの、と奥さんは言います。わかった、それなら小旅行に行こうと夫は提案します。小旅行するにももう日曜の午後になっているので、実際出かけるわけではありません。そこで二人は空想の旅に出るのです。

夫は朝八時台に品川駅から東海道線に乗って、鎌倉に行こうと誘います。そして想像の中で列車のワンボックスの席で向かい合い、外の風景を眺めながら会話します。大森辺りを過ぎると、社長の家があるわね、外の風景を見ながら架空の旅はだんだん盛り上がって行くのです。一種の「ごっこ芝居」で、妻の方は夫のはしゃぎぶりにちょっとうんざりします。鎌倉で降りて散歩をする。海岸の方に行くと小さな西洋風レストランがある。よし、ここで洋食でも食べよう。そこで束の間の遊興を楽しむ。帰りはまた列車で帰ってくる。他愛のない会話の中で、こんな言葉が夫の口から語られます。「今のお前がどんなことを考えているか、それが知りたいんだ。こういう生活を続けて行くうちに、おれたちはどうなるかっていうことだろう……」と。夫婦間に生じるそこはかとない不安。妻はこう応答します。「よその奥さんたちは、旦那さんがお留守だと、けっく気楽だってよろこんでいるの。だけど、あたし、それが不思議だったの。……それが今日、やっと不思議でな

フランスの演出家・俳優。ピランデルロの『作者を探す六人の登場人物』の上演を成功させたことでも知られる。

くなったの」。妻の諦めと絶望は深いのです。「男っていうものは、やっぱり、朝出て、晩帰って来るように出来ているのね」「男っていうものは、家にいることを、どうしてそう恩に着せるんでしょう。女は、それがたまらないのね」。その間、夫は「え」と合いの手を入れ、苦笑している。男はたじたじです。その挙句、妻は「あたし、日曜がおそろしいの」とぽつりと言います。それに対して、夫もこう応答します。「おれもおそろしい」と。

実際の時間からすると三〇分も経っていないでしょう。そしてまだ夕方。二人はまた手持ち無沙汰になって縁側を見ている。そこに隣の塀ごしに一個の紙風船が飛んでくる。隣の子どもが遊んでいたのでしょう。それが風に乗って飛んできて庭にぽとりと落ちる。夫が拾って、つき始める。妻は隣にいる女の子にいっしょに遊びましょと呼びかけるところで終わります。これだけの芝居です。

さてこれは一体何を物語っているのでしょう。

とりたてて何も起こらない日常をこの作品は描写しています。二人の感情が浮いたり沈んだりしているところに紙風船が入ってくる。外から夫婦の中に異物が入ってくることで、一瞬だけ二人の緊張関係が揺らぐ。退屈していたところに別の因子が入ってくることで、二人の中に心のざわめきが生じる。こういう劇を岸田國士は書いているのです。

当時の人たちはどう受け止めたのでしょう。歌舞伎の世話物などを見慣れている人にとっては、日常の何もない風景、事件らしい事件も起こらず、何となく夫婦の事情が綴られて、その夫婦の中でちょっとしたざわめきが生じるものの一体何が面白いのか、と思うでしょう。しかし、当時はその何も起こらないことにこそ、波紋を起こしたのかもしれません。冒頭で、新聞を読み上げるシーンがあります。これも引用としては、現代劇にも頻出します。
岸田國士は今で言うホームドラマの原型のようなものを書きました。ただし、ちょっと辛口です。

例えば『沢氏の二人娘』という作品があります。妻を亡くした初老の男には二人の娘がいました。その家には家政婦さんがいます。妻を亡くした男はこの家政婦さんに心を寄せていき、再婚しようと決意します。しかし娘二人になかなか言い出せない。悶々とした感情がこの家庭の四人の中に膨れ上がってくる。あるとき男はこの人と一緒になりたい、と娘たちに告げる。当然、二人の娘は反対する。それをどうやって収めるか。こんな劇です。

これは、一九六〇年代頃のテレビのホームドラマに似ています。当時のテレビドラマは家庭内の話が主でした。ただし辛口ではなく、ヒューマンなドラマですが。つまり六〇年代、七〇年代のホームドラマの原型を岸田國士は書いていたのではないかと思います。逆に言うと、現在のテレビにあるようなものが劇場で上演されていた。それがある時期を境に家庭のテレビの中に入っていくわけです。その原型が岸田國士の静謐なドラマにあったわけです。

岸田國士は一九三二年（昭和七）に「劇作」という雑誌を運営しています。自分の周辺にいた若手の劇作家たちを集めて私塾をつくり戯曲創作の指導をしていました。そこから同人の雑誌をつくり、劇作家たちを輩出していきます。田中千禾夫《たなかちかお》*87、内村直也《うちむらなおや》*88、小山佑士《こやまゆうし》*89など何人かプロの劇作家として名を成しました。岸田は教育者としての役割も果たしたのです。

一九三五年（昭和一〇）に「新劇倶楽部」という演劇人のサロンをつくります。さらに

*87　田中千禾夫
一九〇五〜一九九五。劇作家・演出家。岸田國士に師事し戯曲『おふくろ』でデビュー。代表作に『雲の涯』、『マリアの首』など。

*88　内村直也
一九〇九〜一九八九。劇作家。岸田國士に師事し戯曲『秋水嶺』でデビュー。代表作に『雑木林』、ラジオ劇『えり子とともに』など。

*89　小山祐士
一九〇六〜一九八二。劇作家。岸田國士に師事。代表作に『瀬戸内海の子供ら』、『二人だけの舞踏会』など。

三七年には久保田万太郎《くぼたまんたろう》*90、岩田豊雄《いわたとよお》*91（獅子文六）を幹事とする「文学座*92」を創設しました。文学座は当時の新劇の中で主流ではありませんでした。主流はあくまで築地小劇場系であり、その系譜は政治的傾向が強いのですが、文学座はほとんどノンポリ、芸術至上主義の劇団だったのです。

反体制的な演劇人が多い中で、岸田國士は親政府的であるとされ、ある意味で政府に好意的に受け容れられました。一九四〇年（昭和一五）には戦争に向けて文化を指導する大政翼賛会の文化部長に岸田は就任します。その結果、岸田は戦争に協力する側に組み込まれました。

このように築地小劇場に反対し政治的な演劇に敵対しながら、岸田國士は、文学的な、芸術至上主義的演劇を展開してもう一方の極をつくっていくわけです。必ずしも右翼というわけではありませんが。

3　岸田の演劇論と系譜

ここからは岸田が演劇についてどう考えたのかを、彼が書いた文章からいくつか紹介します。

「西洋演劇の教養を腹一杯詰め込んで、遅れた国、帰りたくない国に帰ってきて、近代というものに直面した」（『岸田國士全集』）

帰国後間もなくこういうことを書いています。言葉を軽視していた当時の演劇に対して腹を立てています。政治的でテーマ主義的だった築地小劇場に対して岸田は言葉の演劇、

*90　久保田万太郎
一八八九～一九六三。小説家・劇作家・俳人。慶應義塾大学在学中に三田文学に参加。その後文学座の創立に関わる。代表作に『末枯』『大寺学校』など。

*91　岩田豊雄
一八九三～一九六九。獅子文六の名で小説を書く。代表作に『悦ちゃん』『自由学校』など。

*92　文学座
一九三七年、岸田國士・久保田万太郎・岩田豊雄らによって設立。森本薫作・杉村春子主演の『女の一生』が代表作となる。アトリエ公演として海外作品の翻訳上演なども行なう。多くの演劇人を輩出した老舗劇団としても知られる。

芸術的な演劇を主張しています。そういう意味では岸田は反主流派でした。

次に、演劇には北欧派と南欧派というものがあると言っています。北欧派はチェーホフ[*93]やゴーリキーのロシア、イプセンのノルウェー、ストリンドベリ[*94]のスウェーデン、その他、ドイツ、イギリスなどが含まれます。日本はこの北欧系の演劇に多くを学んできました。

しかし岸田國士はフランスで学んできたわけです。フランスはラテンなので、南欧派に属します。ここにはイタリアやスペインが含まれます。

この両者の差を、岸田は次のように分析しています。

「(北欧系は)戯曲に『力』を要求し、『深刻さ』を求め、従つてその戯曲中に『人生の意義』を『社会の問題』を描かうとし、……人物の性格も暗く、沈鬱で、理屈を好み、時によると喧嘩ばかりをしてゐる。(南欧系は)軽いスケッチ風のものであり、『力』よりも『香り』を、『深さ』よりも『ニュアンス』を尊び、『人生の苦悶』を苦悶としては取扱はず、寧ろ多分のファンテジイによつてそれを喜劇化し、『社会の冷酷さ』を描くよりも、その冷酷さに堪へ得ない人間の自嘲又はその冷酷さを憤る人間の泣き笑ひを、理屈抜きに暗示することで満足してゐるからであろうか」(『岸田國士全集』)

北欧派は力とか深刻さ、人生の意義や社会性を扱っている。社会問題を扱うような政治的な演劇が該当するわけです。対するに南欧派は、社会問題に対してニュアンスや香りを求めていく。南欧派であるフランスの演劇は、人間の苦悶を描くよりは幻想的で洒落たファンタジーを好みます。日本の新劇は北欧派がメインであり、それに対して分の悪い、マイナーなところに自分は置かれていたという認識を岸田は持つのです。

＊93　アントン・パーヴロヴィチ・チェーホフ　一八六〇〜一九〇四。ロシアの小説家・劇作家。短編小説家として人気を博した後、晩年に執筆した四大戯曲『かもめ』、『三人姉妹』、『ワーニャ伯父さん』、『桜の園』は様々な演出家の手により繰り返し上演される。

＊94　ヨハン・アウグスト・ストリンドベリ　一八四九〜一九一二。スウェーデンの劇作家・小説家。自然主義劇『令嬢ジュリー』の作者として知られる。後年には象徴主義的な『死の舞踏』、『幽霊ソナタ』などを残した。

テーマ主義の演劇を考えていくと、劇作家はテーマから作品を書いていこうとします。とくに日本の近代化が喫緊の主題だった当時の劇作家たちは、重たいテーマを描いていくのは必然でした。それに対して、先ほどの『紙風船』がそうであるように、岸田は内容やテーマや深刻さを描くよりは香り、二人の間の情感のようなものをさりげなく描きました。

このような劇は北欧系の演劇からはほとんど無視されてきました。北欧系はあくまで何かを言うために劇を書いてきた。これが新劇のメインストリームだとしたら、岸田はこんなことを言っています。

「何かを云うために芝居を書くのではない、芝居を書くために何かしら云うのである」（前掲書）

これはなかなか含蓄のある言葉です。社会の貧困を主張したり、政治の愚を告発したりするために芝居を書くわけではない。人間と人間の間の微妙な関係や情感を描きたい。岸田の演劇への思いはそうしたものでしょう。芝居は芝居にすぎない。そんな大それたものではない。ましてや、社会を変革するなんて……、そんな思いが彼の中にあったのではないでしょうか。

けれども、この言葉の根底にはこんなことがあったのではないかと推測できます。『紙風船』を例にとってみましょう。

芝居にはあらかじめ社会的なテーマがあるのでなく、紙風船が入ってくることでそれまでの二人の間のわだかまっていた空気が一瞬だけ解消される。そこから「何かしら言って」しまうのだ、と。つまりテーマというのは、舞台を観た客が感じとり、摑み出すものであって、作者が規定するものではないという考えです。これは一九六〇年代以後になって、「読者論」などから主張されたことを、ある意味で先取っています。岸田國士の登場によって、それまでの演劇のあり方から別の局面が現われてきたことは重要なことです。

しかし彼は大政翼賛会に関わったので公職追放され、戦後しばらくの間活動ができなくなりました。戦後一〇年ほど生きましたが、晩年はこれという仕事をせずに亡くなりました。ただ先述したように、テレビのホームドラマにつながる系譜を生み出し、映画にも少なからず影響を及ぼしたと考えられます。

小津安二郎《おづやすじろう》*95という映画監督がいます。国内では松竹のプログラムピクチャーの監督として娯楽映画の映画監督と見なされてきましたが、あるときフランスで彼の作品が回顧上映され、大きな反響がありました。それ以来、小津安二郎は逆輸入的に評価されて、黒澤《くろさわ》明《あきら》*96、溝口健二《みぞぐちけんじ》*97と並ぶ日本映画の三大巨匠の一人に数えられるようになりました。

小津安二郎の映画には、中産階級の家庭の話が多く出てきます。代表的なのが『東京物語』。広島に住んでいた、東山千栄子と笠智衆演じる老夫婦が息子たちのいる東京に出てきたら、息子たちは仕事が忙しいとか、子育てが大変だと言って満足に接待してくれない。亡くなった息子の妻（原節子）だけが血がつながっていないにもかかわらず、心をこめてこの老夫婦を接待する。そして夫婦は広島に帰っていく。小津映画でも典型的な物語です。ここでも事件らしい事件は起こりません。ただ、心の中のちょっとしたざわめき、もつれ、息子は自分のことをちゃんと扱ってくれないという両親たちの不満が微細に描かれています。怒りまではいかないくぐもった感情が描かれているのです。これはまさに岸田國士が描いていたものと同根です。

五〇、六〇年代の松竹映画の原型は岸田國士の流れを汲んでいると言えるでしょう。そ

*95　小津安二郎
一九〇三〜一九六三。映画監督。「小津調」と呼ばれるローアングルから撮影された独自の映像が特徴。市井の生活を描いた。女優・原節子とのコンビでも知られる。代表作に『東京物語』『小早川家の秋』など。

*96　黒澤明
一九一〇〜九八。映画監督。大胆な映像表現は世界の映画人に大きな影響を与えた。代表作に『羅生門』『七人の侍』『赤ひげ』など。

*97　溝口健二
一八九八〜一九五六。映画監督。女性を巧みに描写した美的な映像表現が特徴。代表作に『雨月物語』、『山椒大夫』など。

して小津の撮ったホームドラマは後のテレビドラマにつながっていきます。

このように考えると岸田國士の果たした役割が決して小さくないとわかると思います。社会派とは異なった、小市民生活を描く演劇。声高なメッセージはなくとも、細部の感情で構成される劇。いわばマイナー旋律の劇の系譜です。

4　田中千禾夫

岸田國士の門下だった田中千禾夫という作家についても触れましょう。

田中は岸田國士について「劇作」の同人になり、戯曲の勉強を始めました。もともと長崎生まれの医者の家系で、医者を継ぐはずが文学を志望し、慶應義塾大学文学部仏文科に入り、その後岸田國士に師事します。

田中も演劇一筋の人で最初は文学座に関わっていきます。そこで俳優教育にたずさわり、その俳優教育の集大成に『物言う術——俳優術第一歩』[*98]という演技論が書かれました。

田中に『教育』という戯曲があります。岸田國士の流れを汲んで、外国人が日本人とどう交わっていくかという葛藤が描かれています。この時期に、日本人と外国人（とくにフランス人）がお互いの文化の差異を主張するような作品、今でいう「異文化交流」の劇を書いています。

代表作は、戦後の一九五九年（昭和三四）に書かれた『マリアの首』です。劇は被爆から一四年後、長崎の浦上天主堂が舞台です。彼の出身地である長崎は原爆の被災地でもあります。原爆が投下されたとき、田中は東京に出ていたので直接被災していませんが、や

＊98　『物言う術——俳優術第一歩』
劇作家・田中千禾夫（一九〇五〜九五）著の演劇論。一九四九年初版。

はり長崎出身ということで彼の中で原爆は大きな主題になっていきます。長崎にはキリスト教徒が多く存在し、教会もあってキリスト教の活動が盛んなところでした。原爆が落とされたときに浦上天主堂にあったマリア像が破壊され、その修復に街の人たちは尽力します。昼間は看護婦で夜は娼婦をしている鹿と原爆症の夫を看護する忍という二人の女性が中心になってマリア像の修復作業を夜な夜なしているという物語です。この劇で印象的なのは、銅像が実際台詞を喋るシーンです。リアリズムを超えた作風を田中はめざしたのです。また方言の使用も特徴的です。

田中千禾夫は文学座に在籍していましたが、戦後俳優座に移ります。築地小劇場にかつて在籍していた千田是也の側につくわけでず。文学座から俳優座に移籍するのは大転換です。

また桐朋学園芸術短期大学で一九六六年に芸術科演劇専攻が設置されますが、ここでも教授として尽力し、教育者としても活躍しました。岸田國士も田中千禾夫も劇作をしながら同時に俳優教育を行なっていました。舞台演出も手がけ、優れた劇場人でもあったのです。

5　長谷川伸

戦前の新劇の流れの中では、大衆演劇は演劇史の系譜からこぼれ落ちてしまいます。けれども、長谷川伸《はせがわしん》*99は大衆演劇の作家として大変人気がありました。上演頻度は今でも高いのではないかと思います。芸術的価値はともかく、大衆的な人気を持っている作家として、

*99　長谷川伸
一八八四〜一九六三。小説家・劇作家。股旅物の作者として知られる。代表作に『瞼の母』、『沓掛時次郎』など。小説家・池波正太郎は長谷川の弟子の一人である。

長谷川伸を見逃すことはできません。

「股旅もの」という系譜があります。『沓掛時次郎《くつかけのときじろう》』[*100]などがそれに当たります。テレビの初期、一九六〇年代頃には、アウトロー的な股旅ものがよく制作されました。『木枯らし紋次郎』のように一世を風靡した作品もありました。そのようなアウトロー、反社会的なものの原型をつくったのが長谷川伸です。これも戦後映画界に強い影響を与えました。ヤクザ映画などアウトローを扱ったものは股旅ものを元にしています。それが利益集団化したのが暴力団ですが、その原型は任侠道にあります。「弱きを助け強きを挫く」。義理人情の厚い人間を描いたのが長谷川伸でした。

もう一つの系譜が母ものです。母を思う子の問題。長谷川伸自身も子どもの頃に母親に逃げられて、孤児同然で育ちました。ですので『瞼の母』は自伝的な要素が強い作品と言われています。大人になってから長谷川伸は母親に再会しますが、本当に息子かと疑われたりして、自分の母親に愛されなかったという思いがこの作品を生んだわけです。

こういう作品群を上演した劇団が「新国劇[*101]」です。「新国劇」というと一つのジャンルのように聞こえますが、これはあくまで劇団の名前です。しかし劇団の名前が一ジャンルになるくらいに有名になってしまいました。澤田正二郎《さわだしょうじろう》[*102]が創設者です。

ここから生まれたのが『瞼の母』です。内容はとても有名です。幼い頃に母と生き別れた番場の忠太郎が成人して母親に再会する。ただ渡世稼業の忠太郎は空手で会いにいくわけにはいかない。そこでお金を貯めて会いにいく。そうしないと子どもの名を騙る、金を無心する子どもに思われかねないからです。

彼は心の中でいつも母親を夢見ていました。しかし実際に会ったらけんもほろろ。母

＊100　『沓掛時次郎』
一九二八年（昭和三）に長谷川伸（一八八四〜一九六三）が発表した戯曲。任侠の世界を描いた「股旅もの」の一つ。博徒の時次郎は一宿一飯の義理から殺してしまった男の未亡人・おきぬを守って旅をすることになる。

＊101　新国劇
一九一七年、島村抱月の芸術座を脱退した澤田正二郎によって結成。剣劇を得意とし、『国定忠治』『月形半平太』『瞼の母』などの作品により劇団名＝ジャンルとなるほどの人気を博した。一九八七年に解散。

＊102　澤田正二郎
一八九二〜一九二九。俳優。坪内逍遥の文芸協会で経験を積んだ後、芸術座に参加。その後、「新国劇」を創設する。「澤正」の愛称で親しまれた。

は忠太郎を子と見なさない。ただ母は知っていたと思われます、実の子だということを。ハッピーエンドにしないところが長谷川のドラマトゥルギーの巧みなところです。

「幼い時に別れた生みの母は、こう瞼の上下ぴったり合せ、思い出しゃ絵で描くように見えていたものをわざわざ骨を折って消してしまった」

なかなか苦い台詞です。

『瞼の母』は生き別れた親子の関係を描く家庭劇の原型になりました。大衆演劇は人間と人間の関係を描いているものが多く、その多くは『瞼の母』のバリエーションと言っていいかもしれません。

近年、作品の読み直しが行なわれている作家に泉鏡花（一八七三〜一九三九）がいます。金沢出身で尾崎紅葉の門下という経歴もさることながら、『草迷宮』『陽炎座』『夜叉ヶ池』『天守物語』などの作品は映画化されたり再評価が高まっています。『高野聖』は小説ですが、その文体は会話の美しさに定評があります。鏡花は劇もたくさん書いていて、彼の『湯島の境内』や『錦染滝白糸』などは「新派」でよく上演されました。またその一部は現代劇でもよく引用され、例えば唐十郎の『唐版・滝の白糸』など多くの改作も書かれており、すでに近代古典といっても過言ではないでしょう。歌舞伎や能の謡曲はもとより、明治以降に生まれた作家たちもすでに名作にとどまらず、古典としての地位を確立したのです。泉鏡花はその最たるものでしょう。

劇作家の誕生によって、演劇は目を楽しませるスペクタクル的要素にとどまらず、人間の内面に入り込んで、複雑な心理や葛藤を描き出す芸術へと昇華されたと言えるでしょう。

第八章

リアリズム演劇——久保栄と三好十郎

1　新協・新築地時代〜プロレタリア演劇の終焉

リアリズムという言葉を日本語でどう訳すかというと、「現実主義」になります。似たような言葉で「自然主義」という言葉があります。「自然主義」を英語に訳すとナチュラリズム（naturalism）。日本ではこの両方を「リアリズム」という括りで捉えているのではないかと思います。例えば島崎藤村《しまざきとうそん》*103や田山花袋《たやまかたい》*104という近代の作家たちはリアリズム＝「現実主義」というよりも、どちらかというと「自然主義」的に捉えられてきました。

芸術上のリアリズムという言葉が出てきたのは一九世紀後半のフランスです。ここでリアル、現実という言葉が使われ始めます。きっかけはエミール・ゾラ*105という作家の一連の

*103　島崎藤村
一八七二〜一九四三。小説家。自然主義作家として知られ『破戒』、『春』などを発表。代表作『夜明け前』は村山知義脚色・久保栄演出で一九三四年に舞台化もされた。

*104　田山花袋
一八七二〜一九三〇。自然主義派の作家。代表作に『蒲団』、『田舎教師』など。

小説です。日本にもゾラはもちろん翻訳されて入ってきています。『テレーズ・ラカン』などは舞台化もされました。ゾラの小説は人間の生態を描く。生態といっても芳しからざる生態ですが、暴露的な意味合いでリアリズムという言葉が使われます。夢やファンタジーなどの対極にあるのがリアリズム。他人に見せたくない、見られたくないという感覚がリアリズムにはつきまとっています。

今ではわれわれはリアルやリアリティという言葉を日常会話の中でも頻繁に使いますが、日本でこの言葉が定着していくのが一九二〇～三〇年代です。

そもそもリアリズムが出てくるというのは、国や世情がこれから戦争に向かっていくような時代背景があったからではないでしょうか。その危機意識の中から現実を批判する表現が生まれてくるのです。

一九二〇～三〇年代は日本の中が徐々に不穏になってくる時代です。その後の日本の戦争、一九三一年の満州事変から四五年の敗戦までを「十五年戦争」と言いますが、その前夜に日本の芸術がどのように対応していたのかをお話していきます。

時代の風潮に対して対抗していたのが「プロレタリア演劇」です。プロレタリアは厳密には労働者、つまり働いている者たちのことです。日本の労働運動は一九二〇年代にピークを迎えます。政治と演劇、民衆と演劇が絡まり合いながら非常に激しく動いていく時代でした。

その頃には平澤計七という労働者演劇の代表格がいましたが、一方で築地小劇場のような高等的な、実験的な演劇がありました。ただ、築地小劇場の中にも貴族だけれど労働者にシンパシーを持っていた土方与志がいました。築地小劇場の中にはブルジョワ的な演劇

＊105　エミール・ゾラ　一八四〇～一九〇二。フランスを代表する自然主義文学の巨匠。代表作に『ナナ』『テレーズ・ラカン』『居酒屋』など。

とプロレタリア演劇の両方が混在していたのです。

小山内薫が亡くなったとき、それがはっきり表面化しました。土方与志を中心とした政治的な志向性を持った人たちが新築地劇団を立ち上げ、残りの人たちは劇団築地小劇場を名乗ります。しかし大体似たような傾向を双方ともたどり、両者の差がなくなっていきます。つまり政治をめざした新築地劇団も、芸術をめざした劇団築地小劇場も時代の空気の中でどちらもプロレタリア的な演劇の方向に向かっていくのです。ゴーリキーの『どん底』や小林多喜二の作品など、左翼的な傾向の強い作品が一九二〇～三〇年代に上演されました。

その中で大きな事件が起こりました。プロレタリア作家の象徴であった小林多喜二が築地警察署に逮捕、収監されて、ついには虐殺されるという事件が一九三三年（昭和八）に起こったのです。

小林多喜二は演劇とも深く関わっていて、有名な『蟹工船《かにこうせん》』＊106なども劇化されて上演されています。二〇〇八、九年頃、日本でもプロレタリア文学のブームが起きて小林多喜二のこの作品が上演されました。『蟹工船』は獲った蟹を加工する船の労働者たちの話です。それを弾圧する悪質な缶詰企業があり、絵に描いたような階級対立の話です。リーマン・ショック（二〇〇八）や経済の困窮が浮上したさい、プロレタリア演劇が呼びだされたのです。

小林多喜二が虐殺されて、時代は相当逼迫していきます。翌一九三四年には日本のプロレタリア劇場同盟である「プロット」が解散を余儀なくされます。こうして日本の「プロレタリア演劇」というものが事実上潰されていくのです。

＊106 『蟹工船』
一九二九年に発表された小林多喜二の小説。過酷な環境に酷使させられる労働者たちの姿が克明に描かれる。新築地劇団により舞台化された。

ちょうど日本が満州事変から上海事変を経て、国際連盟から脱退していく時代です。一方、ヨーロッパでナチスが政権を握るのが一九三三年。軍国的な、ファッショ的な動きが一九三〇年代は世界中に蔓延していきました。その中でプロレタリアの側はどんどん敗走していくのです。

そのとき、理論的に指導したのが村山知義と久保栄です。村山は、このさい各劇団の利益を優先したり、自分たちの劇団だけうまくいけば良いというのではなく大同団結する必要があると発言します。一九三四年（昭和九）の九月、「新劇団大同団結の提唱」という文章を雑誌の「改造」に発表しました。

「進歩的、芸術的良心、観客と妥協しない、演出上の統一感」など、芸術性のある演劇を追求しようと提唱し、いくつかの劇団が集まり「新協劇団（第一次）」[*107]という劇団を創設します。このときの旗揚げ公演が『夜明け前・第一部』でした。島崎藤村の有名な小説を村山知義が脚色して、久保栄が演出しました。

しかし初演は惨憺たる不入りでした。一日一一五名くらいしか観客が入らない。四八六席の築地小劇場なので、空席が目立ちました。『夜明け前』はその後再演されて、昭和の時代を代表する人気作品になりましたが、初演のときは惨胆たるものでした。

翌三五年（昭和一〇）七月、その『夜明け前』を演出した久保栄が「迷えるリアリズム」という文章を発表します。久保こそ、この時代のイデオローグです。

「吾々のリアリズムはどこまでも革命（当時は伏字）的リアリズムであり、反資本主義的リアリズムである」

久保栄と村山知義の二人は活動家であり芸術家ですが、激しく論戦し合う関係でした。

＊107　新協劇団（第一次）
一九三四年、村山知義による「新劇団大同団結の提唱」によって結成。『夜明け前』『火山灰地』などを上演する。一九四〇年に政治的弾圧により解散させられる。

そして、「リアリズム」を巡っていろいろな論争が起こります。何をもってリアルとするか。曖昧なままリアリズムという言葉だけが一人歩きしてしまう。

村山知義は「進歩的リアリズム」という言葉をつくります。単に現実を反映すればいいというのではなく、リアリズムをやるためには方法が必要である。日本の社会を前へ進めていく革新的な方法が必要ではないか。それが「進歩的リアリズム」という言葉になります。

一九三四、五年はソビエトで「社会主義リアリズム」という言葉が出てきて、国家の提唱するお墨つきの芸術になりました。それを提唱したのがスターリンです。社会をどのように描くのかというときに、ブルジョワ的な社会を批判して最終的には社会主義をめざしていきたい。社会主義国家建設のためにいかに演劇で社会を描くのか。それが「社会主義リアリズム」です。ソビエトは社会主義国なので、当然の理屈です。しかし日本は社会主義国ではありません。左翼勢力が頑張っているとはいえ、戦争によって弾圧されているとき、この言葉をどう受け止めていけばいいのかと、迷うところです。

「われわれのリアリズムはブルジョワ・リアリズムとは異なる。明日への発展を描く。現実を覆い隠す仮面をはぎ取る。発展的リアリズム」（「迷えるリアリズム」）

進歩的リアリズムのあとには発展的リアリズムという言葉が出てきます。この頃、映画監督の溝口健二も「批判的リアリズム」と言っています。つまり共通した認識として、現実の軍国主義化していく流れをリアリズムという言葉によって批判し、反対していく、その結集軸がリアリズムという言葉だったのではないかと思います。

そして、それに沿った作品が書かれていきます。新築地劇団の『土』（一九三七）という作品は原作が長塚節《ながつかたかし》です*108。翌年上演された『綴方教室』（一九三八）。これは豊田正子《とよだまさこ》*109という女性作家の小学生時代に書いた作文を集めたものをもとにしています。

一方、新協劇団の『北東の風』（一九三七）は久板栄二郎の作品です。それから『火山灰地』（第一部一九三七年、第二部三八年発表）。このような作品が上演されていきます。

一九四〇年は皇紀二千六百年と言われました。紀元前六六〇年に日本という国が誕生した。それを元年と考えると、日本はキリスト教の西暦よりも古い。要するに西洋社会よりもわれわれの方が歴史があって由緒があるという主張です。自国第一主義、愛国主義はおおむねこうした論法に収斂していきます。

この頃に、軍国主義の勢力がピークを迎えます。そこで反対する側の勢力を一斉に弾圧します。新協劇団、新築地劇団のメンバーが一挙に逮捕されます。久保栄や村山知義も捕まり、強制的に劇団が解散させられました。いわゆる「新劇事件」です。一九四〇年は左翼勢力にとって、一番弾圧を受けた最暗黒の年と言えます。

2　久保栄

このような時代にあって、それに対抗した重要な作家が二人います。

一人は久保栄《くぼさかえ》*110。もともと築地小劇場の座員でした。久保は土方与志や小山内薫の下にいて、雑誌やパンフレットの編集などあまり目立った活躍はしていません。築地小劇場が解散したあと、新築地劇団の創立に参加し、退団後は新協劇団の旗揚げに関わり、『夜明け前』の演出を担当しました。ここから彼は日本の演劇界の軸になって舵取りをしていく

*108　長塚節
一八七九～一九一五。歌人・小説家。『土』の作者しして知られる。

*109　豊田正子
一九二二～二〇一〇。小学校四年生のときに書いた作文が『綴方教室』として出版されベストセラーとなる。他に『芽ばえ』、『おゆき』など。

*110　久保栄
一九〇〇～五八。劇作家・演出家。社会主義リアリズム作家の代表格。新協劇団における『夜明け前』の演出や、『火山灰地』の作・演出などで知られる。

重要な存在になっていきます。

久保栄は戯曲を書いていますが、翻訳もしています。ドイツ語が堪能でゲーテの『ファウスト』やシラー[*111]の『群盗』も翻訳しました。翻訳と劇作をしながら徐々に演劇人として抬頭していきます。

その中で代表作『火山灰地』が発表されました。日本の戯曲史上、最大の大作です。久保栄は北海道出身です。『火山灰地』は北海道の農産試験場を舞台に、その土地に根ざした農民や炭焼きの職人たちを主人公にしながら北海道の農業の発展を描いていく物語です。

北海道という土地は実験的な場所です。移民が多く、アイヌの人たちが追いやられて植民化が進んでいく。東京からきた人たちが開拓してそこに新しい試験場をつくる。『火山灰地』では現地の農民たちと東京からきているインテリの研究者との対立と融和が描かれます。これが一つのモチーフです。東京の人間に何ができるのだろうか。北海道に出自を持ちながら、東京で仕事をしている久保としては、一体東京の人間は北海道に何を寄与できるのかと自分を重ねながら問いかけるのです。

久保栄の描き方は巨視的であり、俯瞰的であって種々の階層の人たちを多数の視点で捉えています。それぞれの主張があって、一つを正当化するのではなく一長一短に描く。このような多角的な視点を描き出した作品はそれまであまりなかったと思います。

この作品の冒頭に語り手が出てきます（これは宇野重吉が絶妙の語りをしていました。民藝公演[*112]、一九六一年）。北海道の十勝地域にはある川が流れている。川の周辺には農民がいて、こちら側には農産試験場があると、情景を語っていきます。遠くから俯瞰したような眼差しでそれを語っていく。このモノローグを聞いていると、映画のロングショットを連想し

＊111　ヨーハン・クリストフ・フリードリヒ・フォン・シラー
一七五九〜一八〇五。ドイツの詩人・劇作家。ゲーテと並ぶドイツ古典主義の作家として知られる。代表作に『群盗』、『ウィルヘルム＝テル』など。

＊112　民藝公演
劇団民藝の『火山灰地』一九六一年上演。演出・村山知義。

ます。最初に町の全景を映す。カメラが町に近づいていくに従ってディテールが見えてくる。最後は一人の人物に焦点が当たる。映画で言えばロングショットからクローズアップに至るようなプロセスを演劇では語りによって観客のイマジネーションを喚起していくのです。

第一幕は「歳の市」から始まります。そこに列車が到着すると、東京からやってきた農産試験場の大学の先生の一家が登場します。夫人がお店にきて品定めをする。そのときに農民たちは彼らは受け容れようとしない。この両者をつないでいくのが新聞記者です。劇は、現地の人間と東京のインテリ、そしてジャーナリストという中間的な人との三者が入り混じりながらが進んでいきます。ここには世の中の縮図が見えてきます。

劇は「歳の市」の後、「新年会」「かま前検査」「試験畠」、第二部「製線所」「部落まつり〜昼と夜」「前夜」と進み、計七つのシーンで構成されています。セットも大がかりで七セット分すべてつくりました。出演者も八〇人ほどいて、当時の演劇人の総力を結集して、このように大作が一九三〇年代に上演されました。

最終的な結論としては北海道の命運を握るのは現地の農民だが、農民たちだけで北海道の産業や経済は担いきれない。それを支えていく触媒になるのが東京の研究者ではないか、ということろに落着します。ここに久保栄は新しい社会のモデルを提示したのではないかと思います。現地の人間が生きていくために東京の知識人たちの力を借りていく。街の復興のモデルケースを提示しているのかもしれません。この描き方は今でも参考になるでしょう。

当時はテレビもないので、演劇が娯楽の筆頭になっていました。『火山灰地』は教員やインテリ層が観にいくような作品でしたが、浅草のような娯楽的な場所とは異なるものの一般の観客も足を運んで娯楽作品としても楽しまれました。いま読むと、意外に娯楽色が強いということに気づきます。例えば農民の娘と炭焼きの青年とのラブロマンスが随所に入れられています。最後の「前夜」では、日本はこれから夜明けを迎えて、苦しみを超えていく、その前夜だということでしょう。実際はこの劇は、暗い、破滅的な世の中に押しつぶされていくという形で終わっていきますが、しかし最後の最後に一つだけ光明がありなます。先ほどの農民の娘が子どもを産むのです。子どもの誕生によって、この劇は暗い結末の中に一筋の希望を残しながら終わっていきます。

『火山灰地』は歴史を扱い、北海道を舞台に日本の近代化の問題という大きな思想を扱いながらも、同時にメロドラマとしても描かれています。久保栄という劇作家は実にウェルメイドな物語を書き、そこに思想も塗していく。

この作品は一九三〇年代に演劇が持っていた、娯楽性と思想性が両方掛け合わされた厚みを感じさせます。この劇は驚くことに数万人の観客を動員しています。インテリ以外の普通の人も観にきていた証拠です。近年で言うと蜷川幸雄がシェイクスピアを娯楽的にも通用するレベルで上演していますが、それに近いことをすでに今から八〇年くらい前の久保栄は行なっていたのではないかと思います。

最後に、久保栄の人となりに触れておきましょう。久保は人間的に癖のある人でした。生真面目過ぎるほど厳格で妥協を許しませんでした。戦争に突入していく時代に、演劇人たちは次々と戦争協力していき、戦意高揚のための劇を演じました。が、彼は断固拒否し続けました。そのために彼は演劇活動ができなくなりました。その間、彼はもっぱら演劇の研究に打ち込みます。翻訳をしたり、研究書を書いたりして、一切国家からの戦争への誘惑を拒絶して闘っていたのです。ピュアの塊のような人です。

戦後になると、執行猶予つきで刑務所から出てきて、『林檎園日記』という作品を書きます。これは日本版『桜の園』と言われ、牧歌的な演劇でした。それから『小山内薫』という評論書も出版しています。その他に『五稜郭血書』『日本の気象』を書きました。

しかし久保栄は精神を病んでしまい入退院を繰り返して、一九五八年に五七歳で自殺します。自分をあまりにも追い込み、戦争に加担した仲間たちを絶対に許さないと非常に厳しく追求していく。しかしその刃を自分に向けてしまい、自ら命を断ってしまいました。

久保栄は、『火山灰地』という一作品を残しただけでも、日本の演劇史に燦然と輝く存在と言えるでしょう。

3　三好十郎

もう一人の劇作家が三好十郎《みよしじゅうろう》*113です。久保栄と活動の時期はほぼ重なっています。三好十郎もまた近年注目度が高まってきています。

三好は佐賀県に生まれ、早稲田大学英文科卒業後、プロレタリア詩人として出発します。だが彼の本業はあくまで劇作です。戯曲作品としては一九三四年に『斬られの仙太』という時代劇を書いていますが、これは一種の転向を扱っています。三好は生活が苦しくて、もうこれ以上プロレタリアの側には立っていられないと、転向を正当化するような作品を書き、左翼から転向していったのです。

＊113　三好十郎
一九〇二～五八。劇作家。新築地劇団、文化座、劇団民藝などで作品が上演された。代表作に『胎内』『その人を知らず』『炎の人』など。現代でも再演される機会が多い劇作家の一人。

その後、『浮標』（一九四〇）、戦後になると『廃墟』（一九四七）、『その人を知らず』（一九四八）、『胎内』（一九四九）、『冒した者』（一九五二）と、立て続けに問題作を書いていきます。

例えば、『その人を知らず』はキリスト教者の良心的兵役拒否を扱った作品です。三好十郎はプロレタリアの運動からは退きましたが、その後宗教（キリスト教）の方に没入してその中での抵抗を考えていきました。宗教家には一つの筋の通し方があります。もちろん戦争という人を殺す行為は絶対拒否する。しかし宗教を持っていない人は戦争は拒否するけれど、金儲けは認めるという人がほとんどです。だが彼は宗教家として戦争を拒否すると同時に、戦争によってもたらされた利益も拒否するという立場です。

『廃墟』という作品はある大学教授の家の話です。戦時中、大学教授の家庭は一般の庶民の家よりも食量の配給が多いという特権がありました。ところがその大学教授はそれを拒否する。特権を行使するくらいならむしろ餓死を選ぶ。こういう倫理を問う劇を戦後間もなく書いているのです。久保栄も自分の信念を貫き通して節を曲げない人でした。三好も堅い信念を曲げずに貫き通す。そのためには自死をも厭わないという強い意志を持っているところが共通しているのです。

三好十郎は非常に骨太の戯曲を書きました。人物造形もがっちりと描かれている。この時代の劇作家たちは大きなドラマを書こうとしていました。それが人間を生々しくリアルに描くリアリズムだったのです。しかし戦後になるとリアリズムは、旗色が悪くなっていきます。人間をリアルに見ることがあっても、表現上のリアリズムは衰退していくのです。『炎の人』は一九五一年（昭和二六）の作品です。これは印象派を代表する画家、フィンセント・ファン・ゴッホを主人公とした作品で、新劇界屈指の名優、滝沢修がゴッホを演じました。ゴッホはベルギー生まれの画家で、ゴーギャンなどと友好関係を結びましたが、三七歳の若さで亡くなりました。晩年には自分の耳を切り落とすなど奇矯なエピソードでも知られます。

滝沢は演じるに当たり、ゴッホの生き方を理解しないといけない、どうしたら自分がゴッホになりきれるかを役づくりの基本と考えました。そのためにゴッホの生地を訪ね、晩年住んでいたアルル地方の風景をつぶさに見聞しに行きます。実際に自分で見たものを血肉化していくのです。本当に自分がゴッホになりきらないと演じられない。ここにリアリズムという考え方の一つの極致があります。

滝沢リアリズムは外見もゴッホに見えるように、絶食に近いこともやりました。ゴッホの貧しさを体でどう表現できるか。自分の実人生を捻じ曲げてでも心血を注いでゴッホになろうとする。凄まじい俳優人生です。

この作品のエピローグで、作者のゴッホに対する想いが語られます。

「あなたが生きている間に一枚も買おうとしなかったフランス人やオランダ人やベルギイ人を私はほとんど憎む」

宇野重吉《うのじゅうきち》*114のモノローグが力を込めてこれを語ります。宇野重吉は作者である三好十郎の代弁者です。滝沢修はゴッホの代弁者です。そのような自我と自我の掛け合わせがラストシーンのモノローグを構成していく。通常の劇では劇中の人物が対話をしますが、そのような対話の形式を逸脱して、作者の想いを裸でぶつけていく。非常に不思議な戯曲だと思います。

*114　宇野重吉
一九一四～一九八八。俳優・演出家。戦前は久保栄らの東京左翼劇場や新協劇団に参加。戦後は劇団民藝の中心的な存在として活躍。長男は歌手で俳優の寺尾聰。

三好十郎は「文化座[*115]」という劇団と交流がありました。文化座は大手の新劇三劇団（文学座、俳優座、民藝）に比べると、ややマイナーではありましたが、佐々木隆や鈴木光枝らの俳優が中心となって、三好十郎の作品を数多く上演しました。この劇団が三好十郎の作品を守ってきたと言えます。

『おりき』という作品は女性の一代記で、長野県の野辺山が舞台となりました。地方で農民が土地を守りながら、美しい風景の中で生きている。たくましい農民の女性であるおりきは土地に根ざした知恵者です。彼女は学があるわけはありませんが、物事をよく見ています。現在は過疎化が進み村のコミュニティは切り崩されていますが、コミュニティが成立するときには必ず村の心臓になるような知恵者がいます。その人の知恵を借りながら村を再生していく。その心臓部こそがおりきなのです。

三好十郎や久保栄が描こうとしている民衆の原点、原像はおりきのような人物の中にあったのではないかと思います。民衆は生きることの知恵を持ちつつ、大衆的な俗も持ち合わせている。両者合わさった民衆像が日本の近代化の中で繰り返し描かれてきたのではないでしょうか。リアリズムという手法は民衆造形には向いていいます。

だが戦後になって都市社会化が進むと、民衆は大衆と知識人とに分化していきます。知識人は頭は使うけど体は使わない。大衆は体を使うけど頭を使わない。その合体したものが豊かな民衆像だったはずですが、それは日本の共同体が健全に機能していたときに可能だったのではないか。地域に根差した共同体、あるいは都市型コミュニティと民衆像の造形は相即的なのかもしれません。

＊115　文化座
一九四二年に「井上正夫演劇道場」出身の佐々木隆、鈴木光枝らによって結成。戦前から三好十郎などの劇作を多く上演した老舗劇団。

4　リアリズムとは何か

典型的な状況の中で典型的な人物を描く。これはリアリズムの鉄則です。典型的な状況というのは、おりきのようなお婆さんが生きている農村の生活共同体です。そこで野太く生きた登場人物を描いていく。その中で、民衆の生き方と都市化の流れが行き違い、廃村になるとか限界集落に陥るなどの矛盾が浮かび上がってきます。希望を託しながらこうした問題をどのように描き出すのか。それが広い意味での「リアリズム」だと思います。

リアリズムで都市を描くとき、生産とか労働の現場で働く人間を描いていきます。リアリズムの骨子にあるのは、働く人間を描くということです。ただし、都市化とともに労働や働く人間というものが描きにくくなってきました。すでに一九世紀末のチェーホフの作品に「高等遊民」が登場します。働いているのか遊んでいるのかわからない人たちです。夏目漱石の作品にもこの種の人間が登場します。生活から切れてしまった人物を描くのに、リアリズムは向いていません。

茨木憲《いばらぎただし》*116は、「リアリズムには、現実をありのままに見て、しかもその現実の背後に真実を見とおす目が要求される」と言っています。ありのままの現実を見ると、矛盾やどうにもならない現実が見えてきます。それを暴き出すのがリアリズムです。これは一つの思想です。

エミール・ゾラから始まるリアリズムは、形式であると同時に思想として機能してきま

*116　茨木憲
一九一二〜九八。演劇評論家。著書に『土方与志　ある先駆者の生涯』(共著)、『日本新劇小史』など。

した。それは状況によって有効／無効がはっきりするものかもしれません。時代を見極めながら、上手く使い分けて応用していくと、この言葉はわれわれの中でもう少し息づいていくのではないかと思います。

第九章

戦争と演劇

1　「十五年戦争」

今日は「戦争と演劇」がテーマで、とくに戦時中から戦後にかけての演劇についてお話しします。

日本の戦争をいつから考えるかというと諸説があります。終わりはほぼ一定です。それはポツダム宣言を受諾した一九四五年（昭和二〇）八月一五日です。人によっては、実際に施行された九月二日とする説もありますが、定説になりません。

ではどこから開始したのか、というと意見の分かれるところです。第二次世界大戦に枢軸国として関わった日本ですが、これは一九三九年（昭和一四）のドイツによるポーランド侵攻を開始とする説もあれば、日米決戦を始めた真珠湾攻撃の一九四一年（昭和一六）一二月八日という説もあります。これだと戦争は三年半余りということになります。けれども、これは最終決戦であり、その前史があると考えるのが妥当でしょう。そこで、一九三一年（昭和六）の満州事変[*117]に始まり、四五年の敗戦までの一五年間を戦争と捉えることが一般的になりました。かなり長期にわたる戦争です。これを「十五年戦争」と言います。

日本が本格的に中国大陸に進出していくきっかけが満州事変でした。翌三二年には上海事変が起こり上海を制圧します。満州国もこの年に建国されます。満州国は王道楽土、アジアの理想の国家を満州につくるという名目で建国されましたが、それはあくまで日本にとっての理想の国に過ぎません。そのことにより国際的な非難を浴びた日本は国際連盟を脱退して孤立を深めていきます。

国内でも問題が起こり一九三五年（昭和一〇）には天皇機関説事件[*118]があり、三六年には二・二六事件[*119]という陸軍青年将校による軍事クーデターが発生します。これは最終的には天皇の命により鎮圧されました。しかし軍の力に抑えがきかなくなり、一九三七年に本格的な日中戦争に突入。南京で大虐殺が起こります。三八年（昭和一三）には国家総動員法が公布され、国を一つにして戦争に向かって行こうという体制が築かれていきます。

そして第二次世界大戦が始まります。日本はドイツ、イタリアと三国同盟を結びます。この三国で米国もソ連もフランスもイギリスも全部敵に回して戦おうという、無謀ともいえる戦いが始まったのです。

四一年、真珠湾攻撃を契機に日米の雌雄を決する戦いが始まります。太平洋戦争の時期、

＊117　満州事変
一九三一年、南満州鉄道の爆発による柳条湖事件を皮切りに端を発した日本軍と中国軍との一連の戦闘。結果的に日本の満州支配を強め、日中戦争、太平洋戦争に突き進む発端にもなった。

＊118　天皇機関説事件
一九三五年、美濃部達吉の天皇機関説（大日本帝国憲法における統治権は法人である国家に属し、天皇は内閣や輔弼を受けながら統治権を行使するという国家法人説に基づいた憲法解釈）が不敬であるとして糾弾された事件。

＊119　二・二六事件

一九三六年二月二六日に陸軍皇道派の青年将校が起こしたクーデター事件。相、斎藤実内大臣などが殺害され、国会や首相官邸など政府の中枢機関が一時占拠され

日本軍はフィリピンやインドネシア、ニューギニア等に侵攻して、そこで大変な悪戦苦闘を強いられます。東南アジアは熱帯性の湿地帯が多く、密林など不慣れな日本の兵隊はへとへとになってとても戦える状態ではなく、その苦渋は並大抵のことではありません。しかも食糧がなく、マラリアなどで兵士が次々と倒れていきます。なかには、食糧不足から同志の死体を食べてしまうということもありました。

そういう経験を持った兵士たちが戦後帰国したさい、トラウマのような記憶が残ってしまう。そのことを他人に言えない、家族にも戦争のことは一言も語れない。この世代の方が老年期を迎える二〇〇〇年前後に、戦争のことをいかに証言するかが演劇作品のテーマとして扱われることがありました。

一人一人の個人の中に根強くある戦争の体験。これを扱えるのが芸術です。小説、映画、演劇では、個々人がどのように戦争を戦ってきたのかが問われました。

武《たけ》田《だ》泰淳《たいじゅん》*120の『ひかりごけ』という小説があります。戦時中、飢えて人肉を食べてしまうというカニバリズムの話です。人間は極限まで追い詰められたときに、兵隊たちは仲間たちに自分の肉をさしだす場合もあった。兵隊たちも追い詰められながら仲間の肉を食べてしまう。それが「戦後」を問うことに間接的につながっていきます。

野田秀樹は『ひかりごけ』を高校時代に演劇で上演しています。その後の彼の作品にもカニバリズムの問題がしばしば出てきます。永井愛の『こんにちは、母さん』では、お父さんが戦争のことを最後まで語らなかったために、夫の死後、母の心の中に大きな謎として残ってしまうという話です。

個人の内部の戦争体験は簡単には解決できない問題です。これは、戦争を考えるときの

た。一時東京に戒厳令が敷かれたが、二九日に鎮圧された。この事件をきっかけに政治に対する軍部の発言権が強まる結果となる。

＊120　武田泰淳　一九一二～七六。小説家。戦争中の飢餓による極限状態を描写した『ひかりごけ』が話題を呼ぶ。その他に『富士』『快楽』など。

一つの手がかりになります。

十五年戦争という言い方をしたのは、四年や五年では緊張関係がギリギリ続く長さだからです。そこではつねに非常事態なわけです。ところが一五年という年月は非常事態ではなく戦争が日常化して生活の中に入り込んでしまう長さです。例えば空襲警報があって避難したり、地下壕でB29が飛び去るのを待っていたりする。それが頻繁に行なわれると感覚が麻痺していきます。その麻痺した日常の中に、例えば恋愛や友情や親との関係などのドラマが起こっていたのではないか。単に危機で悲惨という以上に、戦争を通してさまざまな人生の葛藤が生じていたでしょう。これは一五年の間には十分起こりうる話です。

戦争が日常化していく中で芸術はどうだったのか。演劇をやっている場合だったのでしょうか。確かに一九四一～四五年までの四年間は演劇など上演している場合ではなかったかもしれません。しかし一九三〇年代には近代劇の頂点に立つ『火山灰地』など、反戦劇も含めて種々の演劇がつくられていました。これは一五年間の中でも〝平時〟の中の芸術行為です。

ここでは迂回して、平時と戦争さなかの演劇をみていきましょう。

2　築地座から文学座へ

築地小劇場の解散後の一九三二年（昭和七）、友田《ともだ》恭助《きょうすけ》*121と映画女優としても有名な田村《たむら》秋子《あきこ》*122夫妻による「築地座」*123が誕生します。戦争とは直接関係ないコメディなどを上演するグループでした。この築地座には岸田國士も関わってきて、同人劇作家グループ「劇作」

＊121　友田恭助
一八九九～一九三七。俳優。中学生の頃に土方与志と出会い演劇を志す。築地小劇場に創立から参加。その後築地座を経て文学座の創立に加わるが旗揚げ公演前に召集され上海郊外で戦死。

＊122　田村秋子
一九〇五～一九八三。女優。夫は友田恭助。築地小劇場に参加後、夫と共に築地座、文学座創立に加わるが夫の戦死で一時舞台から退く。戦後は文学座名誉座員として舞台に復帰した。

＊123　築地座
築地小劇場解散後に友田恭介・田村秋子夫妻が結成した劇団。岩田豊雄、久保田万太郎、岸田國士などが合流し、後の文学座へと発展していく。

が誕生します。川口一郎《かわぐちいちろう》*124、小山祐士、田中千禾夫、森本薫、内村直也らの劇作家たちがこの同人グループで劇作の腕を磨いていきます。戦争状態にありながらも芸術家たちは、ある意味できちんと芸術活動を全うしていました。

一九三七年（昭和一二）、「文学座」が結成されます。岸田國士を中心に、岩田豊雄、久保田万太郎の三人の幹事が文学座を立ち上げました。岩田豊雄はコメディ作家でもあり、獅子文六というペンネームで小説も書いています。フランス文学者で翻訳も行なっています。久保田万太郎は浅草生まれで、下町を舞台にした情緒豊かな作品を得意としました。『大寺学校』はそのテイストが満載された作品です。

岩田はこう語っています。「文学座の方針はどこ迄も文学に根をおろした演劇運動であってこれは我々の持つ永久不変の精神であります……嘗て演劇は文学の従僕ではないといふおろかしい事がいはれましたがこの誤れる説をくづすために、われわれはどんなに骨を折ってきた事であらう」

「演劇は文学の従僕ではない」と言ったのは小山内薫です。演劇はジャンル的に独自のものであって、文学に従属するものではないということです。それに対してあくまで文学、戯曲を中心とした演劇をやろうというのが、文学座の理念となりました。

「新劇といえばプロ派（プロレタリア演劇）系統のものと相場が決まり、劇評はプロ派的観点から行われるのが常だった。……私は芸術派の劇団を、もう一度やりたくなった」

プロレタリア派と芸術派がここでは対立する概念として捉えられています。この頃、あくまで日本の演劇のメインストリームは北欧派でした。ロシアやドイツ、ノルウェーのような社会的な意識を持った演劇が主流であって、フランスやイタリアなど南欧派のロマン

*124　川口一郎
一九〇〇～一九七一。劇作家・演出家。岸田國士の「劇作」同人の一人。代表作に『二十六番館』、『二人の家』、『島』など。『欲望という名の電車』の日本初演の演出家でもある。

ティックな演劇は反主流とされていました。文学座の第一回勉強会は一九三八年に始まります。久保田作の『四月尽』、岸田作の『紙風船』などの軽妙な喜劇が上演されていきます。

一九四〇年（昭和一五）、大政翼賛会の初代文化部長に岸田國士が就任します。岸田にしてみれば、文化統制の防波堤になろうと考えていた節もあります。自分は右翼ではないし、戦争に好意的でもないけれど、自分が人質になってここで頑張らなければ、文化がなし崩しになってしまうという危機意識があったのかもしれません。しかし今ではそれを検証することが難しくなっています。岸田は一年半ほどその部署につくわけですが、やはり戦争協力もしています。

一九四二年（昭和一七）に「文化座」という劇団が誕生します。これは山村工作隊が母体になっていて地方回りをしていました。

このように進歩的な方向をめざして創設された劇団も次々と戦争に巻き込まれていきます。

3　国民演劇と移動演劇

大政翼賛会は「国民演劇」の樹立のために動きます。それまで私的な領域の中で演劇が行なわれていくのが常でした。あくまで芸術は国家に対抗する「私」の領域でした。ところが国家というものは時々演劇を支配下に置こうとします。その最初の例が、一八七〇年代から始まる演劇改良運動でした。（第四章参照）日本が近代国家になっていくときに、演劇を海外向けの道具にしようとして歌舞伎を改良して日本を代表するブランドをつくろうとしたのです。が、これは失敗しました。

二回目が移動演劇の創設です。国家が演劇に乗り出してきて「国民演劇」なるものを組織しようとしました。一九三九年に文部省が「映画演劇音楽等改善委員会」を設置します。演出者、演技者は国家に審査され、登録制になり、鑑札制になります。国家に登録しないと俳優は舞台に立てないという統制化が行なわれます。

四一年に「日本移動演劇連盟」（俗称・移動演劇）が発会します。全国津々浦々に娯楽を提供するという表向きで戦争のイデオロギーを浸透させていくことを目的につくられたのがこの移動演劇です。戦争に向かっていく日本のひとつのシンボルのような存在です。

移動演劇には三つの目標がありました。「健全娯楽の普及・国民的信念の昂揚・国民文化の樹立」です。その目的は戦争遂行です。しかし表立って戦争という言葉は使いませんでした。アジアの虐げられた民衆を解放していくとか、欧米からアジアの国家を守るために兵隊を出して守っていくなどと言います。満州国の王道楽土建設というかけ声と歩調を合わせつながっています。また、大東亜共栄圏という言葉も生まれました。アジアを一つにしてその盟主に日本がなろうという考えです。

このような中からいろいろな移動演劇隊の劇団が生まれました。「くろがね隊」や松竹・東宝・吉本興業のような大きな興行資本からも移動演劇隊が生まれてきます。「瑞穂劇団」は、民芸の主演俳優だった若き日の宇野重吉が関わっていました。他にもメンバーとして、信欣三《しんきんぞう》*125や毛利菊枝《もうりきくえ》*126、後にお婆さん役でたくさんテレビに出ることになる北林《きたばやし》谷栄《たにえ》*127などがいました。移動演劇は、一年間で三〇劇団が全国で一〇〇〇回上演して、一四

*125　信欣三
一九一〇～一九八八。俳優。戦前の東京左翼劇場を経て瑞穂劇団に参加。戦後は俳優座、民藝で活躍。多くの映画、ドラマにも出演した。

*126　毛利菊枝
一九〇三～二〇〇一。女優。岸田國士に師事し、築地座を経て瑞穂劇団に参加。戦後は京都で劇団くるみ座を主宰した。

*127　北林谷栄
一九一一～二〇一〇。女優。新協劇団に入団し久保栄に師事。その後瑞穂劇団に参加。戦後は劇団民藝で活動。老け役を得意とし数多くの映画に出演。『となりのトトロ』のおばあちゃん役でも知られる。

一万人動員したという莫大な数字が残っています。

『火山灰地』が大変な人気を博して一九三八年前後に数万人単位で観客を動員しましたが、移動劇団は小さな町々まで回ってその何十倍も動員しているのです。

これらの移動演劇の劇団は国から給料をもらって活動しています。考えようによっては、一種の国立劇団とも言えます。現在では国立劇団はありません。

それから後に俳優座の母体となる「芙蓉隊」、「文学座」も移動演劇に加担していました。他にも「桜隊」[*128]という劇団もありました。

桜隊は一九四五年（昭和二〇）八月六日、広島で巡演中に、原爆により被曝しました。丸山定夫という築地小劇場でも活躍した俳優がこのとき亡くなっています。丸山は「新劇の団十郎」という異名もあり、大変人気のある俳優でした。映画俳優としても知られていた園井恵子も亡くなりました。有名な俳優を抱えた桜隊の被曝は、当時も大きな事件として報道されました。後年、映画監督の新藤兼人が、『さくら隊散る』という原爆のドキュメンタリー風ドラマ形式の映画をつくっています。その作品の主人公が丸山定夫でした。

ところで、われわれは被爆を受けた俳優の死をどのように受け止めたらいいのでしょうか。日本人の悲劇として受け止めたらいいのか。その場合、戦争に「殉死」したことになります。高邁な戦争を遂行するための犠牲者になった、と。丸山定夫の死が美化されると、日本の戦争加担という悪が後景に引いてしまいます。つまり悲劇が美談になる。しかし丸山は、移動演劇隊に参加し、戦争に協力したことは間違いありません。ですから、丸山定夫の死を扱うことはとても難しいのです。

「国民演劇」とは何だったのでしょうか。これは国威発揚として演劇が活用されたとい

＊128　桜隊
『無法松の一生』を各地で上演した苦楽座を前身とする移動劇団。丸山定夫、園井恵子、高山象三、森下彰子、仲みどり、八田元夫らが所属。所用で東京にいた八田らを除く劇団員は一九四五年八月、広島滞在中に原爆投下にみまわれる。劇団員は即死、あるいは焼死し、かろうじて一命をとりとめた者も原爆症により八月中に次々と亡くなった。

うことです。国民精神総動員運動は天皇を中心とした国家として皆でまとまって、アジアや欧米に対抗していこう、というイデオロギーです。天皇という存在を国の民心や精神を結束する磁場として利用する考えです。戦前の昭和天皇はカリスマ的な力を持っていました。神に近い存在として神格化されていました。何か事が起こると、天皇を真ん中に据えると誰も文句が言えなくなる。支配者は必ず天皇を味方につけて利用しようとします。戦前の天皇は軍隊の最高責任者（大元帥）でした。実際に軍を指揮するのは別の人間ですが、天皇が軍隊の最高責任者であり、「天皇陛下万歳」して出征していくのです。それを着々と整備していったのが「十五年戦争」の時代でした。

演劇はこういうものに反対し抵抗しましたが、一九四〇年に新協、新築地劇団が解散させられ、抵抗勢力は解体され、指導的存在だった村山知義や久保栄は刑務所に入れられました。それ以外の俳優たちを束ねて移動劇団をつくる。このような形で演劇は戦争に組み込まれていきました。

4　森本薫『女の一生』

演劇人はこのとき、言われるがままにしていたのでしょうか。

移動演劇隊は脚本を募集していました。そこで一本の作品が当選します。タイトルは『女の一生』。作者は森本薫《もりもとかおる》、[*129]京都在住の劇作家です。

『女の一生』というタイトルからわかるように、これはある一人の女性（布引けい）の一代記です。布引けいの人生をたどると、ちょうど日本の近代史をたどることになります。

＊129　森本薫　一九一二～一九四六。劇作家。代表作に『女の一生』『わが家』など。将来を期待されたが早世した。

例えば父親は日清戦争で戦死しています。日中戦争の際には、布引けいの経営している会社は中国と貿易をして利益を得ている。国家同士は戦争しているが、庶民レベルで日中をつないでいくのが彼女らなのです。

布引けいが心惹かれるこの家の次男（栄治）は失恋も手伝ってか、あるとき中国に行ってしまいます。中国は反日の磁場でもありました。毛沢東など抗日戦線も闘っています。日本のインテリ青年たちは中国に魅せられていきます。中国に行くということは反日闘争に加わるということです。

一方で布引けいは日本の経済を支えていくような会社を経営しています。昔思いを寄せていた栄治であっても日本の利益を踏みにじるような者は敵になるわけです。彼が日本に帰国して自分に会いにきた際にひそかに警察に密告してしまいます。これは恋愛感情と、国家の利益が綱引しながら、それを一人の女性の内面を通して映し出していく演劇作品と言えます。

この作品には「誰が選んでくれたのでもない、自分で選んで歩きだした道ですもの」という布引けいの名台詞がありますが、その道は本当に自分で選んだ道なのでしょうか。選ばされてしまったのではないでしょうか。

この劇が長い間上演されてきた理由の一つは、この作品に日本の近代の女性の生き方が凝縮されているからです。この当時は、結婚も恋愛結婚はできず、家のために嫁いでいく。自分の人生や恋愛などは歯牙にもかけられず、家のために、自身の人生を代償にしながら生きていく女性像が『女の一生』では描かれています。

果たしてこの作品は戦意高揚劇になっているのでしょうか。むしろ反戦意識を持たされるのではないでしょうか。森本薫は戦意高揚劇という名目で、反戦の作品を書いたとも解釈できます。顔では従っていても、腹の底では別のことを考えている。面従腹背という言葉もありますが、そのような戦略がこの作品には含まれているのかもしれません。

なお、戦後の日中国交正常化のさいに、この作品が中国で上演されて、日中を結ぶ一つのかけ橋になりました。

5　戦後演劇の夜明け

千田是也、青山杉作、東野英治郎（水戸黄門で有名です）を中心としたメンバーが移動演劇隊の「芙蓉隊」から一九四四年に「俳優座」を創設しました。その頃、女優の東山《ひがしやま》千栄子《ちえこ》[*130]が伊豆に別荘を持っていました。芙蓉隊は移動演劇隊ですから、本来は戦争の劇をやらなければいけないのですが、彼らは東山千栄子の別荘で戦争協力せず、芝居の稽古に励んでいました。戦争が終わったら劇団をつくろうと目論んでいたのです。それが俳優座につながります。千田はこのとき、『近代俳優術』[*131]を執筆していました。

敗戦から四ヵ月後の一九四五年一二月に、彼らは『桜の園』を上演します。俳優座、文学座、東芸の合同公演でした。演出は青山杉作。主演は山本安英。千田是也も出演しています。有楽座で三日間上演され、大変な評判を得ました。敗戦後すぐの上演であり、これは考えてみれば異例の早さです。戦後日本の文化の復活としてこの作品は象徴的な公演になりました。文学や映画がまだ立ち直れないときにいち早く立ち上がったのが演劇だったからです。

＊130　東山千栄子　一八九〇～一九八〇。女優。三五歳のときに築地小劇場に参加し女優の道を歩き始める。内部分裂後は劇団築地小劇場に残留。その後千田是也らと俳優座を結成する。木下恵介、小津安二郎映画への出演でも知られる。

＊131　『近代俳優術』　千田是也による俳優演技の理論書。スタニスラフスキー・システムを背景に俳優の身振りや表情、発話について説かれる。

ただし問題もあります。戦後復興をしるすのに、何故チェーホフの『桜の園』だったのか。一九世紀の貴族階級の晩歌として受けとめられてきたこの作品は戦後の出発を記すのにふさわしかったか。

戦前は民主主義や社会主義を唱えていた演劇人たちは反戦の側で演じていましたが、戦時には戦争に加担するような演劇をしています。そして戦後になってまた民主主義を謳歌するような演劇を上演しました。果たしてここに一貫性はあるのでしょうか。

演技は消えてしまうものです。小説や詩は作品が残りますので戦争責任を問われます。『放浪記』で有名な林芙美子《はやしふみこ》*132は、従軍して好戦的な記事を書いていたために戦後咎められてしまいました。岸田國士は「戦犯」扱いされ、執筆禁止になりました。

しかし俳優の演技は消えてしまいますから、一向に非難されません。演技者にとっての転向とは何なのか。それが問われることなく戦後を迎えてしまったというのが演劇にとっての大きな問題だったと思います。

戦時中、久保栄は一切演劇活動に従事しませんでした。彼は演劇研究に勤んで、『小山内薫論』を書き上げる。それが彼にとっての抵抗でした。

他の演劇人たちはお金をもらって演技をして戦争に協力した。そのことを久保栄は厳しく追及し、強く批判し続けました。だがその厳しさは自分にも向けられ、一九五八年(昭和三三)、自ら命を断ちました。久保栄という演劇人には、戦前—戦中—戦後を生きた演劇人のある種の典型を見ることができます。その苦渋は戦後、どれだけ引き継がれたのでしょうか。

*132 林芙美子 一九〇三〜五一。小説家・ジャーナリスト。自伝的小説『放浪記』は森光子主演で舞台化され四〇年以上ロングラン上演されたことでも知られる。

第三部

戦後演劇の葛藤

第十章

戦後演劇——木下順二と千田是也

1　新劇パラダイム

一九二四年（大正一三）に「築地小劇場」が誕生して以降、そこにはさまざまな研究生たちが集まってきました。千田是也、山本安英、田村秋子、杉村春子、滝沢修らで、彼らは戦後になると、新劇界のリーダーとして仕事を始め、劇団の指導的存在になっていきました。文学座の杉村春子、俳優座の千田是也、民藝の滝沢修、ぶどうの会の山本安英らです。彼ら彼女らの人格と演劇活動が、新劇のイメージを決定づけたといっても過言ではないでしょう。

ところで敗戦や終戦とは何だったのでしょうか。敗戦によって国民はすべて打ちひしがれてしまったのでしょうか。戦時下にあって抑圧されていた日本の民衆は、戦争に向かう重苦しい時代から、敗戦によって解放された一面もあったと思います。国家は負けたが、民衆のレベルでは解放されたのではないか。

敗戦から四ヵ月後には『桜の園』が合同公演として上演されました。演劇はとても回復が早かった。実は戦争に負けることは演劇人の中では自明のことでした。演劇だけでなく文化人は皆、敗色濃厚だと思っていました。このまま日本がアメリカやヨーロッパの連合軍に勝てるわけがない。なので、敗戦後にどのように次の動きをつくっていくのかをすでに戦中に模索していたのだと思います。俳優座の誕生も戦中の真っただ中の一九四四年でした。

芸術家は国家に対して別の考えを持っている人が多い。戦中にはもう、敗戦の後のことを考えていました。日本の民衆も、外地からの引き揚げ問題や広島、長崎の原爆被害、戦場となった沖縄の戦跡など悲惨の面は多々あったものの、敗戦をポジティブに捉えた人も少なくなかったと思われます。いつまでも頭を垂れずにすぐに気分を転換していきます。

千田是也が中心となった俳優座、宇野重吉が中心となった「民藝」（前身の第一次民藝は敗戦後の五年間にすでに活動していて、民藝の名になるのが一九五〇年です）、杉村春子が中心になった文学座は一九三七年（昭和一二）に創設されています。村山知義は新協劇団の再生を経て、中心になった「東京芸術座」を一九五九年（昭和三四）に旗揚げしました。

文芸評論家の奥野健男《おくのたけお》[*1]は新劇をこう定義づけています。

「新劇と言えば、戦前の築地小劇場以来、真面目で重厚な進歩的演劇とされてきた。革命思想のアジテイションか、西洋の古典の重々しい翻訳劇か、リアリズム万能の深刻な芝

＊1　奥野健男
一九二六〜一九九七。文芸評論家。著書に『太宰治論』、『坂口安吾』、『〝間〟の構造』など。

居か、芸術至上主義的な高踏劇か、あるいは新派改良のメロドラマかであった。根本的に啓蒙的、進歩的であり、観客は教養のため、時代思潮を知るため、うやうやしく観に行く。つまり岩波文庫的な存在であったのだ」（「真田風雲録」解説）

このように新劇と呼ばれているものは、ある一つの枠組み（パラダイム）をつくっていました。そのことへの反発が一九六〇年代以降のアンダーグラウンド・小劇場運動の動力源となっていきます。新劇の重厚さに対して軽さ、新劇よりもさらに進歩的で革命的であること、翻訳劇ではなく創作劇、リアリズムに対してアンチ・リアリズム、もしくは前衛的手法、教養主義に対して娯楽性もとり入れた知的な演劇。そして岩波文庫的ではなく視聴覚を含んだ大衆文化的なものをめざしました。

新劇をこうして規定してみると、どうも息苦しいものにみられかねないのですが、他方で、新劇は戦後民主主義、進歩思想の推進者の役割も担っていました。実際に、イデオロギー的には社会党、共産党など革新勢力にシンパシーを持っていたのが新劇です。観客の支持層もそうした知識人層が中核になっていました。

2　新劇運動とは

戦後は翻訳劇よりも創作劇が盛んになり、新しい劇作家が生まれていきます。その中で、木下順二が戦後最初の劇作家と言われていますが、他にも『竹取物語』を素材にした『なよたけ』で知られる加藤道夫《かとうみちお》＊2。『キティ颱風』の福田恆存《ふくだつねあり》＊3。長崎の原爆を扱った『マリアの首』の田中千禾夫。「劇作」という岸田國士がつくった同人雑誌のメンバーだった内

＊2　加藤道夫
一九一八〜五三。劇作家・翻訳家。代表作に『なよたけ』『思い出を売る男』など。ジロドゥやアヌイなどの翻訳も手掛けた。

＊3　福田恆存
一九一二〜九四。劇作家・演出家・評論家。戯曲『キティ颱風』、評論『人間・この劇的なるもの』、シェイクスピアの翻訳などでも知られる。文学座、劇団雲を経て、劇団昴を結成した。

村直也らです。

また、飯沢匡《いいざわただす》*4は日本で最初の喜劇作家として知られています。NHKの子供向け人形劇「ブーフーウー」の脚本を書きました。飯沢匡は『武器としての笑い』という評論を書いていますが、笑いを文化として考えるとき、くすっとした笑いが一番皮肉が効いていて政治風刺になっている、と笑いを本格的に研究した第一人者です。飯沢匡はNHKの劇団にも関わっており、その教え子の一人が黒柳徹子です。彼女は飯沢匡の晩年の作品に光を与えました。

以上の劇作家たちの創作劇が進歩的演劇を支えていくのです。

演技の方法としてはリアリズムが要になっていました。リアリズム演劇を支えていたのは、スタニスラフスキー・システム*5です。彼が『俳優修業』（現『俳優の仕事』）という本を出して、これが新劇の演技のバイブルになりました。この演技術が一九三〇年代以降演技の基礎をつくりました。

その「モスクワ芸術座」が一九五八年（昭和三三）に初来日します（このときスタニスラフスキーはすでに亡くなっていました）。新劇人はこぞって観に行き、これが本物のリアリズム演劇かと納得しました。モスクワ芸術座の俳優は、悲しいシーンでは舞台の上で本当に泣いたのです。当時の日本の俳優はこれが衝撃でした。俳優が舞台の上で役になり切って、役の感情を生きて、涙を流す。当時の俳優たちはこのモスクワ芸術座の舞台に大変感銘を受けたというエピソードが残っています。

小山内薫も土方与志も、モスクワ芸術座で演劇に目覚め、それを築地小劇場で実現しようとしました。それが一九二四年から三〇年間以上ずっと底流にあって、俳優たちには演

*4　飯沢匡
一九〇九〜九四。劇作家・放送作家。戦前テアトル・コメディに参加。舞台、ラジオドラマ、NHK子ども向け番組の脚本などを手がけた。

*5　スタニスラフスキー・システム
世界の演劇人に影響を与えた俳優訓練法。心理学などを背景にした実践的な方法論を提示し、外面的な誇張を排して「役を生きる」ことを重視する手法はリアリズム演劇の基礎となった。

技の伝統が受け継がれていったのです。

また芸術的主張とは別に、経済的にどのように劇団を成り立たせるかという問題がありました。どのように興行収入で劇団を維持し、俳優の生活を成り立たせていけるか。こういうことに新劇は頭を悩ませ模索してきました。

そのとき考えられたのが、観客という支持者の組織化です。実際には団体の観客をいかに確保するかということです。その観客組織が「労演」です。勤労者演劇協議会[*6]の略称です。

千田是也を中心にして、労演をいろいろな都市につくりました。例えば一つの都市で千人の会員がいれば、東京から俳優座がきたときに、二日間公演で、一晩の公演を一〇〇万円で買い五〇〇人のチケット代で充当するわけです。会員が増えれば、チケットの価格は安価に抑えられ、劇団側にとっても安定した収入につながります。こうして各地方で観客組織をつくって東京の劇団を迎え入れようとしました。

労演は労働者のための観客組織です。教師や工場の労働者などの階層で組織されていました。ですので、労働運動が盛んな時代は会員がどんどん増えていくわけです。例えば、一〇〇〇人の会員が一五〇〇人に拡大すれば次は三ステージできるわけで、新劇団の経済的基盤に貢献できるわけです。

観客を拡大することは選挙につながります。労演は社会党・共産党などによる革新系の組織です。社共の票が伸びるのと同時に、観客の会員も増えて、それが東京の新劇団に還元される。演劇運動は政治運動と確実にリンクしていました。一九五〇年代は政治運動と連動する形で演劇の運動は動いていたのです。

＊6　勤労者演劇協議会
通称・労演。勤労者の団体が組織した演劇鑑賞団体。戦後の新劇公演を支える大きな動員力を誇った。

そのような観客に満足してもらうためには、面白くて為になる芝居でなければいけません。小難しくてわかりにくい芝居は避けられ、単純なヒューマニズムだけでも駄目。進歩的なテーマでかつ観客に問題意識を届けるような芝居でないと受け容れてもらえないのです。

一九八〇年代に労演は演劇鑑賞会と名前を変えました。一九八七年、日本で最大の労働組合を組織していた国鉄が、中曾根政権時に分割民営化されてJRになりました。これを機に多くの労働組合は切り崩され、衰退していきました。八〇年代半ば以降、演劇鑑賞会は社共を基盤とした政治的な運動から切り離されて、純粋に演劇を楽しみで観る観客の組織に模様替えしていきました。

そうなると政治色、問題意識が薄れていきます。新劇運動は政治的に先鋭的なものが中心でしたが、徐々に変質して娯楽的なものに変わっていきます。こうして新劇運動は少しずつに後退していきました。

3　木下順二

木下順二《きのしたじゅんじ》*7はもともと東京帝大の英文科でシェイクスピアの研究をしていました。当時、木下の師でありシェイクスピアを翻訳していた中野好夫《なかのよしお》*8は、木下にある本を紹介しました。これを元に戯曲作品を書いてみないか、と。それは民話の『鶴の恩返し』でした。これを現代風に書き直したのが『夕鶴』という作品です。これは一九四九年（昭和二四）に初演され、その後世界各国に翻訳された、日本の戦後文学の名作の一つになりました。

＊7　木下順二
一九一四～二〇〇六。戦後を代表する劇作家の一人。山本安英らとぶどうの会を設立し、また劇団民藝などにも作品を提供した。代表作に『夕鶴』『オットーと呼ばれる日本人』『子午線の祀り』など。

＊8　中野好夫
一九〇三～一九八五。英文学者、翻訳家。東京大学教授。シェイクスピアやモームの研究で知られる。文芸春秋に発表した「もはや『戦後』ではない」というフレーズは当時の経済白書にも取り上げられ流行語にもなった。

この作品を上演するために、木下順二は俳優の山本安英と組み、「ぶどうの会」*9を結成します。そこに演出家として岡倉士朗《おかくらしろう》*10、翻訳家の山田肇《やまだはじめ》*11たちが集まってきて、劇団ではなく、一つのユニットを立ち上げました。俳優の演技としてはスタニスラフスキー・システムを実践しました。

一羽の鶴が心ない人間に矢で打たれたところを農民の与ひょうが助けて矢を抜いてあげました。ある夜、一人の女性（つう。実は先ほど助けた鶴です）が与ひょうのところに訪ねてきて、あなたの女房にしてくれと申し出ます。この美しい女性を家に招き入れて二人は楽しく暮らし始めます。

つうはあるとき、感謝の意をこめて自分の羽を抜いて美しい織物をつくって、与ひょうに渡します。与ひょうは喜んで街で皆に見せびらかしていたら、これが売れてしまい、お金に変わりました。お前の織ってくれたあの織物が高く売れたよ、と報告します。ところが、つうはお金がどのような価値をもつのかわかりません。鶴ですから、貨幣の交換価値がわからないのです。与ひょうは日本社会の住人ですから、お金さえあればいろいろなものが買えることを知っています。

与ひょうの周りには惣どと運ずという悪い二人組がいます。惣どは庄屋、運ずは運び屋のような仕事をしている者です。お前の女房は働き者で、美しい織物を織るのだから、もっとつうにつくらせろとけしかけてくる。

つうは自分の羽根を使って織物をつくっているので、徐々にやせ細っていきます。これ以上織っては自分の命が危なくなるギリギリのところで二本織って、それを与ひょうに差し出します。そのときつうは一つだけ与ひょうに禁じ手を与えます。自分が織物を織って

*9　ぶどうの会
一九四七年に結成。山本安英、木下順二、岡倉士朗、山田肇らを中心に若手の俳優を育成しながら活動した演劇集団。木下作・山本主演の『夕鶴』の上演などで知られる。六四年に解散。

*10　岡倉士朗
一九〇九〜五九。演出家。新築地劇団に参加し、土方与志に師事。『土』『綴方教室』などを演出。戦後は劇団民藝、ぶどうの会の演出家として活躍した。

*11　山田肇
一九〇七〜一九九三。演劇学者。スタニスラフスキーの翻訳家としても知られる。長年に渡り明治大学文学部で教鞭を取った。

いる間、絶対に中を覗いてはいけない、と。ところが惣どと運ずの二人にけしかけられた与ひょうはどうしても好奇心が優って、あるとき中を覗いてしまいます。そして発見します。つうがいなくて、鶴が機を織っていることを。頭の良い人ならそのときにつうが鶴だとわかるのでしょうけれど、与ひょうは鈍重な善人だったので、つうがいないと外に探しに出かけます。結局見つからずに倒れているところに、機を織り終わったつうがきて、与ひょうを家に連れて帰ります。

ラストシーン、つうが人里から飛び去っていきます。子どもたちが鶴が空を飛んでいくのを発見する。哀切極まる別れです。おとぎ話のようでメルヘン的で不思議な作品と言えます。ただ、お金の話をしたときつうは、お金って何？ なんであの人たちはお金を欲しがるの。こういう言葉を聞くと現代の寓意劇としても十分成り立つと思います。山本安英はこの作品で一〇三七回つうを演じ続けました。

この出世作をはじめ木下順二は『三年寝太郎』や『彦市ばなし』といった民話劇、日本を扱う歴史劇も書きました。出征前に書き上げた処女作『風浪』では幕末から明治にかけての士族の反乱を描きました。思想劇として、『山脈《やまなみ》』や『オットーと呼ばれる日本人』という作品もあります。これはゾルゲ事件を扱った二重スパイの話です。

『沖縄』という、まさに返還前の沖縄を舞台にした作品もあります。ただしこのときは木下順二は一度も沖縄に取材に行きませんでした。当時大江健三郎《おおえけんざぶろう》*12の『沖縄ノート』というノンフィクション作品が話題になりました。大江健三郎は沖縄の人たちを徹底的に取材してまとめたルポタージュです。しかし木下順二は一切沖縄を訪れず、本を読み資料を洗い出す、徹底した方法を貫いて書きました。

*12 大江健三郎
一九三五〜二〇二三。小説家。実存主義の影響を受けた戦後作家として登場し『飼育』で芥川賞受賞。ほかに『個人的な体験』、『沖縄ノート』など。九四年にノーベル文学賞受賞。

木下順二は日本語の研究者でもありました。シェイクスピアを勉強し、どのように日本語に翻訳できるか考えていました。そして日本語のベースは「平家物語」にあること行き着きます。その「平家物語」を元に源平合戦を描いた様式劇が『子午線の祀り』です。この劇は、壇ノ浦の合戦で潮の流れを読んだ源氏が平家を滅ぼしたという話です。自然の流れの中で戦いの決着がつく。人間の闘争を宇宙的な視野で描いたとき、歴史を動かしているのは自然の摂理であり、偶然性だと結論づけるのです。

木下順二は「群読」というスタイルを編み出しました。一〇人や二〇人が階段に並んで立ち、一斉に朗読する。このような一種の朗誦の実践を群読と称しました。この舞台は能役者、狂言役者、歌舞伎役者、新劇の俳優が出演しました。初演では主役の平知盛を狂言の第一人者である野村万作が演じています。各ジャンルの役者が揃って出演するというのもこの劇の見所になっています。日本の演劇はさまざまなジャンルがあるのが一つの特徴ですが、各ジャンルを一つの舞台に統合することで日本演劇の結集点をつくろうとした野心的な試みとも言えます。

初演は一九七九年（昭和五四）。アングラ・小劇場運動が華やかなりし頃に新劇の巨匠がこのような様式的な演劇をぶつけてきたことも話題になりました。これは木下順二の事実上最後の作品と言えます。

劇作家は一般的に短命と言われています。劇作家は一本一本の作品にエネルギーを注ぎます。書いた言葉が、俳優によって生き生きとした言葉に成り変わらないといけない。俳優が語るに足る言葉を書くというのは、つうが身を削っていくように、言葉を体から絞り出していくことです。これが劇作家の行為と言えるでしょう。その後木下順二はエッセイなどの仕事は手がけていますが、大作の劇は書かなくなりました。

「ドラマツルギーは思想である」という言葉を木下順二は残しています。木下のドラマ観にはギリシア悲劇が根底に据えられます。自己の境遇の発見は運命の悲劇に通じる。積み上げられた論理の果てに人間の生き方が浮かび上がってくるのです。

最後の『子午線の祀り』では人間がどんなに精緻に論理を組み立てても、潮の満ち引きという自然現象に、いともたやすく乗り越えられてしまう。自然のもっている無常観、不条理に最終的に行き着いてしまった。人知を超えた自然の驚異が人間の運命を決する。木下はこうした宇宙論的思考にたどり着きました。木下順二は、最終的に自分自身の作品を書き上げた。それはとりも直さず、彼自身の人生観そのものにたどり着いてしまったのではないかと思います。

4 千田是也

千田是也は戦中に俳優座を創設し『近代俳優術』を執筆しました。戦後の演劇のために理論武装をしていたのです。

この時期の演劇人の中には研究熱心で語学が堪能な者が少なくありませんでした。千田是也は一九二〇年代にドイツのベルリンに留学しています。そのとき観たのが、まだ無名だったベルトルト・ブレヒト[*13]の『三文オペラ』でした。この作品に魅了された千田は、日本に帰国したら真っ先に上演しようと考えます。しかしまだ本も出版されていない。そこで彼は、舞台を観た記憶を頼りに台本を起こしていきます。そして一九三二年(昭和七)

＊13　ベルトルト・ブレヒト　一八九八〜一九五六。ドイツの劇作家・演出家。非アリストテレス的な演劇論「叙事演劇」を唱えて自身の劇団ベルリーナ・アンサンブルを主宰した。代表作に『三文オペラ』『肝っ玉おっ母とその子供たち』『ガリレイの生涯』など多数。

にテス（東京演劇集団）という劇団を起ち上げ、『乞食芝居』という題名に変えて上演しました。今ならきっとDVDを手に入れたりしますが、一〇〇年前の人たちは膨大なメモと自分の記憶だけを頼りに台本を書き上げたのです。

彼はブレヒトという作家を発見し、戦後になってブレヒトを軸に演劇論を展開していきます。戦後、俳優座を本格的に始動させ、演出家として活動していきますが、シェイクスピアやチェーホフ、さまざまな外国の作家たちの作品を上演したり、日本の作家たちも育てていきます。

代表的なのは田中千禾夫です。彼は岸田國士の弟子でしたが、文学座から戦後離れて、千田是也の俳優座で共同作業していきます。また、千田は小説家の安部公房に戯曲を書かせました。他にも小説家の野間宏《のまひろし》*14、椎名麟三《しいなりんぞう》*15など当時の若手作家たちをも集めていました。若き日の福田善之を後押し出したのも千田です。『真田風雲録』（一九六三）は新劇合同公演で上演されたもので、千田演出による記念碑的舞台になりました。

この頃の千田是也は演劇界を牽引する存在でした。その彼が最初の事業として手がけたのが、劇場をつくることでした。

一九五四年に六本木に俳優座劇場を創設します。一つの劇団が自前で劇場を作る。築地小劇場が土方与志の個人的な資金で作られたのを間近で見ていた千田は、戦後になって俳優座のメンバーと劇場を立ち上げていきます。この当時の俳優座の劇団員は映画にたくさん出演していました。小沢栄太郎《おざわえいたろう》*16、東野英治郎《とうのえいじろう》*17、東山千栄子らの出演料をプールして、劇場建設の資金に当てました。一九五〇年代の日本映画には俳優座の俳優たちが多く出演しています。この涙ぐましい苦労話は「俳優座貧乏物語」と言われました。

*14　野間宏
一九一五～一九九一。小説家。部落問題と向き合ったことでも知られる。代表作に『暗い絵』、『真空地帯』、『青春の環』など。

*15　椎名麟三
一九一一～一九七三。小説家。実存主義の作家として登場し後にキリスト教に入信。代表作に『深夜の酒宴』、『愛と死の谷間』、『自由の彼方で』など。

*16　小沢栄太郎
一九〇九～一九八八。俳優。新協劇団を経て戦後は俳優座に参加し劇団の中心的な俳優の一人となるが後に千田と対立し退団。映画でも幅広く活躍し山崎豊子作品での仇敵や忠臣蔵での吉良役などで存在感を示した。

*17　東野英治郎
一九〇七～一九九四。新築地劇

この劇場では数々の名作が上演され、新劇運動の拠点になったばかりでなく、俳優座俳優養成所という学校も併設されました。ここから続々と名優たちが誕生していきます。栗原小巻、加藤剛、岩崎加根子などの名優たちを育てた演劇界の養成所の超エリート学校です。

若手の翻訳家たちも育てました。ドイツ演劇の岩淵達治《いわぶちたつじ》*18、加藤衛《かとうまもる》*19、フランス演劇の渡辺淳《わたなべじゅん》*20や利光哲夫《としみつてつお》*21、ロシア演劇の中本信幸《なかもとのぶゆき》*22。当時の若手の研究者たちを集めて勉強会を開き、彼らに翻訳の仕事を与え、育てました。

このように育成機関として千田是也は大きな功績を残しました。他にもブレヒト全集の翻訳もしました。

千田是也は一九六〇年代に俳優座養成所を閉めて、桐朋学園芸術短期大学に演劇専攻をつくりました。これは安部公房が持ってきた話ですが、田中千禾夫らも加えてそうそうたる教授陣を揃えました。しかし、俳優座養成所で一五年間多くの名優を育ててきましたが、その後短大に移行してからは、大物俳優が育たなくなりました。もちろん永井愛、シライケイタなど逸材は出ていますが、かつてのような大物俳優がこぞって輩出するような学校ではなくなってしまいました。

演技の実技は大学教育で教えられるのだろうか。一種の私塾のようなところでの師弟関係があって、俳優という芸術家が生まれてくるのではないか。その後の演劇教育にとって、大きな問題を投げかけました。

千田是也は戦後演劇の巨人であり、ありとあらゆる団体の長に就きました。前衛的な俳優として出発した彼は、戦後になってブレヒトを日本に紹介し、その後、リアリズムと前

団を経て戦後は俳優座に参加。黒澤明、小津安二郎など数多くの映画に出演し名脇役と呼ばれたほか、TBSの『水戸黄門』で水戸光圀を一四年間演じお茶の間にも親しまれた。

＊18　岩淵達治
一九二七〜二〇一三。ドイツ文学者。ブレヒト戯曲の翻訳で知られる。著書に『ブレヒト』、『ブレヒトと戦後演劇　私の60年』など。

＊19　加藤衛
一九一四〜一九九二。ドイツ文学者。アマチュア演劇の発展に力を注いだ。著書に『演劇の本質』、『モノローク　ひとりごと15年』など。

＊20　渡辺淳
一九二二〜二〇二一。フランス文学者。映画・演劇評論家。著書に『現代演劇のゆくえ』、『映画と文学の間』など。

衛主義を結びつけるように幅を拡げました。

ただ新劇は一九六〇年前半をピークに、その後に登場した後続世代たちによって、千田は打倒の対象となり、標的になりました。築地小劇場時代、前衛派として出発した彼も、半世紀近く経つと、もはや後衛に位置していたのです。ロシア・アヴァンギャルドやドイツ表現主義に傾倒した彼は、戦後フランスを中心に展開された不条理劇にあまり理解を示さず、そこから派生してくる六〇年代の前衛には、いささか否定的でした。アングラに一定の理解を示しましたが、晩年はむしろリアリズムに回帰した感があります。母体だった俳優座も演劇界の中心から外れ、それと共に、千田是也も演劇界から存在が薄くなりました。

晩年の千田は俳優座以外での演出が増え、必ずしも恵まれた晩年ではなかったかもしれません。ただ演出家としては膨大な文章を残し、それらは『千田是也演劇論集』全八巻（未来社）にまとめ、演出家としての巨大なモデルをつくったと言えるでしょう。

＊21　利光哲夫
一九三三〜二〇〇三。演劇評論家・翻訳家。イヨネスコ、アラバールの翻訳のほか、演劇雑誌テアトロの編集長を務めた。著書に『反＝演劇の回路』などがある。

＊22　中本信幸
一九三二〜。演劇評論家・ロシア文学研究家。著書に『チェーホフのなかの日本』など。

旧俳優座劇場

第十一章

新劇からの過渡期——安部公房、三島由紀夫

1　戦後思想と芸術

「戦後」をどのように考えるのか、これはなかなかの難問です。戦後の日本はＧＨＱの支配下にあり、体のいい米国の植民地でした。その中にあって日本は戦後、独立をめざしていくわけですが、世界的にみると二つの大きな潮流がありました。

一つは実存主義[*23]という思想です。その代表格はジャン＝ポール・サルトル[*24]です。彼は「文学者は行動する」と主張した作家です。サルトルは小説も書き戯曲も書きましたが、一番有名なのは哲学者としての存在ではないかと思います。作家や芸術家も社会という現

＊23　実存主義
人間の実存を中心に考える哲学。実存とは現実存在の意。本質主義・合理主義に対抗する学問。キルケゴール・ニーチェにはじまり、戦後サルトルによって世界的に広まった。

＊24　ジャン＝ポール・サルトル
一九〇五〜八〇。フランスの哲学者・小説家・劇作家。実

実の中に参加し、行動していこうというポジティブな考え方を示しました。そこで「実存」がキーワードになります。自らが身体を持ってこの場にいることから出発するのです。

それに対して世界への虚無的な態度が不条理の思想です。世界は偶然性やでたらめで成立している、それを修復しようと思っても虚しいという考え方です。その代表格はアルベール・カミュ[*25]です。彼はアルジェリア出身のフランス人で、小説家であり、哲学的エッセイも書きましたが、案外知られていないのが、戯曲を書き、演劇活動に従事していたことです。

この「不条理」という言葉は演劇に大きな影響を与えました。サルトルも実存主義的な戯曲を書きましたが、戦後演劇の中で大きな影響力を持ったのは不条理演劇の側です。

不条理はabsurd、とるにたらない、つじつまが合わない、というようなごく日常的な言葉です。しかし日本語で「不条理」と訳されたことで、この言葉は高邁な、深遠な思想を指す言葉になりました。ここから不条理の演劇という一つのジャンルが生まれたのです。その立役者がサミュエル・ベケット[*26]です。彼はもともとアイルランド出身で、英語で小説を書いていましたが、その後パリに渡って、英語とフランス語の二ヵ国語を使って文章を書きました。その意味ではマルチリンガルの新しいタイプの作家です。

ベケットの代表作『ゴドーを待ちながら』は一九四九年に書かれ、初演は一九五三年、パリのバビロン座でした。これが後に大ヒットして、戦後の演劇の風景を一変させました。この作品と似たような傾向を持った作家たちがその後登場してきます。例えばルーマニア系フランス人ウジェーヌ・イヨネスコ[*27]、あるいはスペイン系のフェルナンド・アラバール[*28]。彼らは生粋のフランス人ではなく、外国人あるいは海外領土の出身です。そのような「よ

存主義の哲学者として知られる。主な著作に小説『嘔吐』、哲学書『存在と無』、戯曲『蝿』など。

＊25　アルベール・カミュ　一九一三〜六〇。フランスの小説家・劇作家。不条理作家として知られる。代表作に『異邦人』『カリギュラ』『ペスト』など。

＊26　サミュエル・ベケット　一九〇六〜八九。アイルランド出身の劇作家・演出家・小説家。代表作『ゴドーを待ちながら』は不条理演劇のみならず二〇世紀演劇を代表する重要な戯曲として位置づけられる。他にも『名づけえぬもの』『モロイ』『マロウンは死ぬ』など小説の執筆も多い。

＊27　ウジェーヌ・イヨネスコ　一九〇九〜九四。ルーマニア出身。フランスで不条理演劇

その」がパリにきて、新しい形式の戯曲を書き、パリを舞台に活躍していったのです。『ゴドーを待ちながら』という作品は、なぜそれほど世界を震撼させたのでしょうか。

主人公の二人の浮浪者がいます。舞台中央にはひょろっとした木が一本あって、二人はその横に佇みながらああだこうだと言っています。何をしているのかというとゴドーという人を待っている、というのです。ゴドーとは一体何者なのか。結局この劇にゴドーは登場しません。この二人は待ったまま、その目的はずっと解決しません。これまで演劇を観てきた観客にとっては、狐につままれたような感じだったのではないかと思います。従来の演劇では、ゴドーを待っているというと、必ずゴドーが登場して何らかの解決を与えてくれます。それまでの劇では課題と解決というものがありました。しかしこの劇では目的と結果が合致しない。とどのつまり、ゴドーはやってこないのです。

ではゴドーとは何者なのか。ベケットは「それを知っていたら劇の中に書いている」と言っています。作者自身もわからない存在、それがゴドーなのです。

しかし、ゴドーの綴りはフランス語でGoddot、つまり神Godが含まれています。ここから神が到来しない、待てど暮らせど神はこないという解釈が生まれました。これは戦後のヨーロッパの風景と符合していました。巨大な戦争を経た人類は、もはや神が救済にやってくるという希望を持てない。神から見捨てられてしまった。そのような当てどもない廃墟の中に投げ出された人間を描いたのがこの作品だというわけです。こうした状況から「不条理」という言葉に行き着きました。

一方、アルベール・カミュには『異邦人』(一九四二)という有名な小説があります。ムルソーという青年がなんの理由もなくアラブ人を殺害してしまう。確かに彼は心がすさん

の劇作家として活動した。代表作に『椅子』『授業』『禿の女歌手』など。

＊28　フェルナンド・アラバール　一九三二〜。スペイン領モロッコ出身の劇作家・演出家。代表作に『戦場のピクニック』『建築家とアッシリア皇帝』など。

でいた。なぜなら前日に母親が亡くなって心に空白があったからです。そこで出会ったアラブ人を殺してしまう。

主人公は裁判官に何の罪もないアラブ人をなぜ殺してしまったのかと問われて、彼はひと言こう答えます。「太陽が眩しかったから」と。この言葉は当時いろいろな人が呟いたり、芝居のセリフにも引用されました。しかし太陽が眩しいから人を殺すというのは、理由として直接つながりません。これは現在でいえば、理由なき殺人、猟奇的な殺人です。それを一番初めに書いた小説がカミュの『異邦人』だったわけです。

人間のやっている行為には理由がない。偶然的である。たまたま人間はそこに投げ出されて生きているに過ぎない。そのような人生観、哲学観、世界観の総称が戦後に生まれてきた「不条理」と言えます。その背景には第二次世界大戦が色濃く読み込まれています。

アドルノ[*29]というドイツの哲学者が戦後このように言っています。「アウシュヴィッツ以後に詩を書くことは野蛮だ」。これはアウシュヴィッツ以後に美しい詩を書くことはもう不可能ではないかということです。なぜなら人類はユダヤ人を大量虐殺した。人間の歴史の中でこれだけの虐殺はなかった。それを第二次世界大戦で起こしてしまった。そのような人間が持っている罪深さをどのように償えばよいのか。一九四五年以後の人類には、そうした課題を背負わされたのです。

日本の場合は、原爆体験をどう考えるかに置き換えることができます。二つの原爆が広島と長崎に落とされ、米国によって大量の殺人が行なわれました。そのために日本は戦争の被害国になってしまいました。しかしここには非常にねじれた問題が生じます。それは二つの原爆のせいです。

＊29　テオドール・アドルノ　一九〇三〜六九。ドイツの哲学者・社会学者。ナチスに追われアメリカに亡命。著書に『権威主義的パーソナリティ』『否定弁証法』など。

果たして日本は被害国なのでしょうか。一九三一年から四五年までの一五年間、アジアで侵略者として戦争を行なってきたのが日本です。しかし一九四五年八月六日、八月九日に落とされた二つの原爆によって、加害国としての日本が忘れ去られて、被害国としての側面が強調されるようになりました。

戦争には勝者がいません。敗者だけがあります。被害を受けたことは間違いないのですが、国家としての犯罪を考えると日本は加害国です。しかし加害の意識はあまり引き継がれずに現在に至っています。

このような状況を背負ってどのように活動すればよいか、これが戦後に活動を始めた作家たちの責務となりました。

例えば安部《あべ》公房《こうぼう》*30という作家。彼は一九二四年三月に生まれていますので、終戦のときは二一歳です。あるいは三島由紀夫は一九二五年の生まれです。

この二人は二〇歳前後で終戦を迎えました。そこから作家活動を始めていきます。

これはかなり象徴的な問題を背負っていると言えます。

2　安部公房

安部公房は一九二四年に東京に生まれ、翌年満州、現在の中国東北部の奉天に移住します。四三年、一九歳のときに東京帝国大学の医学部に入学するために帰国しますが、翌年また満州に戻ってしまいます。後々の安部公房の作品にはこの満州育ちということが非常に色濃く投影されていきます。

*30　安部公房
一九二四〜九三。日本の戦後文学を代表する小説家の一人で実験精神あふれる作品を次々と発表した。『壁—S・カルマ氏の犯罪』で芥川賞。劇作家・演出家としても活動。「安部公房スタジオ」を立ち上げて俳優の養成にも取り組んだ。代表作に『砂の女』『友達』など。

彼の有名な小説『砂の女』（一九六二）は、岸田今日子の主演で映画化され世界的にヒットしました。この作品で安部公房という作家の名は世界に知られたといっても過言ではありません。ここで出てくる砂、あるいは砂漠、これらが彼の作品の中に頻出してきます。

安部公房は終戦後引き揚げ船で帰国して医学部に復学しますが、ほどなく医学を捨てて文学活動に邁進します。そのきっかけになったのが一九四八年に出会った人たちです。文芸評論家の花田清輝《はなだきよてる》*31、美術家の岡本太郎《おかもとたろう》*32、小説家の埴谷雄高《はにやゆたか》*33と野間宏。このメンバーは「夜の会」を結成し、そこに若い安部公房が参加しました。そこで安部は医学の道を捨てて小説の方に転じます。

一九五一年に、小説『壁―S・カルマ氏の犯罪』で芥川賞を受賞し、小説家として順調にデビューします。同時期に日本共産党に入党（後に脱退）します。この『壁』は非常に奇妙な小説です。日本の小説の伝統は私小説です。自分の私生活とその延長の人間関係を描く。これが日本の私小説の伝統です。ところが安部公房の小説はそういうことが括弧に入れられてしまう。文体も抽象的で無機質、ねちねちとした日本風の湿潤な文体ではない。とても乾いた文体です。

彼が作家としてデビューしたときに無国籍的であるとか、非日本的であるとよく言われました。そこには安部が砂漠を背景に育ってきたということがあるのかもしれません。あるいは「日本のカフカ」と言われたこともあります（彼自身はカフカになぞらえられるのは好まなかったようです）。ちなみにその後「日本のカフカ」と呼ばれたのは村上春樹《むらかみはるき》*34です。村上春樹も私小説の伝統から切れていると言われました。この二人の共通項がカフカです。カフカという人は、カミュと並んで不条理の作家の代表的な一人です。そして、安部公

*31　花田清輝
一九〇九～一九七四。作家・評論家。前衛芸術運動を推進した。著書に『アヴァンギャルド芸術』、『近代の超克』、戯曲に『泥棒論語』などがある。

*32　岡本太郎
一九一一～一九九六。芸術家。在欧中にピカソの影響を受ける。花田清輝らと「夜の会」を結成し前衛美術運動を推進。その活動は絵画、彫刻に留まらずジャンルを超え、七〇年の大阪万博では「太陽の塔」をデザインし話題になった。

*33　埴谷雄高
一九〇九～一九九七。小説家・思想家。「近代文学」を創刊し長編小説『死霊』を連載。他に『闇のなかの黒い馬』などで知られる。

房はカフカやカミュの系列に並べられて日本で受容された最初の作家です。

安部は一九五一年に『闖入者』という小説を書き、これは後に『友達』として劇化されました。闖入者というのはある家に勝手に入ってくる、得体の知れないいわくありげな人物です。カフカの作品にもそういう傾向があります。例えば『変身』という小説。ある朝、目が覚めたら自分の体が毒虫になっていた。このように得体の知れない物体に成り代わってしまうところがカフカと安部公房の共通項としてあります。

安部はまた戯曲も書き始めます。「劇団青俳」に『制服』を書き下ろし、老舗の劇団である「俳優座」から依頼されて『どれい狩り』『幽霊はここにいる』などを書きます。彼の代表作が続々と舞台化されていくのが一九五〇~六〇年代です。『棒になった男』が戯曲化されるのは一九六九年です。もともとラジオドラマとして書いたものを後に戯曲化し、舞台化しました。人間があるとき棒になってしまう。それを人間が演じます。凍りつく、固まるという比喩としての「棒」です。『幽霊はここにいる』では幽霊が出てきたり、『どれい狩り』ではウェーという得体の知れない登場人物が現れます。このように普通ではありえない事態、つまり不条理を舞台化していきます。

そこで一九六七年に『友達』という代表作が書かれました。ある青年がアパートで一人暮らしをしている。そこにある一家がやってきて、あなたは一人で寂しい孤独な人生を送っているから、私たちが家族になってあげましょうと、善意の家族として入り込んできます。しかし青年は一人暮らしに満足していると断るのですが、半ば強引に家族が入ってきて、いわゆる家族ごっこのようなものが始まっていきます。そして青年のアパートがこの九人家族(祖父、父、母、長男、次男、三男、長女、次女、幼子の三女)に徐々に乗っ取られ、

＊34　村上春樹　一九四九~。小説家。国内外で高い人気を誇る現代を代表する作家の一人。代表作に『ノルウェイの森』、『ねじまき鳥クロニクル』、『海辺のカフカ』他、多数。

最後にはその青年が檻に入れられ殺されてしまうのです。

この劇のテーマは何なのでしょうか。当時よくソフト・ファシズムという言葉が流行りました。柔らかい形で人間の意識の中に人が入り込んでくる。この時代にはこんな事件がありました。お婆さんが家族の中でなんとなく孤立している。身体の痛みや辛いことがあっても、お婆さんは家族の者になかなか相談できない。そこに親切に入ってくる隣人がいます。隣人はお婆さんの面倒をよく見ている。あるときこんな申し出をする。私の知っている人に良い先生がいるからそこで診てもらえる。それが徐々に高じてきて、実は私の通っている宗教にこういうことがあってそれで病気が治った、など、要するに新興宗教の勧誘というわけです。

親切、善意、やさしさ。それによっていつの間にか身ぐるみ剝がされてしまう。実際にそのような新興宗教の犯罪がありました。『友達』という作品にはこうした背景があると言っていいでしょう。安部公房の作品世界を考えるとき、『友達』がまさにそうですが、得体の知れない不気味なものが描かれる。不条理としか言いようのないものです。

『友達』にこのような場面があります。一家に侵入されている青年のところに巡査がやってくる。そこで青年は巡査にこう訴える。〝ほら見てください。私はこの人たちに侵食されているんですよ〟。するとある家族の者が巡査に目配せして、〝この人また被害妄想でこんなこと言っている〟と。巡査はどちらを信用しますか。青年の方を信用しますか、それとも家族の方を信用しますか？　当然青年の方が分が悪いわけです。多勢に無勢。これは民主主義の持っている弊害かもしれません。多数派の意見が信用されて少数派は無視される。彼は一所懸命自分の正当性を説明しようと訴えますが、言っても言っても理解されない。説明してもそれがかなわない。そんなところに人間の置かれている不条理な状況、一対多数というのが出てくるのではないかと思います。

この作品は、大江健三郎や加藤周一など文学界の人々には評価されましたが、演劇界は批判的でした。とくに不条理の作家、別役実は『言葉への戦術』でこの作品を徹底的に分析して批判しました。確かにテーマは不条理で新しいが、それを描いていく手法は旧来的なリアリズムで古い。別役はこのテーマを扱うなら、もっと違うやり方があるのではないかと批判しました。安部公房も別役の批判はそれなりに堪えたようです。

別役実は安部公房と同じ満州育ち。日本のカフカとは呼ばれなかったけれど、乾いた文体と非私小説的な傾向は共通していて、ある意味では近親憎悪的に安部公房を非常によく理解していた。だからこそ安部公房の弱点を見破ったのです。

いずれにせよ安部公房は一九六七年、アンダーグラウンド・小劇場運動という新しい演劇が生まれてきた時代においてあまり評価されませんでした。世界的には評価されたにもかかわらず、演劇界においては評価されずに不遇でした。そこで彼は反撃に出ます。それまで俳優座や青年座など既成の新劇団に戯曲を委ねるだけでしたが、これからは自分が演出しようと一九七三年に「安部公房スタジオ」を創設します。このときバックアップしたのが西武の堤清二《つつみせいじ》です[*35]。西武はデパートや鉄道ではすでに成功していましたが、文化事業に乗り出してきたとき、最初に支援した文化人が安部公房でした。

西武は彼のために西武劇場（後のパルコ劇場）をつくりました。そのすぐ側に「安部公房スタジオ」の稽古場もつくります。安部公房は当時俳優座に在籍していた俳優を引き抜きます。田中邦衛、井川比佐志、山口果林らそうそうたる面々です。このような人たちを引

＊35　堤清二
一九二七～二〇一三。実業家。小説家・辻井喬としても知られる。父は「西武グループ」を一代で築いた堤康次郎。父の死後、西武百貨店の渋谷への出店、パルコ、ロフト、無印良品、ファミリーマートなど数々の事業を成功させ現在の「セゾングループ」を形成した。メセナ事業のため「セゾン文化財団」を設立し文化貢献にも積極的な姿勢を示した。

き連れて、新しいスタイルの演劇を探っていきました。彼はその後「イメージの演劇」という言葉を掲げ、布や影絵を使ったり、〈もの〉を使って舞台を埋めていくような実験演劇を志向しましたが、やはり日本では評価されませんでした。

そこで安部は九〇年代にニューヨークに渡り、ようやく評価されるようになりました。なぜ評価されたのかというと、米国にも「イメージの演劇」という流派があったからです。それと安部公房が重なったのかもしれません。安部公房についての評論『安部公房の劇場』という本をナンシー・K・シールズが書き、確かに米国では評価されたのです。

安部公房は戦後の思想と対決し、世界的なレベルで活動しました。ノーベル文学賞のごく近い位置にいたと言われます。国内的にはなかなか理解されにくいところはあったのは事実ですが、日本文化を他に先駆けて発信したのが安部公房だったと言えるでしょう。

3　三島由紀夫

安部公房は日本の土壌からみると異端的、アヴァンギャルドな作家であることは間違いありません。私小説的な伝統から切れて、まったく架空のありえない世界を展開していく。リアリティという言葉では把捉できない作家です。

一方、三島由紀夫《みしまゆきお》[*36]は日本の伝統や土壌に深く根ざしたタイプの作家です。ただし三島は日本の小説界の中で特異な作家でもあります。例えば『潮騒』という青春小説を読んでいると、なぜか耳に潮騒の引いては寄せてくる波音が絶え間なく聞こえてくるのです。そのように聴覚を刺激してくる文体を持っています。あるいは『金閣寺』。お坊さんが金閣

＊36　三島由紀夫
一九二五〜一九七〇。小説家・劇作家。日本の戦後文学を代表する作家であり、海外にも広く紹介されている。代表作に『仮面の告白』『金閣寺』『豊饒の海』『サド侯爵夫人』『近代能楽集』など多数。一九七〇年、自衛隊市ヶ谷駐屯地にて割腹自殺。

寺の美しさに惹かれて火をつけてしまう。一種の滅びの美学。あの小説を読むと、文章の端々から視覚的な映像がまざまざと浮かんできます。あるいは触覚も刺激してきます。『愛の渇き』という三島原作の映画の中で、浅丘ルリ子が演じる人妻が青年（石立鉄男）に恋をして背中に爪を立てるというシーンがあります。爪を立てたときに青年の皮膚から血が滲み出てくる。モノクロの映画でしたが、小説を読んでもその触感が鮮明に記憶に残りました。

つまり三島由紀夫は人間の五感をとても刺激してくる作家だと思います。彼は「肉体」に興味・関心があって、「肉体」を小説で描いていたのではないか。彼の『太陽と鉄』というエッセイでは、鉄を握った手の感覚が書かれています。これは一種の肉体論でしょう。こうした点に三島由紀夫が持っている言葉の質感があり、これは戯曲を書くのにふさわしい資質ではないでしょうか。

『仮面の告白』は三島小説の代表作です。三島は同性愛者でしたが、同性愛を仮面というフィクションを通して自らを劇化して内面を吐露していった。「仮面」は三島のキーワードの一つであり、一種の偽装です。自分を偽る、あるいは「演戯」する。彼の作品にはこのような主題が隠されているのではないか。ですから三島は小説家であるよりはるかに「演劇人間」ではないかと考えることができます。

三島由紀夫は東京に生まれて学習院高等科から東京帝国大学法学部に進学し、卒業後、大蔵省（現財務省）に入省します。が、あっという間にエリートコースを捨て、小説家としてデビューしました。

そして、ある時期から彼は若者のヒーローになります。若者たちは三島由紀夫を、作家として以上に文化的ヒーローとして敬愛するようになりました。なぜか。三島は当時の男性週刊誌に頻繁に登場していました。しかも裸で登場することもありました。それもボディビルで鍛えた筋骨隆々の肉体です。そうした身ぶりや行動に若者たちは魅せられていく。つまり文学者としてひ弱な肉体を持っているイメージを裏切るようにボディビルで鍛え、肉体のマッチョを見せる。マッチョが美しい言葉を駆使して小説を書いている。このような自己劇化を生前演じていたのです。一九六八年（昭和四三）には東大全共闘との公開トークも行なっています。思想・信条は違っても、若者の心情は理解できる。三島が若者に支持されたのも、こうした受容力の広さにあったのではないでしょうか。

自身の主演で『憂国』という映画も撮りました。これは切腹の映画です。ワーグナーの「トリスタンとイゾルデ」が全編に流れる中で切腹の儀式を通して、自己の美しい死を演じています。ナルシズムの極致です。

実際に一九七〇年一一月二五日に三島は割腹自殺しました。彼は市ヶ谷の自衛隊駐屯地で、総監を監禁した後、バルコニーに出て演説します。いま日本はとんでもないことになっている。〝君たち自衛隊員と一緒に立ち上がろうではないか。日本を何とかしよう、天皇を中心とした国家をつくろう〟と檄を飛ばす。しかし、自衛隊員は「ナンセンス！」「帰れ帰れ」コールで三島の言うことに耳を貸しませんでした。それに絶望してか、あるいは最初からそうするつもりだったのか、バルコニーから総監の部屋に戻って、森田必勝という弟子とともに三島は割腹自殺をします。そのあと介錯のために首を斬首させてそれが週刊誌に載りました。このような猟奇的な死を迎えるわけです。

三島自身は四五歳で亡くなりましたが、自分が美しい絶頂期で死にたいというストーリーを思い描いていたように思います。五〇歳、六〇歳になって肉体が衰え老醜をさらすということを一番憎んでいたのが、他ならぬ三島その人だったのです。三島は死の直前に『豊饒の海』という四部作の小説の最終稿を完成させてから、自衛隊に向かいました。まさに彼は自分のシナリオを完成させて彼の地に旅立っていきました。世にも稀な作家です。自分を俳優に見立て、シナリオを書き、自己劇化して人生を遂行してしまう。後にも先にもこのような作家はいなかったのではないでしょうか。

彼は二五歳頃から、ある試みを始めます。日本の伝統的な文化芸術のエッセンスとは能ではないか。その謡曲を近代文学として書き換えていくのです。「邯鄲」、「卒塔婆小町」、「葵上」、「班女」、「綾の鼓」などです。これらは後に『近代能楽集』という作品集になります。今でもこの『近代能楽集』は上演頻度が高い作品群です。

『近代能楽集』はあくまで能を文学として言語に置き換えていく作業で、上演のことは考えられていません。ただ能を現代に近づけてくれた功績は絶大で、その後、上演を含めた現代化という課題を後世に残しました。

戯曲は他にもいろいろ書いていて、『白蟻の巣』『鹿鳴館』などもあります。三島は文学座に関わっていましたが、『喜びの琴』という作品を巡って、文学座の内部で批判が出て上演禁止になってしまいました。それをきっかけに三島は劇団を辞め、文学座も分裂する騒ぎとなります。そのあとＮＬＴ[*37]（新文学座の意味）を結成して、一九六五年に代表作となる『サド侯爵夫人』を書き下ろします。

仏文学者・澁澤龍彦《しぶさわたつひこ》[*38]の『サド侯爵の生涯』という評伝を読んだ三島由紀夫はとても興味を持ちましたが、ある一点に疑問を持ちました。その謎を解くために戯曲を書いたのです。

＊37　ＮＬＴ
一九六四年、文学座を退座した三島由紀夫、中村伸郎、賀原夏子らによって結成。Neo Litterature Theatre（新文学座）の頭文字から名づけられた。『サド侯爵夫人』（初演）で注目を集める。現在では喜劇を中心に活動をしている。

＊38　澁澤龍彦
一九二八〜八七。小説家・批評家・翻訳家。マルキ・ド・サド、ジョルジュ・バタイユの翻訳などを行う。小説『高丘親王航海記』で読売文学賞受賞。

サド侯爵は劇中では留置場に入れられている。なぜ入れられているかというと破廉恥な罪を犯したからです。スキャンダラスで有名な侯爵で、サディズムの語源になった人です。サド侯爵をめぐって六人の女性の登場人物が問答を繰り返します。一人は妻であるルネ。貞淑な妻で、サド侯爵夫人です。その母親がモントルイユ夫人。非常に厳格で、倫理や法の権化のような人です。モントルイユは娘婿であるサド侯爵を快く思わず、二人をなんとか離婚させたいと思っている。しかしルネはそれなりに夫を愛していて、なかなか離婚しない。そこで刺客を送ってサド侯爵の悪事を暴こうとします。その刺客がサンフォン侯爵夫人、シミアーヌ男爵夫人です。この人たちがサド侯爵について、昔逢い引きしたことがあるとか、愛されたことがあるとか、いろいろとサドについて語ります。ルネの妹にアンヌという、ルネに忠実な妹がいました。しかしあるときにサド侯爵と過ちを犯したという告白をします。

結局サドを巡って女性たちが五人五様の話をし、だんだんとサド侯爵という人物像が浮かび上がってきます。登場人物が各々サドについての思いを語り、「私こそがアルフォンスだ」と自己と同一視するセリフを語るとき、そのイメージは頂点に達します。けれども当人は一度も舞台に登場しない、この不在故に観客はさまざまなイメージをかき立てられるのです。

三島はこの劇でいろいろな仕掛けをしました。一つは、まるで翻訳劇のような語調でセリフを書いたことです。なぜそのようなことを三島が考えたのかというと、日本にはすでに十分な翻訳劇の歴史がある。「外国の影響を受けているなら思い切り外国かぶれになってやる」と三島は語っているのです。そこで、彼が好んだジロドゥ[*39]やラシーヌ[*40]を思わせる

＊39　ジャン・ジロドゥ
一八八二〜一九四四。フランスの外交官・小説家・劇作家。代表作に『オンディーヌ』『トロイ戦争は起こらない』など。反写実主義の劇作家とされる。

＊40　ジャン・ラシーヌ
一六三九〜一六九九。コルネイユ、モリエールと並ぶフランス古典主義演劇を代表する人物。ギリシア神話や古代ローマから題材を取った。代表作に『アンドロマック』『フェードル』など。恋愛における人間の心理や感情を巧みに描いた悲劇作家。

ような擬古典的な文体でセリフを書いたのです。レトリックが華麗で魅力的な言葉に満ちています。

安部公房が日本離れしていると言いましたが、三島の『サド侯爵夫人』もまたきわめて日本離れしています。日本の土壌から出発しながら、思い切り日本と離れた作品となったのがこの作品です。

ラストシーンでルネはサド侯爵を拒絶して会わないという決断を下します。サド侯爵はあくまで不在であることに意味があったのです。澁澤龍彦の『サド侯爵の生涯』の中にルネはサド侯爵に会わなかったとあります。それを三島が読んだとき、なぜ会わなかったのか、これだけ待ちわびていたはずの夫の帰還であるにもかかわらず。ここに三島はこの劇の最大のモチーフがあったのです。

『ゴドーを待ちながら』でもゴドーは来なかった。サドも不在のまま現れない。このように主要人物が現れないことによって成り立っている劇という点で、ベケット同様、三島も似たようなモチーフを扱っているのです。『サド侯爵夫人』もまた一種の不条理劇といえます。

三島が死ぬ直前に書き残した言葉があります。

「私はこれからの日本に大して希望をつなぐことができない。このまま行つたら『日本』はなくなつてしまふのではないかといふ感を日ましに深くする。日本はなくなつて、その代はりに、無機的な、からつぽな、ニュートラルな、中間色の、富裕な、抜目がない、或る経済的大国が極東の一角に残るのであらう」

この警句的な文章は、一九七〇年代以降の日本をどこか予見している気がします。彼自身も一九七〇年を一つのピークに日本はこれから落ちていくのではないかと考えた。その予言は当たっているでしょうか？　三島は自分の死を戦後日本の死に重ねながらどこか考えていたのではないか。

その意味で三島の死は多くの人に影響を与えました。彼の自死は左翼や右翼のイデオロギーを超えて、そのまま日本人を捉えて離さない大きな呪縛力を持ったというような気がします。

当時の三島の存在は文化的・芸術的な頂点に立っていました。そのチャンピオンであった三島が自分の死と引き換えに、日本の死と刺し違えていく。これは残された者にとっては大変なショックであるとともに、大いなる課題を突きつけられたのではないかと思います。

第十二章

アングラへの過渡期——福田善之と同時代の劇作家たち

1 過渡期の思想

近代演劇は一般的に「新劇」と称されますが、その定義は、簡単に言えば、伝統演劇とは違うわれわれが生きている市民生活に即した演劇のことです。明治以降の新しい演劇、それが新劇になったわけです。

そして「新劇」の先には何があるのでしょうか。「新劇」の限界点とは何なのか。その分岐点は一九六〇年代に訪れました。新劇よりさらに新しい演劇、すなわち「新・新劇」は「アングラ・小劇場」とも呼ばれました。そこから新しい演劇のパラダイムが生まれたのです。

ここでいうパラダイムとは、その時代の想像力の枠組みを指します。もともとは科学史・科学哲学の用語でしたが、演劇や芸術・文化に適用すれば、作品や舞台はその時代の想像力に限定されるということです。どんなに突飛な発想をしたとしても、同時代の観客に受け容れられなければ、評価されません。芸術の先進的な活動はつねに観客の想像力と競い合い、進行していきます。つまり舞台と観客は相補的な関係にあるのです。

近代から現代に移行していくとき、そこには大きな断絶がありました。それまで科学が発達すれば人類は豊かになると信じられてきました。科学が人間社会に幸福をもたらし、未来はいつでもバラ色だと考えられてきたのが近代です。しかしその科学の行き着いた先が原爆でした。幸福ではなくて不幸をもたらしてしまった。そうなるとわれわれは近代までのような発達史観を持てなくなってしまいました。それが二〇世紀の半ばに生じた切断です。それ以降は「進歩」というものが疑われ始めました。

未来志向や理想主義を奏でてきた「近代社会」は世界戦争を契機に、「現代社会」へと移行します。そこではさまざまな面で、思考の転換を余儀なくされました。その考え方と演劇はどこかで関わってきます。

これが文化や芸術に具体的な形として現象してくるのが一九六〇年代です。文化的な一つの切断がここにあります。二〇世紀半ばの政治的現実を咀嚼してようやく表現にまで昇華したのがこの時代ではないかと思います。政治の歴史と文化・芸術の歴史は一〇~二〇年のタイムラグがあるのです。

この時期に日本では、それまでの演劇を批判して新しい演劇が生まれました。それが「アングラ・小劇場運動」です。ここでは、これらの演劇が生まれる直前に、どのような試みがなされたかを話します。

このときの一番重要な人物が福田善之《ふくだよしゆき》です[*41]。近代演劇から現代演劇をつなぐ過渡期の作業を成した劇作家です。「過渡期」という言葉には重要な意味があると思います。現在しか知らない人は昔のことの重要性を知りません。過去のことに固執して今を知ろうとしない人は、現在を否定します。そして過去にノスタルジアを抱き、追慕するのです。過渡期を生きた人はその両方を知っています。双方を視野に収めているということは重要です。前と後をつなぐことができるからです。新劇の最盛期を知っているし、アングラの勃興期も知っている。それを福田善之は体に染み込ませて現代に伝えているのです。

2　福田善之

福田善之は一九三一年（昭和六）、東京の下町に生まれました。麻布高校、東京大学に進み、一九五二年（昭和二七）、東京大学在籍中の二〇歳のときに藤田朝也（現・ふじたあさや）という劇作家と『富士山麓』を共作しました。藤田は早稲田大学の演劇サークルにいた大学演劇のスターです。福田善之もまた東大劇研にいたスターでした。大学演劇のスターたちが共同で作品をつくることが当時話題になりました。観客も数千人集め、劇評が新聞に載ったりもしました。

この頃の学生は今と比べると一握りのエリートです。大学生であること自体が選ばれた者であり、その中でもとりわけエリートだった東大の演劇サークル、早大の演劇サークルが合同公演するということ自体、演劇界にとっても重要な公演の一つと位置づけられました。

＊41　福田善之　一九三一〜。劇作家・演出家。東京大学在学中にふじたあさやとの合作『富士山麓』を執筆。一九六〇年代に劇団青年芸術劇場（青芸）の劇作家として活躍、その後大河ドラマの脚本なども手がける。代表作に『長い墓標の列』『真田風雲録』『袴垂れはどこだ』など。

この劇を上演した後、福田は大学を卒業して一時期、新聞記者もやりましたが、演出家の岡倉士朗と知己を得て、木下順二に弟子入りします。もちろんすぐにプロとして金を稼げるわけではありません。そして一九五七年に『長い墓標の列』を書きます。彼の最初の代表作です。これは早稲田大学の演劇研究会で上演しました。二六歳のときです。すでにプロの作家としてデビューしたのに、学生劇団からの依頼で書き下ろすのは、アマチュア的と思われるかもしれませんが、実はこれはプロの仕事として学生劇団と仕事をしているのです。いかに当時の学生演劇の地位が高かったかを物語るエピソードです。今後を担う若い世代の演劇として、嘱望された存在でもあったのです。

その後、一九五九年、二八歳のときに民藝の米倉斉加年《まさかね》、能楽師である観世榮夫《かんぜひでお》*42らと青年芸術劇場（青芸）を結成します。青年芸術劇場は当時の若い人たちがこぞって集まった注目の劇団でした。

観世榮夫は能の名門の観世家出身ですが、あまりにも新しいことをやりすぎて、能の一門から破門されていました。この二人に米倉斉加年という俳優が中心になった。彼は後に「民藝」の看板俳優、テレビ俳優としても著名になります。なぜ民藝の俳優が関わっていたのかというと、もちろん米倉自身が特異な才能を持った俳優だったこともありますが、米倉や岡村春彦らが当時の民藝の宇野重吉や滝沢修体制に不満を持っていたからです。しかし完全に反逆したわけではなく、民藝の稽古場を青芸の集まる場所にしていました。

このように個性派の俳優と能楽師、そして学生演劇出身の福田善之が劇団青芸を実質的に担っていきます。そこからきわめて革新的な演劇運動を展開していきました。当時の若い演劇人たちの注目度も高く、唐十郎も大学を卒業した後に、青芸の研究生を一年間務め

＊42　観世榮夫
一九二七〜二〇〇七。観世流能楽師、演出家。保守的だった能楽界において他流派・他ジャンルとの交流などの先端的な活動を行なうも一九五八年に能楽協会と対立し離脱。以後、新劇、オペラなどの演出を手掛けたほか、映画にも出演して存在感を示した。一九七九年に能楽師として復帰。

ました。佐藤信もここで福田善之の助手として修業しています。後に沖縄で演劇活動する知念正真《ちねんせいしん》＊43も在籍していました。菅孝行《かんたかゆき》＊44もここに出入りし新作の予定もありました。菅は福田善之の後輩で、大学在学中に劇作を始め、卒業後は映画会社の東映に入りますが、あまりにインテリとかけ離れた職場だったため、すぐに辞めて、青芸に活動の場を見出そうとしていたのでしょう。唐十郎と菅孝行は同学年ですが、菅孝行は学生演劇の有名人で、早大の自由舞台の鈴木忠志とは旧知の仲でした。アングラ前夜をこうした群像が、青芸を舞台に蝟集していたのです。

　このように志を持った若者たちが青芸を修業の場所とし、かつての築地小劇場がそうであったように、若い才能の発掘・育成の役割を果したと言うことができます。

ただしこの劇団は六六年、あっという間に解散しました。公演回数はわずか七回。福田の『遠くまで行くんだ』『長い墓標の列』『袴垂れはどこだ』や宮本研の『メカニズム作戦』、別役実の『象』の再演もありますが、もともと理念を持った劇団というより、特異な才能たちが集まり、数年間思う存分やりたいことをやって散っていく、そんな意図をもって集まってきた集団ではなかったでしょうか。米倉はその後、民藝に戻り、観世榮夫も能楽界に復帰します。

福田善之は代表作『真田風雲録』を新劇合同公演で上演しますが、この作品はラジオ、テレビ、映画にもなりました。六三年の『オッペケペ』は新派の川上音二郎の自由民権運動を扱った物語です。新人会で初演されましたが、〝なんかこの頃違ってきたのよ〟と渡辺美佐子演じるヒロインの台詞が、この時代への違和感をよく表わしていました。

六四年に『袴垂れはどこだ』で岸田國士戯曲賞を受賞しますが、審査委員への不信を理

＊43　知念正真
一九四一～二〇一三。劇作家・演出家。劇団青年芸術劇場に参加後、故郷沖縄の劇団「創造」に参加。一九七八年、『人類館』で岸田國士戯曲賞を受賞。

＊44　菅孝行
一九三九～。演劇評論家・劇作家。演劇論、天皇制に関する多数の著作がある。戦後新劇をいち早く批判した『死せる『芸術』＝『新劇』に寄す』他、『解体する演劇』『戦後演劇』など。

由に辞退しています。このあたり、福田の反骨精神は相当のもので、自分に対する〝不遇〟意識も強く、生来の天邪気に加えてつねに挑戦的な態度を持ち続けました。

六九年『魔女伝説』、七一年『女沢正・あほんだれ一代』と福田善之は大衆演劇にも向かっていきます。その中で重要なのは、音楽劇を多く手がけたことです。ドイツの劇作家、ベルトルト・ブレヒトの影響を受け、日本語ミュージカルの草分け的な存在の一人が福田善之です。

同時に新劇に対して彼はかなり批判的でした。なぜ新劇は真面目で退屈で教養主義的なのか。芝居は本来面白くてためになるものでなければならない、その面白さを追求していこう、ということを彼は主張していきます。この時代に、新劇の内部にいながら、そこからどう抜け出していくかを真剣に考えていたのが福田善之といえるでしょう。ただし、唐ら才能のある後続世代が登場する前夜です。やがて追いかけてくる若い世代のために、土地を均し、環境を整備したのが福田だったのかもしれません。「過渡期を生きる」とはそういう栄光と悲惨を味わうことです。

3　音楽劇『真田風雲録』

『真田風雲録』は有名な真田十勇士の講談がモデルで、当時のラジオドラマの定番でした。それを福田善之は現代劇にアレンジしました。

この劇は一六〇〇年の関ヶ原の戦いをベースにしています。関ヶ原の戦いは関東対関西の東西決戦でした。徳川は関東、豊臣は関西。そして関西は関東に負けるわけです。そこから権力は西から東に移っていきます。

それまでは天皇家も京都にあり、豊臣秀吉も大坂にいて、関西が日本の中心でした。それが箱根の関所を越えて日本の中心が鎌倉時代以来、東に移ったのです。そのきっかけになった大きな戦いが、関ヶ原の合戦でした。

真田十勇士は、豊臣側に属する若い戦闘軍団です。彼らは豊臣の下部組織でありながら、時として上部を批判し、独自の活動を展開します。徳川－豊臣－真田、この構図を一九六〇年代の安保闘争に重ね合わせたのが福田の独創性です。

一九六〇年は日米安保条約をめぐって日本は大きく揺れていました。このときに政府自民党と社会党・共産党との戦いが激化します。その社会党・共産党の下部組織として全学連という学生グループが生まれました。新左翼と呼ばれる新しい第三の勢力です。福田はその三すくみの構図を徳川－豊臣－真田の構造に重ねました。

福田は今まさに日本国内で起っていることを劇にしようとしました。六〇年安保は彼にとって、また若い世代にとっても差し迫った問題でした。日本政府が米国の支配下から独立し、戦後初めて国家としての自立をはかる。こうした大きな選択を前にして、日本国民は暗中模索していました。これを正面から扱おうとしたのが『真田風雲録』だったのです。観客は、徳川、豊臣、真田の中に、現行の政治家や活動の姿を重ねて見ていたのでしょう。ある種の寓意性が働いていたことはたしかです。時代と演劇が結び合わされる最良の例がここにありました。

この劇には「組織」「職業」「闘争」など江戸時代の言葉とはおよそ違う現代語が使用されています。時代考証などそっちのけで、作品の中に現代的要素をふんだんに盛り込んでいく。しかも物語の枠組みとしては『真田十勇士』といった講談物を取り入れ、ラジオでお馴染みだった猿飛佐助や霧隠才蔵らが活躍する舞台に置き換えていくのです。このような大衆性を具えつつ、当時の世相に真っ向から挑む作品を福田は書きました。

『真田風雲録』は一九六二年に新劇の合同公演という形で初演されました。演出したのは俳優座の千田是也で、福田善之を抜擢して上演しました。福田の作品は他の人には軽薄なものと思われたようですが、千田是也が深い理解を示して上演にこぎつけました。

独特なのは音楽の使い方です。林光《はやしひかる》[*45]の音楽が多用され、歌詞は福田自身によるものですが、これが和製ミュージカルの走りと言われました。ここから日本の中でオリジナルのミュージカルが始まっていくのです。その前提にあったのはブレヒトの叙事的演劇でした。ブレヒトは『三文オペラ』で知られる二〇世紀を代表する演劇作家ですが、彼もまた音楽を多用したことで知られます。しかし彼の音楽使用は、陶酔的、抒情的な音楽ではなく、熱狂や陶酔に陥りがちな感情を冷ます、つまり観客が対象に対して距離をとる「異化効果」[*46]をもたらすよう、歌によって切断を入れたのです。ブレヒトはヒトラーがワーグナーを好んだのと対極にあるような音楽を選びました。それがクルト・ヴァイル[*47]やヒンデミット[*48]、アイスラー[*49]らだったのです。

音楽劇の系譜の中に、一九六〇年代の唐十郎や寺山修司、佐藤信らがいます。彼らは音楽を多用した劇を展開して従来のセリフ劇とは一線を画していきました。それがアングラ演劇のベースになっていきます。その先駆となったのが福田善之と考えてもよいと思います。

奥野建男は「新劇という概念は完全に壊れた」と言っています。福田善之よりも三年下の井上ひさしはこの舞台を観て、同世代にこんなに凄い才能のある人がいるのではとても

＊45　林光
一九三一～二〇一二。音楽家。新藤兼人監督の映画音楽や、ミュージカル『森は生きている』で知られる。労働運動や平和運動にも積極的に参加した。

＊46　「異化効果」
ブレヒトが提唱した演劇理論であり叙事的演劇を実現するための方法。ブレヒトは歌（ソング）や映像投影、俳優が役を離れて観客に語りだすなどしばしば物語を意図的に切断して、観客が舞台に熱狂し陶酔するのではなく批判的な目線を持つことを求めた。

＊47　クルト・ヴァイル
一九〇〇～一九五〇。ドイツの作曲家。ブレヒトの『三文オペラ』の作曲で知られる。ナチスの迫害から逃れてフランスを経てアメリカに亡命した。

同じ土俵では戦えないと言って、「退却宣言」をします。その井上ひさしが本格的に戯曲を書くようになったのは三五歳です。彼もまた音楽劇を志向していたのです。だが同じ趣向の福田善之の才能にすっかり当てられてしまって、若い頃は沈黙してしまった。そのくらいの恐ろしい威光を放ったのが福田善之だったのです。

4　同時代の劇作家、演出家たち

近代演劇から現代演劇に移っていくときに重要な作家が何人かいます。今でも上演頻度の高い劇作家たちです。

その中の一人に、秋元松代《あきもとまつよ》（一九一一〜二〇〇一）がいます。女性劇作家の草分け的な存在で、出発は三好十郎の門下生でした。まだ女性の劇作家が少なかった時代に、男性作家に互して闘った作家が秋元でした。彼女の代表作には『常陸坊海尊』（一九六四）がありま す。戦争で集団疎開した子どもたちが苦難に際したときに呼び出す救世主が「海尊さま」でした。秋元は民俗学を学びながら民衆の土俗的な想像力を現代にも通じるものと捉えていました。彼女は古典にも向かい、『近松心中物語』では近松の『冥途の飛脚』などをベースに現代の男女の問題に書き換え、蜷川幸雄が一九七九年に演出し、以後繰り返し上演されました。女性の視点から世間を批判的に描く彼女の手法は、男性社会を批判し、権力への強烈な憎悪に彩られていました。

山崎正和《やまざきまさかず》*50は劇作家であると同時に、『柔らかい個人主義の誕生』『劇的なる精神』などの著作でも知られる文明評論家、社会活動家で保守系の論客としての一面も兼ね備えていま

＊48　パウル・ヒンデミット　一八九五〜一九六三。ドイツの作曲家。新即物主義を推進した他、弦楽奏者としても活躍した。

＊49　ハンス・アイスラー　一八九八〜一九六二。ドイツの作曲家。シェーンベルクに師事するが後に決別。ブレヒトとの共同作業も多い。ナチスから逃れてアメリカに亡命したが戦後赤狩りにより国外追放された。

＊50　山崎正和　一九三四〜二〇二〇。劇作家・評論家。成熟した近代社会における「柔らかい個人主義」を提唱。岸田國士戯曲賞を受賞した『世阿弥』の他、評論に『劇的なる日本人』『鷗外 戦う家長』などがある。

す。彼は京都大学の大学院生だった二九歳のとき、代表作となる『世阿弥』を書きました。これを千田是也が演出し、演劇界にさっそうとデビューしました。これは世阿弥の生涯を描いた舞台ですが、山崎正和が焦点を当てたのが将軍・足利義満と世阿弥の関係です。

世阿弥のパトロンとして庇護した権力者と芸人の酷薄な関係を描き、愚弄される能役者は、権力の光に対してあくまで影として生きることを決意します。これは芸術家の生き方を描いた一種の芸術論であり、権力論でもあります。

宮本研《みやもとけん》*51はもともと労働者出身の劇作家で、当時サークル演劇や業余演劇と呼ばれた出自を持ちます。初期の頃は足尾銅山に関わった田中正造を描いた『明治の柩』や近代日本の群像を描いた『美しきものの伝説』が代表作となりました。これは一九六八年に木村光一の演出によって文学座で上演されました。一九一〇年の大逆事件は幸徳秋水や大杉栄など天皇反対論者が思想的な弾圧によって虐殺された事件です。大逆とは天皇に反対する、天皇に対する逆賊という意味です。日本の歴史上、最暗黒の時代といわれますが、しかしこの頃は民衆にとってみると自由闊達な時代でした。大正ロマンといわれ、築地小劇場ができる直前で演劇人もとても活発な議論を交していました。『美しきものの伝説』の中には、小山内薫、島村抱月、松井須磨子、久保栄など、当時の演劇人たちが偽名で出てきます。また、この時代に登場した、大杉栄、荒畑寒村、平塚らいてうらも登場し、当時の若者たちが白熱した議論をしながら、いかに青春を送っていたか、古きよき時代の日本の熱気が伝わってきます。これが書かれた一九六八年の別の側面を表わしています。

矢代静一《やしろせいいち》*52はジロドゥやアヌイなどフランスの演劇に親しんで、文学座に身を寄せていましたが、後年は「青年座」に拠り、浮世絵三部作などを書きました。キリスト教の信仰に

*51　宮本研
一九二六〜一九八八。職場演劇出身の劇作家。『日本人民共和国』、『メカニズム作戦』で岸田國士戯曲賞を受賞。その他の代表作に『反応工程』、『明治の棺』、『美しきものの伝説』などがある。

*52　矢代静一
一九二七〜一九八八。劇作家・演出家。文学座に在籍したが三島由紀夫と共に退団し劇団NLTを旗揚げした。『壁画』で第一回岸田戯曲賞を受賞。その他の代表作に『写楽』、『北斎漫画』などがある。

捧げ、そこから日本では珍しい宗教をテーマに作品を書き続けました。

秋浜悟史《あきはまさとし》*53は新劇団の三十人会で出発し、『ほらんばか』（六〇）『冬眠まんざい』（六五）など不条理劇の先駆的な作品を書いています。後年は大阪芸術大学の教授になり、関西の小劇場の担い手たちを育てました。いのうえひでのり、内藤裕敬、岩崎正裕らは秋浜門下です。


井上ひさしは一九六九年『日本人のへそ』が事実上の最初の作品です。三五歳で最初の作品を書くというのは相当遅い出発です。彼は浅草のストリップ劇場でコント台本を書き、後に放送界に行って脚本を手がけます。ＮＨＫで放送された『ひょっこりひょうたん島』です。その頃、声優たちに出会って、戯曲を書き始めることになりました。『日本人のへそ』はテアトル・エコーにより恵比寿にある小劇場でひっそりと上演されました。それが話題になって、ロングランされ後に井上ひさしは大作家への道を歩んでいきました。その後、文学座の木村光一と出会い、『藪原検校』など代表作が木村演出で上演されました。一九八三年に自作を上演するこまつ座を立ち上げ、木村光一《きむらこういち》*54や栗山民也ら演出家にも恵まれ、晩年には蜷川幸雄と出会い、最後に『ムサシ』を書き、国民的作家としての生涯を終えています。しかし出発はあくまでマイナーなところから始まったことは、彼の作品の視線が民衆的な低い場所から放たれていることを裏づけているでしょう。

竹内敏晴《たけうちとしはる》*55は幼少時に耳を患ったことが演劇を始める動機になりました。演出家としては、ぶどうの会の福田善之の『長い墓標の列』の再演でデビューし、宮本研の『明治の柩』を演出しましたが、やがてぶどうの会と袂を分かち、アングラ集団である「演劇集団変身」の立ち上げに加わりました。そこで彼は新劇的なリアリズムを徹底的に解体し、アングラ

＊53　秋浜悟史
一九三四〜二〇〇五。劇作家・演出家。早稲田大学在学中に学生劇団「自由舞台」に参加。卒業後、劇団三十人会を結成。代表作に『ほらんばか』、『幼児たちの後の祭り』など。

＊54　木村光一
一九三一〜。演出家。文学座に所属した後、地人会を率いる。井上ひさし作品の演出を多く手掛ける。

＊55　竹内敏晴
一九二五〜二〇〇九。演出家・演技指導者。岡倉士朗に師事し「ぶどうの会」に所属して演出家としての道を歩む。ぶどうの会解散後は「代々木小劇場・劇団変身」を主宰し小劇場運動の先駆けとなる。「竹内レッスン」と呼ばれるワークショップを展開した。

の端緒となる演出家でもありました。解散後、竹内演劇教室という演技レッスンの教室をつくり、そこから演劇教育の道を切り開きました。そのときの記念碑的評論が、『ことばが劈《ひら》かれるとき』です。以後、彼はメルロ＝ポンティ*56や野口三千三《のぐちみちぞう》*57らの理論を活かしながら独自の身体論を形成していきました。今では当たり前になりましたが、ワークショップを開拓したのも竹内敏晴です。

このような劇作家や演出家たちが一九六〇年代の後半から始まるアンダーグラウンドへ、新劇からの橋渡しをしていったのです。

例えば戯曲言語としては、秋浜聡史は別役実によって大成される不条理劇への先駆となり、福田善之の文体は、新劇の意味偏重から軽薄さを武器に、意味の相対化をはかりました。秋元松代は前近代の言葉の宝庫から方言や肉体の痕跡を濃厚にした言語構築に努めました。宮本研や山崎正和、矢代静一は新劇のエッセンスともいうべき純度の高い言葉を紡ぎ出し、近代戯曲の牢固たる牙城をつくりだしました。井上ひさしの喜劇精神は、新劇の重量感にいくぶん浮力を与えたものの、それは初期の言語遊戯時代にとどまり、後期ならびに晩年には、新劇の王道のような劇作に回帰していきました。総じて、彼らの戯曲は「文学」の範疇を越えることはなかったのです。

身体性に訴えかける言葉や、集団性に裏打ちされた文体、音楽を多用する詩的なイマジネーションは、彼ら以降のアングラの劇作家たちの登場を待たねばなりませんでした。その意味では、竹内敏晴が模索した身体と言語の関係性は、アングラへの架け橋になったことは確かでしょう。

＊56　モーリス・メルロ＝ポンティ
一九〇八〜六一。フランスの哲学者。フッサールの現象学の影響を受け、身体が自発的に機能する身体的実存の構造を描いた。著書に『知覚の現象学』ほか。

＊57　野口三千三
一九一四〜九八。教育・芸術の分野にも影響を与えた野口体操の創始者として知られる。著書に『原初生命体としての人間』など。

第四部

現代演劇と演劇革命

第十三章

現代演劇史を再考する【一九六七〜二〇一八】

1　現代演劇史を六つのパートに分ける

一九六〇年代後半からの現在までの五〇年間をどのように考えればいいか。

　これまで現代演劇を語るとき、おおよそ時代を一〇年ごとに括り、その流れを考察することが一般的なやり方でした。例えば、現代演劇史は六〇年代に始まり、以後七〇年代、八〇年代、そして九〇年代と続き、さらにその先に、当然の如く二一世紀演劇がやってくる、といったようにです。しかし考えてみれば、一〇年単位で時代が推移していくというのは、果たして妥当なのでしょうか。仮に一〇年単位で一つの潮流が括れるとして、ではそれを六〇年から六九年までを六〇年代として何かが言えるのでしょうか。そこで今回はこの五〇年間をもう少し細かく区切って、六つの期に分けて考えていきたいと思います。まずその起点を一九六七年に置いてみます。現代演劇の出発を画するいくつかの出来事がありました。おおむねここら辺りで現代演劇を彩る主要な人物、劇団が登場しています。それ以後にどのように時代区分をしたらいいかを見ていきましょう。

それぞれの区分を、一九六七～七三年（第一期）、七四～八五年（第二期）、八六～九四年（第三期）、九五～二〇〇二年（第四期）、二〇〇三～一一年（第五期）、一二～一八年（第六期）と考えます。平均して八年刻みです。このくらいが一つのまとまった時間ではないか。このように六つの期に分けて、日本の社会の節目と演劇の流れとを重ねて考えてみたいと思います。そこで節目になった年について考えてみます。

一九六七年は、世界的な学生運動のピークになったパリ「五月革命[*1]」の前年で、その前夜に当たります。七三年はオイルショックが起こった年で、日本経済は大きな挫折を体験しました。八六年はバブル経済が始まった年で、九一年まで続きました。九五年には、阪神淡路大震災・地下鉄サリン事件があり、日本社会の内部から激震が起こりました。二〇〇三年はイラク戦争の起こった年で、日本は戦後初めて間接的ながら戦争に参戦しました。二〇一一年、東日本大震災および福島原発事故の発生です。

このような区分に分けた方が、時代のまとまりを考えたときに理解しやすいのではないかと思います。

＊1　五月革命
一九六八年五月にフランス・パリで発生した学生を中心とした大規模な反体制運動。学生運動と労働運動、ゼネストと結びつきその規模が拡大した。ド・ゴール大統領は議会の解散・総選挙によって事態の打開をはかり一時的に危機を乗り越えるも翌年辞任した。

2 第一期(一九六七~七三年)〈アングラの勃興期〉

日本における現代演劇の始まりは六七年にあったと捉えてみましょう。この年に三つの大きな出来事がありました。

一つ目は、いわゆる「アングラ演劇[*2]」という言葉が使われたことです。唐十郎の「状況劇場」が初めて新宿の花園神社に紅テントを建てたのがこの年です。また寺山修司は「演劇実験室◎天井桟敷」を創設し、本格的に演劇活動を開始しました。〈それ以前〉と〈それ以後〉の演劇の間に大きな切断があり、それまでの演劇の風景が大きく変わったのが六七年です。

翌年には五月革命をはじめとする、学生たち若い世代の運動がフランスや日本で巻き起こり、その頂点に達します。そのようなスチューデントパワー、国内では全共闘という若い学生が徒党を組んだ運動となって日本を揺るがしました。そして六九年の一月に東京大学の安田講堂に学生が立てこもった事件が起こり、機動隊に鎮圧されました。いわゆる「東大闘争」の終わりです。六九年は学生運動のピークが終わった年です。

七〇年。この年も歴史的にいろいろなことが起こりました。一番大きな事件は七〇年反安保闘争[*3]でしょう。学生にとどまらない全国民的な反体制運動です。同じ年の三月に大阪万博が開かれ、同じ月によど号ハイジャック事件がありました。三島由紀夫による自衛隊クーデター未遂事件と自身の割腹自殺もこの年の一一月です。

七二年には、連合赤軍事件が発生しました。過激な政治思想を持った集団があさま山荘[*4]

＊2　アングラ演劇
アングラとは〈アンダーグラウンド〉の略。一九六〇年代後半から七〇年代にかけて隆盛した演劇の革命。理論と実践が融合し、既存の商業演劇や新劇的な俳優の演技・文学的戯曲からの脱却がはかられたほか、舞台装置、宣伝美術、劇中の音楽の使用においても実験的で独創的な改革がなされ、後続世代に多大な影響を与えた。

＊3　七〇年反安保闘争
一九六〇年に結ばれた日米安全保障条約の自動延長を阻止し、条約の破棄を目指して巻き起こった社会運動。ベトナム反戦運動、成田闘争などと結びついたが全共闘を中心とした学生運動としての側面が強く六〇年安保ほどの社会的な盛り上がりを見せなかった。

に立てこもって警察と銃撃戦を繰り広げた事件です。その後に続く集団内部のリンチ事件、いわゆる「総括」によって、学生運動と反体制運動は終焉を迎えます。

翌七三年にオイルショック[*5]が起こります。このとき改めて、中東の石油が有限であることが明らかになりました。そして中東諸国の石油輸出が世界中を拘束する「政治性」を帯びるようになったのです。それまで戦後日本は高度経済成長をとげてきました。右肩上がりの成長がこのまま日本で続いていくのではと思われていたのですが、その神話が崩れた年が七三年です。

こうして一年一年をたどってみると、国内が揺れ動き、挫折があり、自分たちの足元を見直していく六年間だったといえます。

このような流れの中で日本の演劇は大きく展開します。その後の演劇の担い手になる演劇人たちがほぼこの時代に登場しました。唐十郎の状況劇場、寺山修司の天井桟敷、佐藤信の黒テント、鈴木忠志の早稲田小劇場、太田省吾の転形劇場、蜷川幸雄と清水邦夫の現代人劇場、瓜生良介と発見の会。いわゆるアングラの第一世代がこの六年くらいのあいだに出揃い、以後切磋琢磨していくのです。

この第一期を〈アングラの勃興期〉と考えていいと思います。

3　第二期（一九七四～八五年）〈小劇場演劇の熟成期〉

この第一世代が、次の第二期に彼らの代表作を次々と発表していきます。

鈴木忠志の『トロイアの女』（七四）。唐十郎の『唐版・風の又三郎』（七四）。七五年か

＊4　あさま山荘
一九七二年二月、武装した連合赤軍メンバー五人が長野県軽井沢町・浅間山荘管理人の妻を人質にとり、十日間に渡り警察機動隊と銃撃戦を繰り広げ、民間人一名、警察官二名が死亡したほか、多くの重軽傷者を出した事件。事件の模様は連日テレビで生中継された。最終的に警官隊の突入により犯人は全員逮捕されたが、その後〈山岳ベース事件〉が発覚し日本社会に強い衝撃を与えた。

＊5　オイルショック
一九七三年の第四次中東戦争の影響を受け、石油価格が高騰した。そのため国内でもインフレを招き消費は低迷した。市民生活においてはトイレットペーパーなどの生活必需品が不足するのではないかという噂が広まり市民がスーパーなどに買い占めに走るパニッ

ら黒テントの佐藤信は『喜劇昭和の世界・三部作』（〜七九）の連作があります。七七年には太田省吾の『小町風伝』。天井桟敷は代表作の『奴婢訓』（七八）を発表します。

政治運動が衰退しはじめたにもかかわらず、芸術家の活動は発展していきました。それ故、第二期は新しく始まった〈小劇場演劇の熟成期〉として捉えます。

この時代にめざましい出来事や事件はありませんが、サブカルチャー的なものが出始めるのが八〇年代です。例えばオタク文化が起こってくるのが八三年頃です。あるいは八〇年代の前半には「ニューアカ」[*6]と呼ばれる若い研究者や批評家たちが出てきて、「知」の枠組が徐々に変わっていきました。

また八三年には第一期を牽引してきた寺山修司が四七歳で亡くなりました。八六年には暗黒舞踏の創始者・土方巽も死去しました。六〇年代にはじまったアングラの第一世代は、当初は仇花で終わり、すぐに廃れていくだろうと思われていましたが、後続世代が彼らの意志と流儀を引き継ぎ、続々と登場してきました。これらをアングラの「第二世代」「第三世代」と呼びます。例えば第二世代のつかこうへい、第三世代の野田秀樹が代表格です。

こうしてアングラと呼ばれていたものが層を厚くし、逆にそれまでの新劇の世代は後退していきます。学生演劇や若手の小劇場は、皆アングラ・小劇場運動の流れの方向で活動を開始していくのです。この時代にアングラと新劇の力関係は完全に逆転しました。

4　第三期（一九八六〜九四年）〈エンゲキの迷走期〉

一九八六年にはバブル経済が始まり、「情報化社会」がひとつのキーワードになってい

クが起こった。一九七四年に戦後初めて日本経済はマイナス成長を記録し高度経済成長は終焉を迎えた。

＊6　ニューアカ
ニュー・アカデミズムの略。一九八〇年代前半に流行した日本の思想潮流。構造主義やポストモダニズムなどフランスの現代思想の影響を受けて台頭した。浅田彰の『構造と力』、中沢新一『チベットのモーツァルト』などが話題を呼んだ。

＊7　ヤン・ファーブル
一九五八〜。ベルギー出身の現代美術家、舞台演出家。曾祖父は『昆虫記』で知られるアンリ・ファーブル。昆虫の鞘翅を大量に用いたアート作品で知られる。八〇年代から

きます。人間と人間が肌を接しながらコミュニケーションをしていくというより、インターネット社会への助走とでもいうような、社会の電子情報化が始まっていくのです。

この時代の変化の中でもっとも象徴的な言葉が「バブル」でした。「バブル」とは泡のことです。つまり一時的な、すぐに消えてしまうであろう経済の始まりです。しかし一時的にとはいえ、日本社会は金巡りがよくなります。その恩恵を蒙るのは演劇人ではなくて他ジャンルや他業界の人間だったのかもしれません。ただ経済が文化状況を支配していくようになったことは否めないでしょう。

例えば、この頃からさまざまな劇場の建設が始まります。西武や東急などの資本により、好景気に乗って劇場というハードが生まれていきました。また海外からの来日公演が増えるようになりました。それまで日本で海外の先鋭的な舞台が観られるのは、八二年から鈴木忠志が開催した「利賀フェスティバル」などに限られていましたが、バブル経済以降は海外の大きな劇団が来演するなど、新しい時代を迎えました。その中で特筆すべきは、ヤン・ファーブル[*7]、ピナ・バウシュ[*8]、ウィリアム・フォーサイス[*9]の三人でしょう。世界の最先端の舞台が日本に居ながらにして観ることが可能になったのです。また横浜市の市制一三〇周年を記念してヨコハマ・アート・ウェーブという画期的なフェスティバルも開催されました。

日本の演劇もこの時期に変質していきます。例えば「パフォーマンス」という言葉が八〇年代の半ばくらいから使われ出します。演劇自体が従来の「お芝居」の形態から徐々に変わっていきます。ダンスとも演劇ともつかないパフォーマンス、あるいは片仮名の「エンゲキ」とでもいうような、従来の枠組みから逸脱した身体表現が始まるのです。ダンス

は舞台作品の創作も開始し『劇的狂気の力』『わたしは血』などがある。

＊8　ピナ・バウシュ
一九四〇〜二〇〇九。ドイツ出身のコンテンポラリーダンサー・振付家。ヴッパタール舞踊団を率いて世界的に活躍した。演劇的な身振りや台詞を取り入れ、従来のダンスの枠に縛られない世界観を提示した。代表作に『カフェ・ミュラー』『コンタクトホーフ』など。

＊9　ウィリアム・フォーサイス
一九四九〜。米国出身のバレエダンサー、振付家。フランクフルトを拠点に活動している。従来のバレエに視覚芸術的要素を融合した現代バレエを代表する人物の一人。代表作に『ラブ・ソングス』『アーティファクト』など。

の方も演劇とクロスオーバーしていくようになりました。

バブル景気が終わる九一年までの五年間、日本は好景気で浮かれ気分に耽っていました。

しかし世界はこの五年間に大きく変化しました。

一番大きな歴史の転換は八九年の「ベルリンの壁崩壊」です。ドイツの首都であったベルリンの中に一九六一年、東西を分かつ壁が建設されました。それが崩壊して西と東が自由に行き来できるようになったのです。いわゆる新自由主義が始まる象徴がベルリンの壁の崩壊です。同じ年に、日本では昭和が終わって平成が始まります。中国では天安門事件があり、中国の内部変革が起こりはじめていきます。

このような一連の動きから、次々と東欧の社会主義国が崩壊しはじめます。そして社会主義国家の領袖であるソヴィエトでは、八五年にゴルバチョフ書記長[*10]が就任して以来、「ペレストロイカ」が始まります。情報公開（グラスノスチ）して、市場経済を社会主義国家であったソ連に導入しようとする。そして、それを宣言してからわずか五年後にソ連はあっさりと解体してしまうのです。

このように日本とは対照的に、世界は激動の時代を迎えていました。そして九一年にイラク軍との湾岸戦争[*11]が起こります。それ以前のオイルショックで中東は世界にその存在感を示しましたが、再び石油産出国とイスラム教国という二つの要素によって中東の存在感は世界に発揮されていくのです。

そして湾岸戦争によって、欧米と中東、キリスト教社会とイスラム教社会が激しくぶつかるのです。これを二大文明の「衝突」と考える論者もいます。九〇年代の前半は世界史的に見て、大きな動き、地球がまさにグローバルに変わっていく時代でした。これは別の

＊10　ミハイル・ゴルバチョフ　一九三一〜。政治家。ソ連の共産党書記長。社会主義国家だったソビエトにおいてペレストロイカ（改革）とグラスノチ（情報公開）を断行し、アメリカとの交渉の末、長きにわたる冷戦を終結に導いた。一九九〇年にノーベル平和賞を受賞するも、急速な改革は国内の反発を招き結果的にソ連邦は崩壊した。

＊11　湾岸戦争　一九九〇年、隣国クウェートに侵攻したサダム・フセイン率いるイラク軍とアメリカを中心とした多国籍軍との間で起きた戦争。トマホークなどの精密誘導兵器が実戦投入された。

＊12　阪神・淡路大震災　一九九五年一月一七日、兵庫

面で言えば、「東西問題」から「南北問題」への切り換わりであり、経済がますます伸長し、文化や芸術の影響力が後退することでもありました。

その中での日本の演劇では、「エンゲキ」とでもいうべき、演劇なのかパフォーマンスなのかわからない身体表現が生まれ、サブカルチャー化する奇妙な時代、〈エンゲキの迷走期〉を経験していくのです。

5　第四期（一九九五〜二〇〇二年）〈再生期〉

一九九五年の阪神・淡路大震災[*12]、地下鉄サリン事件[*13]によって日本の中に大きな風穴が開きました。

阪神・淡路大震災は自然災害です。地下鉄サリン事件はオウム真理教という新興宗教がテロに走っていく暴力的犯罪です。これらが日本の社会に落とした影は大きかった。一九九五年は戦後五〇年に当たる年です。大きな節目の年にこのような事件が起きて一体何が判明したのかというと、日本は以前のような国力、基礎体力がなかったことが露呈されたのです。この年を境に日本の社会が大きく揺れ動きます。

自民党政権はこの直前に倒れて、社会党を軸とした政権にとって代わられていました。戦後の長く続いた保守政権体制が壊れたときに、このような二つの事件が起きました。この後に、大企業が次々と倒産していきます。大手証券会社や北海道を代表する都市銀行。日本経済はそれまで磐石だと思われていたのに、ガタガタっと崩れてくる。ここから経済の氷河期が始まっていきます。それ以後、日本の経済は二〇年間ずっと低迷し、「失われ

県南部を震源に発生した直下型地震による大規模自然災害の総称。マグニチュード七・三。最大震度は七。震源地に近い神戸市街地では壊滅的な打撃を受けた。死者六千人、負傷者は四万人を超えた。

＊13　地下鉄サリン事件
一九九五年三月二〇日に宗教団体オウム真理教によって引き起こされた無差別テロ事件。オウム真理教の教祖・麻原彰晃（松本智津夫）は目前に迫った警察の強制捜査の撹乱を企て、東京都心を走るラッシュ時間帯の地下鉄車内に猛毒のサリンを散布するよう信者たちに指示。死者一三人、負傷者六千人以上の被害を出した。その後麻原ら関係者は続々と逮捕され最高裁で死刑が確定。二〇一八年、麻原と実行犯（自供が認められた林郁夫は無期懲役）は死刑執行された。

た二〇年」とまで言われました。

九五年から二〇〇三年にかけては日本の内部が音を立てて壊れていった時期です。この時のキーワードは〈再生〉です。この再生は「再構築」を意味する言葉で、いわゆる「リストラ（クション）」です。この言葉がこの時代に使われたとき、独特の意味合いで使われました。それまで終身雇用制であった雇用形態が定年まで勤められるという保障がなくなったことです。五〇歳くらいで肩を叩かれて転職を迫られる。人生の設計図も大幅に変更を余儀なくされたのがリストラです。

このような〈再生期〉によって日本人は自分たちの生き方を考え直さざるをえなくなりました。年功序列で、給与も少しずつ上がっていくのでローンも組めた。家族を持って計画的に生きてこられたのに、もうそれが叶わなくなった。国民に「不安」と将来への見通しのなさがはっきりと広がっていきます。

そのような中で、一九九〇年代から演劇界では公共劇場というものが始まりますが、税金で運営される公共劇場が本格的に胎動してくるのが九七年です。新国立劇場、世田谷パブリックシアター、静岡県舞台芸術センターが誕生して公共劇場のブームが訪れます。世間は不況でしたが演劇界は好況を迎えてちょっとした演劇「バブル」が始まります。一九九〇年には芸術文化振興基金が創設され、舞台芸術に対する助成金制度も始まったことで、演劇をつくる環境が劇的に変わってきたのです。

かつてアングラと呼ばれた人たちは自腹で演劇をやっていました。自分たちでお金を出し合って劇団をつくり、稽古場を借り、劇場費をまかなう。収入はチケット料金のみ。それが九〇年代に入ると助成金や、自治体から事業費が出て演劇をするように変わっていきます。「アングラ」という言葉から「パブリック」という言葉に急転していったのがこの三〇年に渡る流れです。

しかしパブリックからの支えによって、演劇への社会的な認知度が高まったとき、演劇は豊かになったのでしょうか。むしろ逆です。身銭を切ってつくっていたときの迫力に比べて、九〇年代後半以降の公共劇場でつくられた演劇の作品はパワーダウンしてしまった感が否めません。

二〇〇一年にニューヨークの貿易センタービルなどで同時多発テロ事件が起こります。いわゆる〈九・一一〉事件です。テロリズムという言葉が本格的に使われるようになった、イスラム過激派による米国への攻撃です。これは世界中に激震を起こしました。

しかし日本人はあまり驚かなかった。なぜかというと、すでにテロリズムの前兆を経験していたからです。それが地下鉄サリン事件です。これがその後世界に広がるテロの前兆でした。世界に先駆けて日本が「危機」を経験していた。日本はそれまでは世界の後追いをしていると思われていましたが、二一世紀に入ってから、世界の「危機」の最前線、世界史の最前線に立っていると考えることができるかもしれません。

6　第五期（二〇〇三～一一年）〈演劇界の分極化〉

二〇〇三年にイラク戦争[*14]が米国主導で行なわれます。米国を中心とした自由主義諸国が中東を支配下に置こうとしました。イラクのフセイン大統領をどのように懲らしめるか、それを米国が仕掛けていきました。そのときに日本はどう対応したか。

＊14　イラク戦争
二〇〇三年三月二〇日にアメリカ合衆国を中心とした有志連合がイラク共和国に侵攻したことで始まった戦争。イラクが国連安保理決議に反して大量破壊兵器を保持しているとして、無条件の査察と申告書の提出をイラク側へ要望するも、提出された申告内容に虚偽の内容があるとしてアメリカ合衆国は国連決議を得ないまま開戦に踏み切った。この侵攻によりイラクのサダム・フセイン政権は倒されたが後に国内外に多くの混乱を招く結果となった。その後大量破壊兵器に関する証拠は見つかっていない。

日本は戦後、米国の従属国として、言うことに従う一方で、保護されてきました。しかし守ってもらう代償に沖縄を差し出しました。そして米国は日本を守るという名目で基地をつくり、その沖縄の基地が朝鮮戦争やヴェトナム戦争などの出撃拠点になりました。これが戦後日本の米国従属政策です。こうして日本は米国支配の下、何も言えない状況をつくりだし、今に至っています。

日本はイラク戦争のとき、戦後初めて自衛隊を海外に派兵しました。もちろん日本には憲法九条がありますので、戦場には直接行かない。ですが後衛部隊として、アメリカ軍に水や食料などの補給をしました。これは間接的に戦争に関わったということです。

現代の戦争は、昔のように戦車や兵隊同士がぶつかり合うのではなく、もっと高度にテクノロジー化しています。兵器はボタン一つで莫大な威力を発揮する。こうしたとき、水を補給するということも十分戦争に協力することになるのです。

ここで日本は、戦後初めて戦争に加担しました。しかし二〇〇三年当時、この危機的事態に気づいた人はどれほどいたでしょうか。

演劇はこの事態にどのように向き合ったのか。この八年くらいの間に、かつてのような冒険的な演劇が影をひそめました。こじんまりとした、日常の中のこまごまとしたことを描いていくような演劇がこの時期から多くつくられていくようになります。日本の演劇から社会性がなくなってしまったのではないかという言われ方もされました。九〇年代半ば以降、いわゆる「静かな劇[*15]」のブームと言われましたが、演劇には本来、動と静が合わさっているものですから、この言葉自体、あくまで雰囲気的なものです。そこで描かれる身辺雑記風の、日常の断片を切り取ったような小劇場が出てきましたが、それは冒険の対

＊15　静かな劇
静かな演劇ともいう。バブル崩壊後の一九九〇年代に、平田オリザをはじめとする小劇場第三世代以降の作り手が生み出す、市民の日常会話によって進行し、特に大きな事件やクライマックスを持たない演劇。

＊16　東日本大震災
二〇一一年三月一一日に発生した宮城県沖を震源とするマグニチュード九の大地震によって引き起こされた大規模自然災害の総称。最大震度は七。地震によって発生した津波によって関東から東北にかけての太平洋沿岸地域は広い範囲に渡り壊滅的な被害を受けた。また東京電力福島第一原発は津波により全電源を喪失し、原子炉の炉心融解（メルトダウン）を起こした。死者・行方不明者は一万七千人以上。戦後最大の自然災害となった。

極にあるものです。
もう一つ大きな流れは、小劇場をも取り込む「商業主義化」です。もはや若手でなくなった小劇場出身者は次々と大劇場に進出し、多くの観客を動員するようになりました。また劇団四季や東宝ミュージカル、宝塚歌劇も隆盛を極めます。二極化はますます進行していきます。

そして二〇一一年に東日本大震災[*16]が発生します。戦後日本の中で最大の自然災害といえます。とくにこの災害が深刻なのは、福島の原発事故を併発したことです。地震と津波だけならばそれ以前にもありました。しかしここで原発問題が出てきてしまった。原子力発電はこのときすでに五〇年くらいの歴史がありました。

まず一九四五年に原爆が広島、長崎に落下されます。原爆が落とされたのは世界の中で日本だけです。そこから日本では原爆に使われたウランやプルトニウムの平和利用ということを考えていきました。それが原子力発電です。

原子力発電の普及には、オイルショックがひとつの契機になりました。石油が有限のエネルギー資源であることが判明した。それ以前のエネルギーの主力は石炭でした。石炭、石油は化石燃料ですから掘り尽くしてしまえば、その後にエネルギー源がなくなってしまう。そのときに自力でつくれるエネルギーを確保しておかないといけない。そこから原発という考えに行き着きます。

日本は熱心に原発をつくり始めます。それが日本の科学の発展と結びつけられて美化されてました。あの手塚治虫《てづかおさむ》[*17]ですら、『鉄腕アトム』[*18]で日本の未来は原子力の利用にあると描いたのです。「アトム」とは原子の意味です。

＊17　手塚治虫
一九二八〜八九。漫画家・アニメーション監督。「漫画の神様」と称される日本の戦後漫画界における最重要人物。ストーリー漫画の手法を確立し、日本初のテレビアニメーション作品『鉄腕アトム』を制作した。代表作に『ジャングル大帝』『火の鳥』『ブラック・ジャック』他、多数。

＊18　鉄腕アトム
手塚治虫の代表作の一つで雑誌「少年」に一九五二年から六八年まで連載されたSF漫画。二一世紀を舞台に科学技術の粋を集めて誕生したロボット「アトム」の活躍が毎回描かれるが、子どもとしての感情を持ったアトムがロボットと人間社会との間で葛藤する姿もたびたび描写された。一九六三年からは原作者である手塚治虫自らが監督を務めたアニメーションも放映

しかし二〇一一年に原発がとんでもない地雷だったということがわかってしまった。それまで原子力発電に関わった人たちは「平和と安全」と言ってきましたが、そういう神話が崩れたのです。

ここでも日本は世界の最前線、世界で一番危険な国になってしまった。これが二〇一一年以降、われわれの胸元に棘のように刺さり始めます。

7　第六期（二〇一二〜一八年）〈危機の時代の演劇〉

この時期を境に日本の演劇も変わり始めました。

九〇年代以降の日本の演劇はオタク文化に象徴されるように、自分本位、自己中心的、自分たちだけ楽しめればよいという作品が主流になっていましたが、われわれはもっと他者と向き合わないといけないという意識を持った演劇が出はじめました。

日本という国は何か事件が起きないと気づかない国民性です。気づくだけまだいいかもしれません。先取りはできませんが気づくだけでもいいのです。

現在の若い劇作家たちはこの問題に向き合いながらラディカルな劇を書き始めています。それを「政治劇」と言ってもいいし、新たな「社会性を持った演劇」と呼んでもいいかもしれません。

阪神・淡路大震災のときに日本は自・社・さ連立政権（首相は社会党）でした。東日本大震災のときは民主党政権でした。社会党（現社会民主党）も民主党もそうですが、日本の革新勢力は震災のような非常事態のときにいつもその対応に失敗します。そしてその直

された、これが日本初のテレビアニメ作品となった。

後、保守政権にとって代わられてしまいます。日本はやはり保守政治でなければ駄目なのではないか、二度も失敗を経験していると、世の中の風潮も保守的になる傾向が出てきます。

保守派は戦争の危機をチラつかせ、平和憲法を改憲して自衛隊を名実共に軍隊に引き上げようとする。その先には、他国への侵略も可能となる「戦争のできる国」です。では革新勢力あるいは非保守勢力で対抗できるだろうか。それがおぼつかない。そして日本人は対抗する方法をもたず、何となく保守化に向かっていくのです。

無意識の裡に保守化していく昨今の日本にあって、あらゆるレベルで行き詰まりを感じざるをえないのが現状です。たとえば、二〇一二年に成立した第二次安倍政権では、特定秘密保護法から安保法制、共謀罪に至るまで、個人や民衆を抑圧していくような法案が次々と国会を通過していきました。その反面、政府に都合の悪いことは徹底的に隠蔽するという手法は日常化しました。国民の政治への絶望、政府への不信感は極度に高まりましたが、それを克服するには選挙しかない。が、この選挙制度自体が現政権に有利なように仕組まれているので、覆すことができない。こうした不健全な制度がいっそう国民を絶望の淵に立たせているのです。

こうして現代演劇は大きな状況の中で深甚な対応を求められているのです。

第十四章

アングラ・小劇場運動の勃興と限界Ⅰ【一九六七〜六九】

1　一九六七年──アングラの始まり

一九六七年という年を現代演劇の元年としますが、この年に「アングラ演劇」という言葉が初めて使われました。「アングラ」が一般化したのはどのジャンルかというと音楽界でした。

北山修、加藤和彦、はしだのりひこの三人による「ザ・フォーク・クルセダーズ」[*19]という伝説的なグループがありました。京都の大学生だった彼らは半ば冗談まじりにアルバムをつくりました。その中の一曲が『帰って来たヨッパライ』です。この曲がラジオを通じて話題になり、それが東京の深夜放送のディスクジョッキーの目に止まり、爆発的に大

＊19　ザ・フォーク・クルセダーズ
もともと加藤和彦、北山修を中心とした京都のアマチュア音楽グループだったが、自主制作した『帰って来たヨッパライ』がラジオで火がつき一九六七年にメジャーデビュー。『イムジン河』『悲しくてやりきれない』などの代表曲がある。

ヒットしたのです。

当時、ラジオの深夜放送は新しい情報や流行が生まれる発信源で、一番よく聴いていた受験生などに熱く支持されました。

この曲は歌詞の内容もさることながら、録音したテープを早回しして声のトーンを変調したことが斬新でした。ある種のパロディソングだったのです。

しかもこのレコードは自主制作で発売したのですが、やがて大手からメジャーデビューし、一〇〇万枚以上売り上げる大ヒットにつながりました。

そこから「アンダーグラウンド」という言葉が流行りました。これを縮めたのが「アングラ」で、「アングラ・フォーク」の誕生です。

素人が徒手空拳で製作したものが当時の歌謡曲を凌駕してしまった。こういう現象が一九六七年に起こります。

演劇もそれに近いものがありました。

この年に「状況劇場」が紅テントを初めて新宿・花園神社に建てました。非常に特異な、風俗的な異物として紅テントがそこに立ち、それまで誰も見たことのないような光景が突如出現したのです。

寺山修司《てらやましゅうじ》[*20]が「演劇実験室◎天井桟敷」を結成するのもこの年です。寺山は当時すでに若者たちの教祖的な存在でした。『家出のすすめ』（六三）という本を数年前に出し、地方の若者たちに絶大な影響を与えました。また高校生の短歌の選者をやっていたこともあり、ハイティーンの若者にはカリスマ的存在でした。

天井桟敷の最初の公演が『青森県のせむし男』でした。天井桟敷は「見世物の復権」を

＊20　寺山修司
一九三五〜八三。詩人・劇作家・演出家・映画監督。現代短歌の旗手としてデビューした後、一九六七年に演劇実験室◎天井桟敷を結成。『青森県のせむし男』『毛皮のマリー』などを上演。市街劇『ノック』『人力飛行機ソロモン』など街全体を舞台空間に見立てた作品のほか、『書を捨てよ、街へ出よう』、『田園に死す』などの映画作品も残し、日本だけでなくヨーロッパでも評価を得た。

掲げて出発しました。

見世物小屋はもともと酉の市のときなどに立ついかがわしい仮設小屋のことで、そこでは蛇女や人間ポンプなどを見せる場末の場所のことです。

そうした雰囲気を持つ演劇を寺山は志向したのです。このようなものが六七年を境に一斉に生まれてきました。

これらは堂々とした白昼文化に対して暗黒的であり、地上に対して地下、闇であったりしました。これらを総称して「アングラ」と言われるようになりました。「アングラ」という用語が使われたのは最初スポーツ新聞やマスコミでした。少し馬鹿にしたニュアンスで、まともな文化として認めないという表明でした。マスコミ側も一過的な現象で仇花的なものだろうとたかを括っていたのだと思います。

ただ、「アングラ」に根っこがあるとすると、六〇年代のニューヨークに似たような芸術の現象があったことです。とくに映画です。現在はインディーズという言葉がありますが、それが使われる前は「アングラ」と呼ばれていました。映画評論家の佐藤重臣《さとうしげちか》*21がそれらを「アングラ映画」と名づけたとされています。これを援用して「アングラ演劇」という言葉が使われるようになりました。紅テントは一種の風俗現象として取り上げられたのです。

ところが唐十郎はテントを引っさげ、あれよあれよという間に人気を博していきます。寺山修司も若者の人気をかっさらっていく。とはいえ風俗と紙一重でスキャンダラスな出発をしたことは確かでしょう。

この前年に発表された重要な作品が別役実《べつやくみのる》*22という劇作家の『マッチ売りの少女』です。

＊21　佐藤重臣
一九三二〜一九八八。映画評論家。「映画評論」編集長。アンダーグラウンド映画やカルト映画を日本に紹介した。

この作品が六八年一月に第一三回岸田國士戯曲賞を受賞しました。『マッチ売りの少女』といえばアンデルセンの童話ですが、これを元に別役実が大胆に改作しました。戦後の焼け跡の地で、親を失った少女が密やかな「仕事」をしている。大人にマッチ一本を売って、その火が灯っている間にスカートの中を覗かせるという商売です。そうした経験を持つ少女が大人になって、今度は親世代に復讐するという設定の芝居です。敗戦から二〇年経って、戦後の意識が希薄になった時代に、子ども世代からの逆襲を別役は突きつけたのです。

同じ年に安部公房の『友達』[*23]という作品が上演されました。戦後に前衛作家として出立した安部公房の本格的な不条理劇です。ところが、この『友達』に対して、別役実は徹底的に批判しています。

確かにテーマは不条理風です。不条理というのは筋が通らない、馬鹿げたという意味です。論理の整合性をもつリアリズムに対して不条理。この『友達』は現代の闇を描き、筋の通らない話を描いているが、方法は旧来のリアリズムではないか。リアリズムを使って不条理を描いている。別役の批判は、そうしたところに集約されていきます。別役は同じような趣向を持った演劇や文体を追求していたので、安部の方法は違うのではないかと見抜けたのです。こうした批判で不条理劇の新旧の対立がはっきりと現われました。

一九六七年という年を象徴的にいうならば、古い世代と新しい世代の交代期の始まりともいえるでしょう。

＊22　別役実
一九三七〜二〇二〇。劇作家。早稲田大学在学中に学生劇団「自由舞台」に参加。その後鈴木忠志らと「早稲田小劇場」を結成。アングラ・小劇場を代表する作家の一人であり、日常会話の中から人間同士の関係のズレを描いた「不条理劇」を多く書く。代表作に『象』『赤い鳥の居る風景』など。

＊23　『友達』
安部公房の代表的な戯曲。一九六七年青年座により初演。ある一人暮らしの会社員の元に「善意」の九人家族が突然押しかけ、男の反対を押し切り「多数決」で強引に同居を決定し、男の生活を侵食していくストーリーが展開される。

2　一九六八年——革命運動の頂点

一九六八年は世界的に見て、非常に画期的な年でした。日本の社会と世界の現実がつながっていると実感できたピークでしょう。

日本の中で一番過激だったのが学生運動です。全国一〇〇以上の大学でストライキが起こり、バリケードが築かれ、授業がボイコットされました。東大では翌年の入学試験が中止になりました。最高学府の大学の入学試験が実力で阻止されてしまうというのはセンセーショナルな出来事です。

もう一つの大学闘争の拠点は日本大学です。

しかし日大と東大の闘争というのはまったく性質が異なります。東大闘争はインターン制など医学部の改革から始まっています。日本の最エリートである東大医学部が、自分たちの存在を脅かされていることからストライキに入っていく。一方、日本大学は日本でもっとも大衆的な大学です。ここでは大学理事会の使途不明金による不正が要因で、大学闘争の狼煙が上がっていったのです。

上からも下からも一斉に異議申し立てが突きつけられてくる。若者たちは誰に対して怒りをぶつけてきたのでしょうか？

それは大人たちです。学生たちは、父親の世代に対して異議申し立てを行なっていた。これが大学闘争の一番の根幹をなしていました。

では、父親の世代とは何でしょうか？

彼らの親の世代は直接戦争に関わってきた世代です。そのような戦争の世代に対して戦後生まれの世代が反抗していく。この時代はどこの家庭においてもこのような闘いが繰り広げられていたのです。それが象徴的には大学という制度にまで及んだのです。

これは世界的にみても、同一の構造で現象していました。ドイツやフランス、アメリカなど先進自由主義国でもほぼ同じ意味合いをもって闘争が行なわれていました。日本でいうと戦後民主主義をこの世代が担ってきたわけですが、その戦後民主主義が戦後二〇年くらい経って制度疲労を起こしてきたときに、いろいろな矛盾が生まれてくる。戦争が終わったときには日本は焼け跡ですから、国民が一心になって頑張ってきた。日本の資本主義は朝鮮戦争の特需を契機に復活し、やがて先進諸国に追いついていく。その兆候が一九六四年に開催された東京五輪です。一方、政府は高度経済成長を唱え、その矛盾がピークに達するのが一九六八年でした。

この年に暗黒舞踏の創始者である土方巽《ひじかたたつみ》[*24]が『肉体の叛乱』という作品を上演しています。暗黒舞踏は一九五〇年代末に土方巽によって創出されたジャンルです。日本人の屈曲した肉体を使って、西洋的な舞踊と対極にある「舞踏」を生み出しました。舞踊の「踊る」と違い、舞踏は「踏む」というところが特徴です。西洋のダンスは天空に向かって舞い上がっていく。それに対して日本の舞踏は地に向かって足を踏み抜き、下降するというイメージです。

土方巽は東北の秋田県生まれで農村の出身です。東北人は子どもの頃、麦踏みをしたり、土と戯れたりしながら生きてきました。そのような日本人の持っている肉体をどのように表現につなげていくのか。土方巽は日本人の体は短足で、がにまたである。そのような肉

＊24　土方巽
一九二八～八六。暗黒舞踏の創始者。江口隆哉にノイエ・タンツを学び、大野一雄からも影響を受ける。一九五〇年代末に三島由紀夫の『禁色』を踊って注目を集める。その後『バラ色ダンス』『土方巽と日本人―肉体の叛乱』など短足・ガニ股などの日本人的な特性を前面に押し出した作品を発表。著書に『病める舞姫』『美貌の青空』などがある。

体的な特徴を逆に利用しようとしました。西洋人は天空高く飛び上がっていこうとしますが、それに対して短足・ガニ股を使って地下に潜っていこうとします。

相撲でも四股《しこ》を「踏む」と言います。スポーツであり神事でもある相撲は、日本人の体を今でも意識させてくれます。腰を落とし蹲踞の姿勢をとり、ナンバと言われる歩み方をする。相撲と舞踏は近親関係にあるのです。

さらにいえば、能も擦り足で歩く。歌舞伎は六方を踏む。いずれも同じ系統樹にあることは確かでしょう。日本人の体は「踏む」に象徴されるように、地霊と対話することがベースになっているのではないでしょうか。そうなると土方巽の歪んだ体、屈曲した体の方が、むしろ正統的な「日本人」になってくる。この『肉体の叛乱』というのは副題で、正式なタイトルは『土方巽と日本人』。つまり日本人論を土方巽は展開していたのです。

一九六八年に唐十郎《からじゅうろう》*25は『特権的肉体論』という演劇論エッセイを刊行します。ここで彼が一貫して主張していくのが「肉体」です。

肉体という言葉と身体という言葉はどう違うのか。肉体という言い方は文学的な言辞です。「肉体とは痛みである」そこから唐の論が展開されていくのですが、痛みを知るところから、われわれは肉体のありかを探る、という思考です。それは他者の視線を知ることでもあり、ここから日本人をどう捉えるのかという思想を唐は展開していきます。貧しい者、否定された者、弱者の側から日本人の体を考えていく。ここが土方巽と共通しているところです。

言い換えれば、日本人を負の側、負の肉体から捉えていくという発想です。日本人は西洋に対するコンプレックスを強く意識しながら文化を形成してきました。その極から世界

*25 唐十郎
一九四〇～。劇作家・演出家・俳優・小説家。明治大学文学部演劇学科出身。在学中から学生劇団「実験劇場」で俳優として活動する。卒業後、劇団青年芸術劇場に入団するが一年で退団。その後笹原茂朱、李礼仙らと「劇団状況劇場」(シチュエーションの会から改名)を結成。新宿・花園神社に「紅テント」を建てて野外公演を行なう。戯曲『少女仮面』で岸田國士戯曲賞、小説『佐川君からの手紙』で芥川賞を受賞する。

を見返していこうという眼差しを肉体という言葉を通して展開していったのです。

六八年には太田省吾が程島武夫らと「転形劇場《てんけいげきじょう》」[*26]を結成しています。早稲田小劇場、演劇センター68ら、七〇年代にかけて大きく羽ばたいていく劇団がこの六八年にはほぼ出揃いました。現代演劇の誕生を象徴する年だった所以です。

3　一九六九年——アングラと新劇の主導権の交代

この時代の演劇についての記述を読んでいると、胸躍るような躍動感があり、実にさまざまな演劇的事件が起こっていることに気づかされます。単に舞台の上だけで完結するのではなく、劇場の外にまで波及していくのです。その象徴的な出来事が「状況劇場新宿西口公園事件」でした。前年に新宿の花園神社から状況劇場は「風俗紊乱」の廉で締め出されていました。このとき、唐十郎は「さらば、新宿」というビラを配り、「新宿見たけりゃ　今見ておきゃれ　じきに新宿　原になる」と捨て台詞を吐きました。しかし紅テントを建てる場所を探し続け、一年後にリベンジとして目をつけたのが、「新宿西口公園」でした。現在の都庁の隣にある「新宿中央公園」のことです。ところが東京都から上演許可が下りない。すでにチラシも配ってチケットも販売している。そして本番当日を迎えます。

そこで唐十郎は一計を練りました。テントや道具など荷物一式を積んだリヤカーを持った状況劇場の一団が公園の中に入ろうとする。ところがそこには機動隊が待ち構えている。そしてバリケードを組んで入れようとしない。それでも劇団員は強行突破をはかろうとす

＊26　転形劇場
演出家の程島武夫、劇作家の太田省吾らによって結成された劇団。その後程島から引き継ぐ形で太田省吾が主宰になる。『小町風伝』や沈黙劇『水の駅』などの駅シリーズを発表し海外でも評価を得た。一九八八年に解散。

るのですが一向に埒があかない。観客はその周りを取り囲んで、どうせ公演は不可能だろうと思って見ていた。

ところが闇をついて、「ただいまより、劇団状況劇場開演いたします！」との伝令がきました。そして観客が勇んでバリケードを縫って公園の中に入るとそこには紅いテントが建っているではないですか！

後に唐十郎は「これは怪人二十面相の手口です」と親しい人に言っています。怪人二十面相というのは江戸川乱歩の小説に出てくる人物です。一ヵ所に注意を引きつけておいて後ろから回って出し抜いていく。これが怪人二十面相の手口です。唐十郎もその手を使ったわけです。正面からリヤカーで突破するぞと見せかけておいて、別働隊が背後に回って即席でテントを建ててしまう。観客は喜び勇んでテントに入っていく。機動隊が駆けつけたときにはすでに観客はテントの中に入ってしまった。

ここで機動隊が無理にテントを倒そうとすると、観客に負傷者が出たり、下手をすれば死者が出るかもしれません。そのような危険はおかせません。

こうして『腰巻お仙 振袖火事の巻』という作品が上演されました。翌日新聞記事になりました。そして唐十郎、妻であり女優の李《り》礼仙《れいせん》*27、前の主宰者である笹原《ささはら》茂《も》朱《しゅ》の三人が逮捕されて警察に連れて行かれました。テントも没収されました。

このとき演劇評論家の扇田《せんだ》昭彦《あきひこ》*28はこのような不可能を実現してしまう唐十郎の才能は本物だと思ったそうです。誰もが不可能だと思ったことを可能にしてしまう。しかも何か政治的な意図があって行動しているわけではなく、やりたいことをただ豪胆にやり抜いてしまう。権力の言われるままにならない、不屈の魂がこのような文化的な事件を引き起こし

＊27 李礼仙
一九四二～二〇二一。女優。現芸名は李麗仙。舞台芸術学院出身。劇団状況劇場の看板女優として活動する。一九六七年に唐と結婚し、息子・大鶴義丹をもうける。その後テレビドラマや映画でも活躍。

＊28 扇田昭彦
一九四〇～二〇一五。演劇評論家。朝日新聞に入社し演劇担当として活動。アングラ・小劇場世代に寄り添い彼らの演劇を世に発信した。著書に『開かれた劇場』『日本の現代演劇』など。

たのです。

ここで唐十郎という存在は何をしでかすかわからない、不穏な空気を持った暴れ者と見なされました。そのまま社会的に抹殺されてもおかしくなかった。これを救ったのが鈴木忠志です。

鈴木は別役実らとともに早稲田小劇場を結成し活動していました。しかし別役実は岸田戯曲賞を受賞するとともに劇団から離れていった時期で、唐十郎に戯曲を依頼します。それが『少女仮面』です。

『少女仮面』は春日野八千代という宝塚の大スターが実名で登場します。劇の中での春日野は自分を宝塚のスターだと妄想したひとりの中年の女性という設定になっています。春日野に憧れる少女・貝と春日野が演技の訓練をしていくとき、少女の目から見た春日野はいかにも虚飾に満ちており、その化けの皮をはいでしまうのです。その中から肉体とは何かを探りだすといった作品です。

春日野八千代は「早稲田小劇場」のスター女優になりつつあった白石加代子《しらいしかよこ》[*29]が演じました。少女・貝は当時「民藝」にいた吉行和子《よしゆきかずこ》[*30]でした。この二人の演技が評判を呼んで、舞台は大成功しました。

翌年、この作品は演劇界の芥川賞といわれる岸田國士戯曲賞を受賞しました。それまでアングラ的でスキャンダラスな存在だった唐十郎は社会的な評価を受けたのです。

この岸田戯曲賞をアングラの劇作家に与えるとは何事かと、受賞をめぐってすったもんだがありました。新劇の大御所たちはこぞってこの受賞を認めないと激昂したのです。

一方で唐十郎の仲間たちは岸田國士という新劇でしかも大政翼賛会の文化部長になった

＊29　白石加代子
一九四一〜。女優。高校卒業後、区役所勤務を経て鈴木忠志らの「早稲田小劇場」（後のSCOT）に参加。『劇的なるものをめぐってⅡ』における鬼気迫る演技でマスコミから「狂気女優」と称されるようになる。劇団退団後は蜷川作品や一人舞台「百物語」シリーズなどに出演。映画・テレビドラマなどでも活躍している。

＊30　吉行和子
一九三五〜。女優。兄は作家・吉行淳之介。中学生のときに劇団民藝の舞台を観劇し、その後劇団民藝付属水品演劇研究所で女優人生を始める。一九五七年『アンネの日記』の主人公アンネ・フランク役で主役デビューを果たす。退団後は映画・テレビドラマで活躍。

人間の名前を冠した戯曲賞を受け取るべきではない、という反発もありました。しかし結果として、唐は社会的な復権を果たしました。

　別役実はその二年前に『マッチ売りの少女』で岸田戯曲賞を受賞していますが、別役の受賞の際には新劇の大御所たちは祝福しました。しかし唐十郎は当時新劇のメインストリームにいる人たちから敵だと見なされていた。唐と別役とは扱いが違いました。と同時に、この二年間に新劇からアングラへ主導権が移行しつつあったのです。このあと毎年のように岸田戯曲賞はアングラ・小劇場系の劇作家が受賞していきます。佐藤信、清水邦夫、つかこうへいなどです。

　この頃から新劇とアングラというものの対立が表面化していきます。それまでは唐十郎も鈴木忠志も自分たちのことを「アングラ」と名乗っていたのではなく、新劇と別の演劇をしたい、新・新劇のようなつもりで考えていました。

　しかしここにきて両者がやっていることはまったく別のものであることが鮮明になってきます。その象徴的な年が六九年です。大きな軸でいうと、近代演劇と現代演劇の切断と考えてもいいかもしれません。それが「アングラ演劇」という言葉に象徴される新しい演劇のあり方でした。

　この頃もう一つの大きなうねりがありました。それが蜷川幸雄《にながわゆきお》*31の本格的な演劇活動の開始です。

　蜷川幸雄は「青俳」という新劇の中でもマイナーな劇団の研究生でした。青俳は木村功や岡田英次に代表されるような映画俳優を育てる劇団でした。もともと美術家、画家になろうと思って東京芸大を受験して失敗した蜷川は、この俳優養成所になぜか入ってしまっ

*31　蜷川幸雄
一九三五〜二〇一六。演出家。劇団青俳で俳優としてキャリアをスタートする。青俳退団後、一九六七年に蟹江敬三、石橋蓮司らと「現代人劇場」（後に櫻社）を結成。清水邦夫とのコンビで作品を発表する。櫻社解散後は商業演劇界に進出。シアターコクーン、さいたま芸術劇場などで芸術監督を務め、日本を代表する舞台演出家となる。

たのです。

　そこで彼は俳優を志望していきます。現在でも彼の出演したドラマや映画を観ることが可能です。しかし残念ながら蜷川幸雄は俳優としては大成しませんでした。後年まで俳優をやっていましたが足を洗わざるを得なかった。

　しかし自分は俳優は駄目でも演出家ならやっていけるのではないかと考えました。そのきっかけは清水邦夫《しみずくにお》*32という劇作家との出会いです。後に二人は刎頸《ふんけい》の友となっていきます。そして「青俳」で一緒に作品をやろうという話にこぎつけます。

　蜷川は清水の作品を上演できるのは自分しかいないと演出家を志望します。しかしなかなか劇団でやらせてもらえない。そこで彼らは業を煮やして劇団を退団して一九六八年に「現代人劇場」を結成しました。この二人が初めて上演したのが六九年の『真情あふるる軽薄さ』です。こうして、六九年に蜷川幸雄もアングラ・小劇場の隊列に加わっていきました。小劇場運動の本格的な始まりです。

　運動とは何か。文化運動、芸術運動、演劇運動。この「運動」はなかなか定義することが難しい言葉です。

　しかしこの時代は二〇代の素人の若者たちが自分たちで劇団をつくり、廃工場を自分たちで劇場につくり変え（喫茶店の二階の倉庫を改装したり）、既存の劇場を使わずに上演の形態を探りました。従来の演劇の活動とは異なる展開を始めたのです。既成の枠に囚われず、自前でつくっていく。この自前性、今で言うインディーズな活動を始めていったのが小劇場運動です。

　深夜のジャズ喫茶「新宿ピットイン」で上演した唐十郎、上映後の映画館で夜九時過ぎ

＊32　清水邦夫
一九三六〜。早稲田大学卒業後、岩波映画に就職しながら戯曲を執筆。劇団青俳に戯曲を書き下ろす中で所属俳優だった蜷川幸雄と親交を結ぶ。その後「現代人劇場」では座付き作家として活動。『真情あふるる軽薄さ』で注目を浴びる。劇団解散後は木冬社を結成し自作の演出も手がける。

＊33　自由劇場
一九六六年、佐藤信、串田和美、吉田日出子、斎藤憐、樋浦勉らによって結成。旗揚げ公演は佐藤作、観世榮夫演出の『イスメネ・地下鉄』。他にも『セチュアンの善人』『魔女傳説』などを上演。

から上演を始めた現代人劇場。テントや小劇場はその象徴的な実験空間でした。彼らは単に演劇をやる以上に、演劇そのものを変えたかったのです。

もう一つ忘れてならないのは、新劇運動と異なる「運動」を考えていたことです。そこには政治イデオロギーも絡んでいました。新劇は当時の社会党や共産党という左翼勢力の一種の代弁者でした。それに対して、既成左翼に対する新左翼という勢力が抬頭してきました。もっと過激な学生運動が起こっていたのです。

アングラ・小劇場運動は明らかに新左翼寄りでした。なかでも、蜷川幸雄のグループはその最前線を走っていました。彼ら劇団員のなかには爆弾闘争に参加した人間も含まれていました。そういう活動家が社会に対してどう異議申し立てをしていくか。それが演劇の表現につながっていきました。

運動という言葉は単に演劇の中身を変えるだけではなく、社会全体を変革していこうとする思想性を含んでいたのです。そのなかで最も強力に運動を推進したのが「黒テント」です。

「黒テント」はもともとは三つの劇団が集まってできたものです。「自由劇場[*33]」「発見の会[*34]」「六月劇場[*35]」の三つの劇団の有志が集まったのが「演劇センター68」です。これは全国を旅公演するときの情報センターとしてつくられました。チラシを共有し、国内での情報宣伝を一緒にやっていこうということで、三つの劇団の連絡組織として始まりました。

しかしそれだけに留まらずに一本の芝居をつくっていくことになりました。そうしてできたのが「演劇センター68／70（のちに68／71）」で、『翼を燃やす天使たちの舞踏』によって本格的な活動が開始されます。

＊34　発見の会
一九六四年、瓜生良介、牧口元美らによって結成。広末保作『新版裏表四谷怪談』で旗揚げ。最初期のアングラ劇団とされる。「演劇センター68」に加盟するも翌年離脱。

＊35　六月劇場
一九六六年、津野海太郎、佐伯隆幸、山元清多、岸田森、悠木千帆（後の樹木希林）らによって結成された劇団。山元清多作『海賊』などを上演。

＊36　山元清多
一九三九～二〇一〇。劇作家・演出家。六月劇場に参加し演劇センター68に合流。黒テントの座付き作家の一人。一九八三年『比野置（ピノッキオ）ジャンバラヤ』で岸田國士戯曲賞を受賞。テレビドラマも多く手掛け『ムー一族』、『はいすくーる落書』などがある。

そのとき彼らは「コミュニケーション計画第一番」という大がかりなマニフェストを発表しました。これは彼らが自分たちの演劇運動を提案するもので、拠点劇場、移動劇場、壁面劇場、教育・出版を柱にしたものです。

中心人物だった佐藤信という劇作家、演出家はもともと俳優座養成所の研究生でした。新劇の劇団の中では一番有力で、錚々たる名優たちが育った「俳優座養成所」の出身者です。そこから反旗を翻し、自分たちで劇団をつくる。新劇の中から初めて小劇場として産声をあげたのが自由劇場でした。この演劇センターには、斎藤憐、山元清多《やまもときよかず》*36、加藤直《かとうただし》*37という劇作家も合流し、津野海太郎《つのかいたろう》*38、佐伯隆幸《さえきりゅうこう》*39といった批評家・理論家も参加し、劇団を超えた活動を展開しました。

ここで佐藤信は唐十郎や鈴木忠志と同質の活動を開始し、小劇場運動に合流しました。一九六七年からの三年間で非常に大きな動きが展開していったのです。

＊37　加藤直
一九四二〜。劇作家・演出家。佐藤信、山元清多と共に黒テントを支えた劇作家の一人。オペラシアターこんにゃく座の演出を多く手掛ける。

＊38　津野海太郎
一九三八〜。評論家・編集者。六月劇場に参加し演劇センター68に合流し理論面で劇団を支えながら演出も手掛ける。著書に『門の向うの劇場』、『ペストと劇場』など。

＊39　佐伯隆幸
一九四一〜二〇一七。評論家・フランス文学者。演劇センターに参加し制作を担当。劇団を理論面で支え退団後は評論家として活動。主な著書に『異化する時間 演劇論集』、『「20世紀演劇」の精神史』など。

第十五章

アングラ・小劇場運動の勃興と限界Ⅱ［一九七〇〜七三］

1　一九七〇年という問題

一九七〇年の幕開けは、演劇センター68／70による黒テントの移動公演『翼を燃やす天使たちの舞踏』で始まりました。全国四〇数ヵ所を巡回公演しました。

この頃、「日本列島」という言葉がキーワードになっていました。一九七二年に田中角栄の『日本列島改造論』[*40]という綱領の本が出版され、同じ年に田中角栄が首相になってベストセラーになりました。東京や大阪などの大都市だけでなく、日本の全国津々浦々の地方都市から変えていかなければならないという構想です。しかしその先駆けは、実は黒テントのこのような活動で実践されていたのです。あるいは六九年、唐十郎の状況劇場によ

＊40　『日本列島改造論』田中角栄が発表した政策綱領および同名の著書。全国に新幹線や高速道路を整備し都市から地方への工業の再配置を唱えた。

る日本列島南下興行もそれに当たるでしょう。東京以西をトラック一台で旅をしてテント公演を行ないました。テントは移動用の機能を備えた仮設劇場だったわけです。

このように演劇の方が政治に先んじて、日本列島を対象化していました。そのとき旅とテントが一体になっています。しかも彼らが巡回するのは、新劇を招聘する労演系の受け皿ではなく、その土地で活動している若いオルガナイザーや学生です。彼らは土地に根差しながら、新しい運動形態を探っていることが特徴的です。今のように情報が全国に行き渡らない時代ですから、劇団側も自らが情報源になって東京以外の都市に演劇の実体を届かせることを目的とし、身をもって時代を変えようという志だと言えます。

一九七〇年はいろいろなことが起こった年です。

まず日本の科学技術の粋を集めた大阪万博が開催されました。万博が開幕した直後の三月末に、「よど号ハイジャック事件」[*41]が起こりました。日本赤軍が日航機をハイジャックして北朝鮮に亡命し、その後そこを拠点に反日活動を開始していきました。その余波は現在の拉致問題にもつながっています。

六月に七〇年安保闘争のピークを迎えます。ただし六〇年安保と七〇年安保はいささか性格を異にしていました。六〇年安保は国会の周りをデモ隊が囲んで死者が出るくらいの大きな混乱がありました。岸信介首相の退陣を求めて、のるかそるかの、日本の命運を左右する政治闘争でしたが、七〇年安保はそこまで煮詰まっていませんでした。代わって、七〇年安保は政治闘争というよりむしろ文化闘争という側面が強く、このときに争われたのは文化や生き方の問題でした。政治的課題よりもわれわれ一人一人がどう生きていくのかが問われたのです。それが七〇年安保の性格を規定しました。演劇、芸術、文化に関わ

＊41　よど号ハイジャック事件　一九七〇年、共産主義者同盟赤軍派によって起こされた日本国内初のハイジャック事件。犯人グループは日本航空の「よど号」をハイジャックし北朝鮮への亡命を要求。人質となった乗客は韓国で解放されたものの犯人グループは要求通り北朝鮮への亡命を果たした。

る者としては、六〇年安保とはまた違う様相を呈していたのではないかと思います。

一一月二五日に「三島由紀夫割腹自殺事件」[*42]が起きます。東京市ヶ谷の自衛隊駐屯地に三島由紀夫が「楯の会」という私兵を連れて乗り込み、クーデターを起こそうと自衛隊員に呼びかけました。しかし自衛隊員からは「帰れ帰れ！」と反対され、それに失望したのか、三島由紀夫は割腹自殺します。世界的に高名な作家が政治的に振る舞い、しかも右翼の政治闘争に関与する。

安保闘争と三島由紀夫事件という左翼と右翼の闘争が同じ年に起こる。どちらが後世に大きな影響力を持ったのかは興味深い問題です。

三島由紀夫はノーベル文学賞の一歩手前までいった人ですが、六八年に川端康成がノーベル文学賞を受賞したので、当分日本からはノーベル賞作家は出ないということに悲嘆して死期を早めたという説もあります。三島は『豊饒の海』[*43]の最終稿を脱稿してから市ヶ谷の駐屯地に向いました。自分の死を演出していたとも言えます。三島由紀夫はこのとき四五歳でした。今で言うと若い感じもしますが、当時の日本の文化芸術の頂点に立っていました。その頂点に立っていた人間の自殺は大変ショッキングな事件でした。

同時代を生きていた人間は「芸術家、文学者はここまでやるのか」と、ある種のしいいいてやられた感を持ったのではないかと思います。ここまで本気で命をかけて日本の問題を憂いていたのか。その覚悟が左翼の人たちにあったのか。もちろん三島に美学的な独りよがり的なところもあったでしょうが、この事件の影響は大きかったと思います。以後、右翼の草の根的な日常活動に拍車がかかりました。

これらが一九七〇年という時代の大きな節目にあった出来事です。

＊42　三島由紀夫割腹自殺事件　一九七〇年、作家の三島由紀夫が楯の会のメンバーと共に自衛隊市ヶ谷駐屯地で総監を人質に取り自衛隊員に決起を呼び掛けた事件。三島はバルコニーに出て隊員を前に自衛隊の存在を否定する憲法九条に反対する演説を行なうが実際に決起が起きないことを確認すると総監室に戻り割腹自殺を遂げた。

＊43　『豊饒の海』　三島由紀夫最後の長編小説。『春の雪』『奔馬』『暁の寺』『天人五衰』の全四部構成から成る輪廻転生の物語。

2　唐十郎の冒険

この時期にはいろいろな舞台がつくられて演劇界は大きく動きます。

一九七〇年、早稲田小劇場の『劇的なるものをめぐってⅡ』という作品。これは一本の戯曲作品を上演するのではなく、幾つかの作品の断片を集めて上演していくという、演出家・鈴木忠志の独自の世界が展開する作品です。

鈴木忠志は別役実と一緒に早稲田小劇場をつくったわけですが、この時点で別役実は退団しています。彼は小劇場からいち早く撤退しました。なぜかというと小劇場運動に関わっても職業化を達成できないからです。彼は劇作家という職業として演劇に関わっていきたいと考えていました。ですので、このまま劇団にいても生活が成り立たないと考え、劇団の活動から退いたのです。そしていろいろな劇団に作品を書き下ろしながら、童話やエッセイなどプロの物書きとして再出発します。

当時の別役は、運動から身を転じたとして評判を落としました。しかし彼は何を言われても微動だにしなかった。ミュージカルに手を広げたり、新劇に戯曲を書き下ろすなど幅広く執筆活動を展開しましたが、『マッチ売りの少女』を書いた別役実にしては、その後停滞期が続きました。

七二年、唐十郎の状況劇場が『二都物語』という作品を戒厳令下のソウルで無許可上演する事件がありました。『二都物語』は東京とソウルを行き来する在日の女性が、自分の戸籍をめぐってアイデンティティを探すという物語です。当時の韓国は軍事独裁政権下で、戒厳令が敷かれていましたから、日本人が容易に行ける国ではありません。日本語上演も禁止でした。そこに唐十郎は六人の俳優を連れて乗り込みました。なぜそのような無謀なことをしたのか。彼はその当時世界の火種で一番面白い都市がソウルだと思ったのでしょう。そこであえて危険を省みず、渦中の場所に出向いていった。

このとき金芝河《キムジハ》*44という韓国で高名な詩人が唐十郎を呼び寄せました。金芝河はソウルの西江《ソガン》大学で、日本と韓国の作品を一本ずつ上演するという企画を立てて唐を呼んだのです。そして警察隊が取り囲む中で、『二都物語』が韓国語で上演されます。非常にあやふやな韓国語を即習で勉強して上演しました。

しかし終演後に金芝河は唐十郎にこう言いました。「唐、危ないから荷物をまとめてすぐ日本に帰れ」。唐十郎はよくわからずそれに従います。すると翌日の新聞に「金芝河逮捕」の記事が出ました。当時「親日派」というのはそれだけで犯罪でした。金芝河はのちに死刑の判決を受けます。しかし日本でも金芝河は大変有名な詩人なので、日本からたくさんの死刑反対の署名が韓国政府に送られました。結局金芝河は死刑を免れて、サナトリウムに入れられて難を逃れます。当時の韓国では芸術家は、命をかけた活動が行なわれていたのです。

唐十郎は「新宿西口事件」でもそうですが、一番火種がある状況の真っただ中に切り込んでいく。それが「状況劇場」の命名の理由です。何を目的にしているのか定かではありませんが、政情不安なところを選んで唐十郎の冒険は続いていきました。

状況劇場はこのあと七三年に『ベンガルの虎』で中東に遠征し、バングラデシュやアラブのパレスチナの難民キャンプなどで上演しました。七四年には『唐版・風の又三郎』の

＊44　金芝河
一九四一～。大韓民国の詩人・劇作家。軍事政権下の大韓民国で反体制的な作品を執筆して逮捕され釈放後も民主化運動に参加するなどして日本でも有名になった。長編詩『五賊』や手記『五行』などがある。

「アラブ版」でやはりアラブに出向きます。いずれも私費で行くゲリラ的な公演です。七二年の『二都物語』に始まるこの三作品は状況劇場の黄金時代と呼ぶ人もいます。

海外公演ということではすでに一九六九年に寺山修司の天井桟敷がドイツのフランクフルトのエクスペリメンタ（実験演劇祭）で公演をしています。「早稲田小劇場」は『劇的なるものをめぐって・Ⅱ』で七三年にフランスのナンシー演劇祭に招待されました。

天井桟敷、早稲田小劇場はヨーロッパの名のある演劇祭に招待されて、日本の代表として参加しています。ところが唐十郎は中東の名もない難民キャンプに行って公演を行なう。しかも自費です。この差、この違いは演劇人がどのような姿勢で演劇をやっているのか、運動という言葉でいえば、文化の殿堂に向かうか、文化の一番の底辺に向かうかの違いがよく表れています。これが唐十郎と、寺山・鈴木との違いではないかと思います。

当時、唐十郎は「遠征と襲来」という言葉を使いました。出かけていってはそこの土地の人たちに襲いかかる。襲いかかるというのは攻撃するのではなくて、現地の観客と出会って交わり、共同で何かを起こすという意味です。このようなことを唐は考えていたようです。

3　蜷川幸雄と現代人劇場

六九年から七三年にかけて演劇史を語るときにもうひとつ軸になる活動があります。それは蜷川幸雄の演出家としての本格的なデビューとその演出した舞台です。

蜷川幸雄は劇作家の清水邦夫と出会って、一九六八年に「現代人劇場」を結成します。

これは清水邦夫の作品を上演するためにつくった劇団です。

一九六九年に蜷川の実質的な演出デビュー作である『真情あふるる軽薄さ』が上演されました。これは行列の芝居です。行列の中に、そこに割り込もうとする若いカップルがいます。けれど行列の大人たちはちゃんと並べと叱責し若者たちと諍いが起こる。若者たちは大人たちを挑発して言うことを聞かない。こうして怒りを買って、最後に若者は殺されます。こういった話です。

この頃、父親と子の世代的な対立が大きな問題になっていました。父親の世代というのは戦争に関わった世代です。その子どもたちは戦後民主主義で育った。広く言えば戦前派と戦後派の戦い。それを大人と若者に託しながら語っていくのがこの作品です。

この上演を行なったのがかつて新宿にあった「アートシアター新宿文化」*45という映画館でした。もともとATG*46（アート・シアター・ギルド）の上映館でした。葛《くず》井《い》欣《きん》士《し》郎《ろう》*47というプロデューサーが目利きで、まだ無名の蜷川幸雄に劇場を貸してくれました。しかし貸すといっても、夜の八時までは映画の上映をしていますから、夜九時からなら使っていいという条件つきでした。

映画館なので、舞台で使えるスペースは限られています。背後にスクリーンがあるので暴れられない。大きな舞台装置もつくれない。そのような制約の中で『真情あふるる軽薄さ』は生まれました。この舞台の前評判は高く、初日から長蛇の列が劇場を囲みました。当日券を買うために並ぶ観客が劇場を二周三周と取り囲んだのです。

夜九時になって開場され、観客が客席に入るとぎょっとしました。なぜかというと舞台の上にまた行列ができていたからです。これは俳優たちがつくった行列です。観客たちは

*45　アートシアター新宿文化

*46　ATG（アート・シアター・ギルド）

かつて存在した映画配給・製作会社。一九六〇年代からゴダールやフェリーニなどの作品を日本で配給したほか、大島渚や吉田喜重などの芸術性の高い作家の映画を製作した。

劇場の外で行列をつくっていたのに、劇場の中に入るとまた行列を目にする。虚構と現実がない混ぜになった光景を見ながら、まさに行列に割り込む／割り込ませないという話が展開していきました。

蜷川幸雄はこのとき三〇代半ばでしたが、まだ若者の側に属していました。七一年に『鴉よ、おれたちは弾丸《たま》をこめる』という作品を上演しています。蜷川は二〇〇五年に「さいたまゴールド・シアター」という高齢者劇団を結成しますが、そこでもこの作品を上演しています。蜷川にとっても思い入れの深い作品ではないかと思います。

これは三里塚闘争を扱っています。三里塚というのは現在の成田国際空港がある場所で、もともと農地でした。千葉県の成田市に国際空港をつくるということで、土地を国が接収したわけです。しかしここにいた農民たちが抵抗し土地を渡さないと国家権力に抵抗しました。その闘争を学生の運動家が支援しました。なぜあのような辺鄙な場所に飛行場をつくったのか。それはいざというときに戦争に使おうという意図があるからではないか。飛行場をつくるというのはそのような含みもあります。

この闘争で捕まった学生たちを農民役のお婆さんたちが取り返そうとして裁判所に侵入してくるというのがこの劇のあらましです。若者たちと老婆たちが共闘して裁判官たちをつるし上げていく。

蜷川と清水は、今の時代で何が問題かを話し合いながら自分たちの問題を劇に取り上げていきました。そして、今は裁判ではないか、ということで三里塚の闘争を扱いました。一九七二年に『ぼくらが非情の大河をくだる時』を上演します。このときの題材は連合赤軍事件です。過激な左翼の学生あがりのグループによる「あさま山荘事件」の後、集団内

＊47　葛井欣士郎　一九二五〜二〇一四。映画館経営者、映画プロデューサー。「アートシアター新宿文化」の総支配人として映画上映以外にも蜷川幸雄に演出家としてデビューの場を提供したことでも知られる。映画プロデューサーとして大島渚監督『儀式』、篠田正浩監督『沈黙』などの作品に名を連ねる。

でリンチがあったことが判明しました。連合赤軍は森恒夫と永田洋子という二人のリーダーを頂点としたある種のピラミッドが形成していたのですが、その日々の革命闘争の中で革命家としての存在が問われていく。それを「総括」と言いました。この「総括」が最終的に死に至る。こうして何人もの闘士たちがこの合宿生活の中で亡くなっていきました。これが大々的に報道され、革命集団の末路がキャンペーンされたのです。革命をめざす集団は目の前の目標を失うと必ず内部に敵を見つけていく。集団というものは外側に敵が見えているときは一致団結して戦えますが、この敵が見えなくなる、あるいはあまりに巨大であったときに敵というものを内側に見つけていくようになる。そうすると一人一人の日々の言動が問題にされて、内ゲバが起こる。

これは実はどのような集団においても孕んでいる問題です。とりわけ演劇の集団も同じような原理で動いているのです。

集団の頂点に劇作家か演出家がいます。その下にスタッフがいて俳優がいる。劇団が順調にいっているときは一致団結してうまくいくわけですが、劇団の活動が立ち行かなくなっていくとき、誰かに責任を押しつけ、犯人捜しをする。

「お前がちゃんと演技しなかったから、今日の芝居は失敗したんだ」

「お前はいつも遅刻してくる。それが演技を駄目にしている原因だ」

「お前はバイトの方が重要なのか？　稽古さぼってバイトして何やってんだ」

このような問題は集団を組んだときに必ず生じてくるものです。卑近な日常とめざすべき理念が次第に乖離していく。その一番悪しき例が連合赤軍なのではないでしょうか。ここから日本人の意識の中で、集団は怖いというイメージができていきます。これは言い換えれば「劇団は怖い」。

演劇表現というものは集団を組まないとできません。しかし、集団を組むと、活動がうまくいかないときに必ず誰かが犠牲になる。こういうジレンマがつねに背中合わせになっています。このような問題が連合赤軍事件によって露呈し、同時に、ここから左翼の運動も演劇の集団活動も非常にやりにくくなっていきます。

『ぼくらが非情の大河をくだる時』は、このような連合赤軍の問題を他人ごとにせず、自分たちの表現の問題として捉えようとした思想劇です。苦い話ですが、我が事として重要な課題を自分たちに突きつけているのです。

「櫻社（現代人劇場から改称）」は自分たちのことを扱えば扱うほど苦い結末に向かわざるをえなくなります。同時にそれはこの時代を生きていた人たちのある種の共通する思いだったのではないか。決して明るい未来が開けているわけではありません。むしろいろいろなものが負けていく、後退していく。そういう時代だったのではないでしょうか。

その象徴が翌七三年の『泣かないのか？　泣かないのか一九七三年のために』という作品です。これは非常に象徴的なタイトルです。内容は六九年から続けてきた作品のオムニバスです。世代の対立から政治闘争まで。現代人劇場から櫻社で扱われた問題は多岐にわたります。しかし、運動や闘争が後退期にあることは、蜷川も清水も感じていたのでしょう。そしてこの公演後に人気絶頂でありながら「櫻社」は解散しました。

そのときに清水邦夫は「観客が消えてしまった」と言っています。今までの観客は舞台を力強く支えてくれた「同志」だった。ところがこの時期から観客が「消費者」に変わってしまった。そこで自分たちの演劇を見直さざるをえなくなってしまった。再出発しない限り、消費的な観客を前に演劇をやっても意味がないのではないか。

このあと蜷川幸雄は商業演劇に進出していきます。七四年に東宝の資本のもと日生劇場で現在の松本白鸚と中野良子主演の『ロミオとジュリエット』を演出します。

小劇場運動は新左翼の活動に非常にシンパシーを持っていましたが、東宝という大資本のもとに演劇をつくって行くという「商業演劇」に転進したことで、蜷川幸雄は仲間から総スカンを食らってしまいました。彼は人生で一番つらい時期をこのとき過ごしたと述懐しています。このとき何があったのか、彼は最後まで口を閉ざしたまま彼の地へ旅立ってしまいました。

清水邦夫はその後、女優であり妻の松本典子と「木冬社《もくとうしゃ》」＊48という集団をつくります。そこで彼は演出も兼ね、自作で時代に闘いを挑みます。

「櫻社」の中心メンバーだった石橋蓮司は緑魔子らと「第七病棟」＊49という劇団を創設します。彼らは七六年に唐十郎作『ハーメルンの鼠』で旗揚げし、以後、寡作ながら名作を生み出しました。

ただ蜷川幸雄は、商業演劇に引っ張られたけれど彼は劇団の仲間たちを見捨てたわけではなかったと思います。大劇場に遠征し、戻ってきたらまた一緒にやりたいと思っていましたが、劇団員は蜷川幸雄を許容しなかったわけです。蜷川としては、小劇場でやっていることの延長で、大劇場に闘いを挑むという意志を持っていたのでしょうが、劇団員たちには理解されなかった。イデオロギー的にも心情的にも受け容れがたいというのが当時の事情でした、孤立したまま彼は商業演劇に向かっていったのです。

しかし実際に日生劇場に行っても上演は年に一本。しかも二月や八月の穴埋めのために

＊48　木冬社
一九七六年に劇作家の清水邦夫が妻で女優の松本典子らと結成した演劇企画集団。代表作に『楽屋』『夢去りて、オルフェ』など。二〇〇一年に解散した。

＊49　第七病棟
石橋蓮司が妻で女優の緑魔子と結成した劇団。唐十郎や、山崎哲などの作品を上演するものの、その上演ペースは数年に一度であり「オリンピック劇団」ともいわれる。廃校や廃映画館などを会場とすることでも知られる。代表作に『ビニールの城』など。

呼ばれたに過ぎなかったのです。蜷川幸雄はこのあと一〇年間冷や飯を食らいます。そのとき何をしていたかというと子育てしていました。妻である女優の真山知子《まやまともこ》*50が稼いで、そのときに育てた子どもが写真家・蜷川実花《にながわみか》*51です。演劇からは事実上干されていました。

石橋蓮司と「第七病棟」は一九八五年に『ビニールの城』という、八〇年代演劇の代表作をつくります。浅草の常盤座という古い劇場で上演された『ビニールの城』は、当時流行した「ビニ本」を題材に、生身の女性に触れられない小心な男の姿から、直接的な触れ合いから徐々に遠ざかって行く現代人を描きました。

こうしてかつての過激な集団は分裂し、三分割してそれぞれの道を探っていきました。これは推測ですが、石橋・清水・蜷川がそのまま一緒に劇団を続けていたら、おそらく八〇年代から二〇〇〇年代にかけて最強の劇団になっていただろうと思います。そのことを蜷川は悔しく思いながらも結局最後まで歩み寄ることができなかった。

これが一九七〇年から七三年あたりまで、アングラや小劇場という言葉がいきいきと輝きながら、しかし実態はさまざまな困難を極めた歴史です。それでも今にして思えば、ものすごく刺激的で面白い時代だったのではないかと思います。

*50 真山知子
一九四一〜。女優。パッチワーク・キルト作家。東映ニューフェイス合格後、劇団青俳に入団。一九六八年、夫・蜷川幸雄と共に現代人劇場を結成。写真家・映画監督の蜷川実花は長女。

*51 蜷川実花
一九七二〜。写真家・映画監督。父は演出家の蜷川幸雄、母は女優の真山知子。監督作に『さくらん』、『ヘルタースケルター』など。

第十六章

小劇場演劇の熟成期【一九七四〜八五】

第二期は、七〇年代半ばから八〇年代半ばまでの十余年間、七四年から八五年までとします。この第二期で、小劇場演劇は熟成期を迎え、ゆるやかな世代交代を遂げます。

熱烈な政治の季節を経験した第一期から、この時期にはすでに「シラケ」ムードが漂い、若者たちは「シラケ世代」と呼ばれ、政治の季節はターニング・ポイントを迎えます。何がどう変質したのか。何が継承され、何が断絶したのか。それがこの第二期の重要な視点となります。

七〇年代は、六〇年代派が続々と代表作を発表した時期に相当します。以下、劇団別に成果を列挙してみましょう。

状況劇場——七二年『二都物語』、七三年『ベンガルの虎』、七四年『唐版・風の又三郎』。戒厳令下のソウル、シリア、バングラデシュ、パレスチナへ「遠征と襲来」を繰り返します。他に櫻社に『盲導犬』（七三）八三年、唐十郎は『佐川君からの手紙』で芥川賞受賞。

黒テント——一九六九〜七一年まで『鼠小僧次郎吉』の連作。その発展系が「喜劇昭和の世界・三部作」となり、昭和の暗い歴史を「喜劇」として捉えます。七五年『阿部定の犬』、七六年『キネマと怪人』、七六〜七九年『ブランキ殺し上海の春』（ブランキ版／上海版）。以後、「アジア演劇」を提唱します。

オンシアター自由劇場——七八年『上海バンスキング』（斎藤憐作、串田和美演出）

天井桟敷——七五年、市街劇『ノック』。七五年『疫病流行記』、七八年『奴婢訓』、七九年『レミング　世界の涯までつれてって』、八一年『百年の孤独』、後の三作は晴海三部作と称するスペクタクル上演です。八三年に寺山修司は死去。

早稲田小劇場——七四年『トロイアの女』、七八年『バッコスの信女』七六年、拠点を富山県利賀村（現南砺市）に移す。八二年より利賀フェスティバル開催。八四年にSCOTと劇団名を改称。

転形劇場——七七年『小町風伝』、八一年『水の駅』、沈黙劇の開始。八五年T２スタジオ開場。

元櫻社の石橋蓮司が緑魔子と第七病棟を結成。唐十郎作、佐藤信演出の『ハーメルンの鼠』（七六）で旗揚げ公演。八五年『ビニールの城』。これは八〇年代のベスト舞台と評価されました。

1　新劇という制度への批判

新しい世代によって開始された演劇の運動は、当初、演劇養成所などで訓練を受けていない「素人」が徒手空拳で始めていったことに特徴がありました。既成の演劇人が思いもしなかった発想を手にし、それが徐々に形になり始めたのが一九六七〜七三年までの六年間です。芸術の革命はいつでも専門家でない「素人」から始まるのが常です。

しかし、時代の情勢が少しずつ変わってきたことにより、七三年頃には政治運動に陰りが見え始めました。国内では連合赤軍事件というショッキングな出来事があったことと、中東で起こったオイルショックにより、日本経済は戦後初めて右肩上がりが止まりました。

この時期に、後にアングラ演劇を担う主だった人たちがほぼ出揃い、それぞれに共通する打倒目標を持ったことが大きな軸になっていきました。共通の敵に向けてみんなで連帯していく。そのときの標的は「新劇」だったわけですが、実際に唐十郎や寺山修司や佐藤信や鈴木忠志が考えていたことはもう少しスケールが大きいものでした。単に「新劇」を打倒してそれを乗り越えればいいというのではない。もうひとつその向こう側に何かを見据えていたのです。

それは何かというと、日本の「近代」という制度を射程に収めていたことです。この「近代」をどう捉えるのか。とくに戦後の「近代」をどのように捉えたらいいのか。

戦後日本は連合国（ＧＨＱ）による支配下にありました。そこから戦後一〇年くらい経って、自民党や社会党（現社会民主党）などが成立し、戦後社会における政府＝自民党とそれに対抗する野党＝社会党・共産党という図式ができあがりました。ここから六〇年安保条約改正をめぐって激しく闘われたのです（これについては福田善之の『真田風雲録』が、この問題を絵解きしてくれました）。

では、実際の政府・自民党と野党は戦っていたのでしょうか。これが六〇年代の後半にもう一度問われてきます。政権交替もなく、保守と革新は相互に依存しながら、「持ちつ持たれつ」の関係だったのではないか。保守あっての革新、革新あっての保守のような関係です。これが露呈してくるのが六〇年代後半です。

このような戦後の体制のことを、一九五五年以後の体制ということで、「五五年体制」と言います。戦後の日本では社会党・共産党は自民党と対立しているように見えて実は相互に補完し合っている。こういうものに対して本当の意味で革新しようと考え始めるのが六〇年代半ばから後半にかけてです。政治的にいうと新左翼や全共闘などの誕生と結びついていきます。

「近代化」が「五五年体制」という「制度」を生みだし、そこに天皇制という日本独自のシステムが重なってきました。このような「近代天皇制」の中では、何かに反対しても取り込まれてしまう。反対すること自体がかえって権力を活性化し強化してしまう。非常にややこしい構造を持ってきたのです。これに関しては、一旦外部に出て、「制度」自体を批判しなければならない。あるいは「内部」に徹底的に潜り込んで、内側から食い破っていく。そのような思考と闘い方がこの時期に出てきます。

演劇の場合は「新劇」がかつての革新性、運動性を失なって保守勢力に相当するようになりました。反体制的な志向性が徐々に骨抜きになってしまったのです。六〇年代に始まった新しい演劇の運動は、既成のものを徹底的に破壊することから始まりました。従来の演劇のあり方、「新劇」の演劇の形式を根底から批判することです。

例えば従来の戯曲の言語を破壊してしまう。いわゆる台詞を解体し、しゃべり方も、観客にメッセージが明晰に伝わるようなしゃべり方を拒絶していく。劇場も、額縁舞台によって成り立っている関係性を破壊し、舞台と客席の境界を破壊する。演技も戯曲も劇場も、トータルに批判しないと破壊することにならない。こうした志向性を持った舞台活動を各自が歩調を合わせながらやってきたのがアングラの運動でした。

破壊そのものが表現になっていたのが六七年から七三年にかけての「初期アングラ」です。しかし、七三、四年頃から新しい段階を迎えるようになりました。政治の季節が徐々に沈静化し、学生運動も下火になって祝祭性が消えていく。七四年頃から、はっきり新しい兆候が生まれるのです。「シラケ」という言葉がその傾向を言い当てています。これまで激しく動いていたものが、陰りを見せ始めるのです。

敵であった「新劇」の向こう側にある近代社会。その象徴としての都市社会をどうやってかく乱していくのか。それぞれの劇団がそれぞれのやりかたをもって立ち向かっていくようになりました。かつて「別個に立って共に撃つ」という言葉が使われましたが、「別個に立って別個の方法を追求していく」ようになりました。それに呼応してか、この時期にはいろいろな舞台がつくられ、演劇界は大きく動いていきます。

2 鈴木忠志——身体の思考

鈴木忠志《すずきただし》*52は別役実らと共に、一九六六年に「早稲田小劇場」を創設しましたが、六八年、別役実の退団後まったく違う方向で演劇を開始します。そのときに着手したのが『劇的なるものをめぐって』シリーズです。一九七〇年に上演された『劇的なるものをめぐって・Ⅱ』がとくに評判を得ました。これはいくつかの戯曲の断片を集めて構成したものです。

例えばベケットのようなヨーロッパの前衛戯曲と泉鏡花の言葉を並列し、数学者の岡《おか》潔《きよし》*53のエッセイを引用する。このような本来性格の異なった言葉の断片をつなぎ合わせ、これを白石加代子という一人の女優が語ることで、彼女の記憶の奥底にあるものがだんだん浮上してくるのです。彼女は言葉を媒介にして自分自身の内奥に向かって記憶の糸を垂らしていく。こうして彼女は多様な言葉を頼りにしながら、自分自身の中にあるドラマを摑み取ろうとするのです。つまり身体の中にドラマを発見していく。

これを鈴木忠志は「顕身」と言いました。自分の身を顕す。演技は一般的に「変身」であると言われます。自分でない何かになる。ところが自分の気づかない「もう一人の自分」に出会っていくのが演技だと鈴木忠志は考えました。それを白石加代子という超常的な憑依する身体を持った俳優が演じることで、まったく新しい演劇のスタイルが生み出されたのです。

これを基に俳優の体やことばを探っていくのが鈴木忠志の演技論です。鈴木はコラージュ台本を用いましたが、言葉と身体の関係を探ることが根底にあったのです。

＊52　鈴木忠志
一九三九〜。演出家。早稲田大学在学中に学生劇団「自由舞台」に参加。卒業後、別役実、小野碩らと「早稲田小劇場」を結成。喫茶店の二階に稽古場兼劇場を設ける。当初は別役実の作品を上演していたが白石加代子を看板女優としてギリシア悲劇などの演出にも乗り出す。七〇年代に活動拠点を富山県利賀村（現南砺市）に移す。下半身を重視した独自の俳優訓練法「スズキ・トレーニング・メソッド」は海外からも注目を集める。

＊53　岡潔
一九〇一〜一九七八。数学者としての活動以外にも、教育者や随筆家としての顔も持つ。著書に『春宵十話』、『日本のこころ』など多数。

一九七四年、鈴木は『トロイアの女』を演出します。当時神保町に岩波ホールができたばかりでしたが、ここでの最初の演劇公演が鈴木忠志演出のギリシア悲劇『トロイアの女』です。有名なトロイア戦争の中で敗北していくトロイアの女王・ヘカベを白石加代子が演じました。戦争で焼け出された日本人の老婆が幻想の中でトロイア戦争で負けたヘカベと重なってくる。こういう二重の仕掛けの劇です。この舞台が海外でも評価され、白石加代子は国際的な女優になっていきました。

七八年の『バッコスの信女』では観世寿夫《かんぜひさお》[*54]という伝説的な能楽師と白石加代子が共演しました。能の身体と現代劇の白石加代子の身体が対決していく。まさに伝統と現代が火花を散らす、非常にセンセーショナルな舞台でした。

鈴木忠志は日本のアングラ世代の中でももっとも大きく展開、変化をした人ではないかと思います。学生演劇の自由舞台から始めて、そのOBたちと「早稲田小劇場」を創設し、早稲田にある喫茶店の二階に五〇人くらい収容の小さなアトリエ兼劇場をつくります。その小劇場で『劇的なるものをめぐって』などが発信されたわけです。

その後喫茶店との契約が切れたこともあり、思い切って富山県の利賀村に拠点を移します。そこで五年間だけ実験的な創作をしてみようと思って、合掌造りの民家を改装して劇場（利賀山房）にし、そこを拠点に演劇活動を展開していきます。それが思った以上の成果をあげ、村の側からももっと長くいてくれと要望され、野外劇場（設計・磯崎新）までつくってもらいました。そこから利賀村が恒久的な拠点になり、以後、四〇年以上にわたってここで活動を続けてきたのです。

鈴木には東京という中心を相対化していく考えがありました。海外のフェスティバルは

＊54　観世寿夫
一九二五～一九七八。観世流能楽師。七世観世銕之丞の長男として生まれる。「世阿弥の再来」、「天才」と言われたが五三歳で早世した。伝統芸能の枠に留まらず弟の観世榮夫、静夫らと「冥の会」を結成し、ギリシア悲劇を上演するなど革新的な活動が話題を呼んだ。

＊55　ロバート・ウィルソン
一九四一～。米国出身の舞台演出家・美術家・パフォーマー。視覚芸術的要素の強い舞台空間を生み出すことことから彼の舞台は「イメージの

地方の辺鄙な場所で開催されることが多い。観客は観光も兼ねて、秘境の地に赴く。しかも合掌造りの民家というのは普通の劇場とは違って、生活感が漂う奥深い空間です。そういう場所でこそ、俳優の演技が鍛えられるのではないかと鈴木は考えます。

鈴木忠志はよく「生活史」という言葉を使います。俳優のいい悪いとは何なのか。演技とはうまいとか下手ではなく、その人間の生きる根拠、つまり生活史が現れてくるのが良い演技ではないか。結局一人一人の中にしか演技の基準はない。声がいい、見てくれがいいと外側に基準があるのではなく、俳優がどれほど深く掘り下げて自分に出会い、ありえたかもしれない自分と出会っていくのか。

演技の基盤を探るとき、民家というのは最大の劇場ではないか。こういう発見を彼は利賀村という場所で見つけていくのです。そこから一九八二年、国際的な演劇フェスティバル、「利賀フェスティバル」を開始します。六〇~七〇年代の鈴木と同世代の前衛劇を集めて、日本で初めての前衛演劇祭が開催されました。ロバート・ウィルソンや[*55]タデウシ・カントール[*56]、メレディス・モンク[*57]など彼の広い人脈から選び抜かれた演劇人が利賀村に集結し、日本からも寺山修司や太田省吾らが参加しました。

その後、一九九〇年に開場する「水戸芸術館」の初代演劇部門総監督に就任します。これは茨城県の県庁所在地である水戸市につくられた公共の劇場です。八八年から数年間総監督を務め、「劇団ＡＣＭ」をつくります。これは劇場に専属した劇団で、吉行和子や夏木マリらも参加して、定期的に活動していきます。

九七年には鈴木の出身地である静岡県に県立の劇場が建設されました。ここに「静岡県舞台芸術センター」という劇場と劇団をつくり、一〇年間芸術総監督を務めました。その

演劇」と呼ばれることも多い。代表作に『聾者の視線』、『浜辺のアインシュタイン』（フィリップ・グラス作曲）など。

＊56　タデウシ・カントール　一九一五~九〇。ポーランド出身の演出家。画家を志し、大学で絵画を学び前衛画家として出発するが演劇に転向。劇団クリコット2を結成し創作活動を行なう。代表作『死の教室』で来日公演も果たし、日本の演劇人に大きな影響を残した。

＊57　メレディス・モンク　一九四二~。作曲家・歌手・パフォーマー。オフ・ブロードウェーで活動を始め、その後創作集団ザ・ハウスを結成。「声」を素材にした彼女の作品はミニマルミュージックとしばしば対比して語られることが多い。

後は利賀村に戻り、劇団ＳＣＯＴで活動しています。

喫茶店の二階の小さな劇場から始まり、利賀山房という民家を劇場にし、野外劇場を持ち、さらに水戸芸術館という公共劇場、静岡舞台芸術センターを拠点としていくように、非常に振れ幅の大きい活動をしてきました。ただ、そこで演じられる演劇はあまり変わっていないのが、鈴木忠志という演出家です。

アングラというインディーズ＝自主制作だったものを、公共＝パブリックに変えていく。その先鞭をつけたのが鈴木忠志でした。自前で演劇をやっていくことが難しい時代に、県や市の税金収入を使って演劇活動の予算を整備していくやり方を切り開いたのは、まぎれもなく鈴木忠志の功績でした。その基盤をつくったのが七〇年代から八〇年代にかけての「小劇場演劇の熟成」でした。

3　太田省吾――沈黙の演劇

転形劇場の太《おお》田《た》省《しょう》吾《ご》*58は七七年に『小町風伝』で実質的に演劇界に登場しました。それまで「老態シリーズ」などいくつかの習作はありましたが、東京・神楽坂にある矢来能楽堂で初演された『小町風伝』で太田は一躍脚光を浴びたのです。

この舞台で太田は、老婆役に「沈黙」を課しました。幻想の中で自分を絶世の美女・小町と認じる老婆は、実際の生活で見事に想念の中の自分を裏切ります。その落差が時にはコミカルに、時には残酷に演じられるのがこの『小町風伝』です。俳優の動きは極度のスローモーションで、時間を遅まきにするような感覚が舞台を支配します。そこに流れてい

*58　太田省吾
一九三九〜二〇〇七。劇作家・演出家。転形劇場を主宰し一九八〇年代には『水の駅』から始まる「沈黙劇」三部作を生みだし、狂騒的に変化していく現代社会に対して静謐な舞台で対抗した。『小町風伝』で岸田國士戯曲賞受賞。著書に『裸形の劇場』、『なにもかもなくしてみる』などがある。転形劇場解散後は近畿大学、京都造形芸術大学などで学生の指導にも取り組んだ。

るのは、あくまで詩的なイマジネーションです。

しかし当初、老婆には台詞がありました。しかし能楽堂の舞台を見学したとき、太田は自分の書いた言葉が能舞台に「蹴られた」という感覚を持ちました。六〇〇年の伝統を持つ空間の呪縛は現代劇の言葉を撥ねつけてしまったのです。改めて伝統演劇の底深さを知った太田は、言葉を封じ込め、沈黙に転換したのです。言うまでもなく、沈黙とはもう一つの言葉です。

八〇年代になると、太田は『水の駅』（八一）や『砂の駅』（八五）など「沈黙劇」で一つの頂点を極めていきます。『水の駅』はとある公園の壊れた蛇口から流れている水に、どこからともなく集まってきた男女が水と戯れ合って去っていく。ただそれだけの劇です。俳優の身体はゆっくりと緩慢になり、言葉はついに完全に沈黙に至った。ここで太田は、重要なのは「沈黙」ではなく、動きを極度に遅くすると、最終的に「沈黙」に至る、そのプロセスこそが肝要なのだと言っているのです。

太田はここで身体のあり方、内的なプロセスをたどることで、モノの見方、感覚の変容を迫っているのです。だが太田は沈黙劇だけでなく、台詞劇も書いています。むしろこちらの方がはるかに多いのです。そこで彼は、引用やサンプリングといった言葉の実験を施しています。また空間や美術にも造詣が深く、あっと驚く仕掛けにも長けています。例えば『更地』（九二年）では、壮年の男女がかつての家を訪ね、思い出を語り合います。そこで彼らの生活史が繰り広げられるのですが、あるとき、夫は奥から引っ張り出してきた白いシーツで舞台全面を覆ってしまいます。あたかも過去の記憶を封殺し、真新しい宇宙空間に初めて出会ったような感覚を生み落とすのです。このときの男の台詞は、「なにもかもなくしてみるんだよ」という言葉です。

太田は数多くの演劇論やエッセイを発表していますが、その著作の一つに『なにもかもなくしてみる』（二〇〇五）があります。『更地』の台詞から採られたものです。自分の所有物から一つずつ捨てていき、削っていくとき、何が残るか。太田はそれを「裸形《らぎょう》」と言っています。引き算を徹底していくと、人間の原型的な芯に出会うのではないか。「なにもかもなくしてみた」後に何が残るか。太田はそこに人間の生命的な存在をみているのです。

太田の作業は非常に実験的で、同時に美的なものでした。そのような巨匠として、一方の極北を形づくっていきました。同世代の演劇活動がかつてほど活発でなくなった八〇年代に、俄然力を発揮してきたのが太田省吾です。しかし太田省吾の転形劇場は絶頂期ともいえるこの時期に、経済的な理由もあって八八年に劇団を解散します。

太田省吾の解散記者会見は衝撃的でした。太田は、「今は機嫌のよい芸能がはびこっていて、芸術は壊滅した。我々は潔く解散するしかない。自分たちが生き延びていくには今までのような筏の形式では無理だ。もっと違う船を作って旅立っていかないと続かない」。こう宣言して劇団を解散したのです。時代は、ここまで危機的事態に遭遇しているのか、という感慨が芸術家自らの口から発言されました。芸術を志向する者は本当に狭いところに追いやられている。八六年にバブル経済が到来し、一方で華やかな時代になっていきましたが、他方で芸術的なものの存立が厳しくなっていった。それが弾けて経済不況が始まっていく九〇年代になってくるとがらっと演劇も変わっていきます。バブルが弾ける直前が若者に対して後押ししてくれる最後の時代だったのではないかと思います。

芸術文化振興基金が始まっていくのがこの二年後です。この頃から種々の助成制度が始まっていきますが、その前夜に、太田省吾は劇団解散に踏み切ってしまったのです。太田はその後、近畿大学や京都造形芸術大に迎えられ、演劇教育に携わっていきますが、それは九〇年代も半ば以降のことです。

4　佐藤信と黒テント——成熟期の舞台

「黒テント」は六九年から七一年にかけて、『鼠小僧次郎吉』という五部からなる連作を自由劇場で上演します。それをベースにしながら、七二年から『喜劇昭和の世界・三部作』という作品群を展開していきました。

普通「昭和の時代」というと、戦争や軍国主義で暗いイメージがつきまといますが、この昭和を「喜劇」として読み解こうとします。こういう意図の中で、佐藤信《さとうまこと》*59という劇作家と黒色テントは開始していきます。

七六年に『喜劇昭和の世界・三部作』が東京・梅ヶ丘の羽根木公園で一挙に上演されました。『阿部定の犬』『キネマと怪人』『ブランキ殺し上海の春〈ブランキ版〉』。この三つの作品が週代わりでテントで上演されました。筆者は実際にこの公演を観て、大変衝撃を受けました。演劇はこのように壮大な歴史や世界を語れるのか。筆者自身の演劇に目覚めた一番大きなきっかけが、この三部作連続上演でした。

『阿部定の犬』は一九三六年（昭和一一）に起こった二・二六事件をモチーフにしています。陸軍の青年将校がクーデターを起こした事件です。同じ年に阿部定という女性が新聞

＊59　佐藤信　一九四三〜。劇作家・演出家。劇団俳優座付属養成所卒業後、劇団青年芸術劇場に所属し福田善之に師事。その後串田和美、斎藤憐らと自由劇場を結成。六本木に自前の劇場をつくる。「演劇センター68」から「68／71黒テント」の活動において中心的な役割を担う。代表作に『鼠小僧治郎吉』『喜劇昭和の世界・三部作』『あたしのビートルズ』など。

紙上を賑わせました。阿部定は街娼ですが、愛人の吉蔵をあまりにも愛し過ぎて商売を超えた関係になってしまいます。そして愛人の男根を切り取ってしまうという情痴事件を起こしました。定は、切り取った男根を懐に入れて、夜な夜な街を徘徊している謎の怪美女という醜聞が新聞で報道されます。

この風俗的な話と政治的なテロリズムが劇の中で合体していきます。フランス帰りのテロリストが登場します。彼は天皇の暗殺を考えていて、懐にピストルを隠し持って夜な夜な街を彷徨っている。このテロリストと阿部定が出会い、それぞれが懐にしのばせている、男根とピストルを収めた紫色の風呂敷包みが入れ換ってしまうのです。

テロリズムと情痴事件。これが観客のイメージの中でイコールで結ばれてしまう。風呂敷に包まれた象徴性を持ったモノがすり替わり、政治的なものと性的なものが重層化する。男根は天皇の象徴にも見えてきます。当時なら不敬罪に問われてしまいそうですが、この頃の昭和天皇は戦争責任の問題などから、悪のヒーローでもありました。

その根底にあるのは天皇及び天皇制をどう考えていくのかという問題です。これがこの時代の非常に大きなテーマでした。昭和の歴史を考えていくと必ず天皇制の問題に行き着きます。これは演劇だけでなく、文学も映画も同様のテーマを扱った作品が非常に多く残されています。

その後の『キネマと怪人』では満州国につくられた映画会社と昭和の歴史、『ブランキ殺し上海の春』では革命家オーギュスト・ブランキ[*60]の革命妄想の話です。

三年後の七九年には『ブランキ殺し上海の春』が上海版として改訂され、この作品は七〇年代演劇の頂点にあった作品だと思います。

＊60　ルイ・オーギュスト・ブランキ
一八〇五～一八八一。フランスの社会主義者、革命家。秘密結社・四季協会を組織し、生涯を通じて多くの革命に参加、投獄された。著書に『天体による永遠』、『革命論集』など。

「黒テント」から派生したのが「オンシアター自由劇場」です。旅公演がハード過ぎて、自分たちはアッパーな演劇を選ぶといって別れていきました。串田和美、吉田日出子らが「黒テント」から独立し、六本木の自由劇場を拠点に「オンシアター自由劇場」として活動を再開しました。ここから七八年に『上海バンスキング』が生まれます。斎藤憐《さいとうれん》*61作、串《くし》田《だ》和美《かずよし》*62演出です。

この作品には「和製ミュージカル」という言葉が使われました。ミュージカルというとアメリカやイギリスの輸入品が多かったのですが、日本のオリジナル作品をあえて「和製ミュージカル」と言ったのです。その和製ミュージカルの先駆は福田善之作『真田風雲録』です。林光という作曲家が音楽を作曲しました。そのあと出てきた和製ミュージカルの大ヒット作が『上海バンスキング』だったのです。この作品は一九三〇年代の上海が舞台になっています。上海はその当時、日本からヨーロッパに渡航する際の中継地点になっていました。ジャズが盛んで、ジャズマンたちが屯ろして自分の腕を磨いていく。『上海バンスキング』では横浜から抜け出したミュージシャンたちがヨーロッパに向かう途中、上海に立ち寄って戦争に巻き込まれてしまいヨーロッパに行けなくなり、しがないジャズ人生を送るという話です。笹野高史、小日向文世、余貴美子なども初演の頃に出演していました。

六本木の自由劇場はもともとガラス屋の地下にあった空き倉庫を改装したもので、一九六二年に開場しました。黒テントになる前に佐藤信らが拠点劇場にしていたものですが、五〇人も入れば一杯の小劇場でした。しかしこの作品の初演は、そんな小さな劇場でも客はまばらでした。しかし上演の評判が評判を呼び、やがて一〇〇人くらい観客を詰め込ん

*61　斎藤憐
一九四〇～二〇一一。劇団俳優座付属養成所卒業後、佐藤信らの自由劇場に参加し、「演劇センター68」の結成に関わる。黒テント離脱後、『上海バンスキング』で岸田國士戯曲賞受賞。その他の代表作に『グレイ・クリスマス』『春、忍び難きを』など。

*62　串田和美
一九四二～。演出家・俳優。劇団俳優座付属養成所卒業後、文学座を経て、自由劇場に参加。黒テント離脱後はオンシアター自由劇場にて『上海バンスキング』『クスコ』などの作品を演出。シアターコクーン、まつもと市民芸術館で館長兼芸術監督を務める。

でロングラン上演されました。そしてこの作品で、岸田國士戯曲賞を斎藤憐が受賞しています。また、後に深作欣二監督によって映画化もされました。和製ミュージカルの中でおそらく一番ヒットしたのがこの『上海バンスキング』ではないかと思います。

5　寺山修司――前衛の死

同じ頃に「天井桟敷」も自分たちの方向を探り始めていきます。七五年に『ノック』という市街劇を上演します。市街劇とは一体何なのか。これに似た言葉としては、野外劇、路上劇、路頭劇があります。これらはいわゆる劇場ではないところで上演していく演劇の形態のことです。英語で言うと street performance です。

ところがこの市街劇は、かなり異質のものです。『ノック』では、観客は中央線の阿佐ヶ谷駅に集結すると一枚の地図を渡されます。そして五、六人のグループになり、そこに一人役者が加わり、共に行動していきます。例えばみんなで銭湯に行き、そこで裸になって一列に並び背中を一斉に洗い合う。そこには普通の客もいるわけです。

この劇が問題になったのは、あるサラリーマンの自宅アパートを劇団員がノックしたことから始まりました。サラリーマンに、これからあなたと一緒に世界の平和について話したいのですが、と言います。ところがアパートの住民は、いま競馬中継を見たいので帰ってくれと言う。そこで押し問答が始まります。とうとうサラリーマンが怒って一一〇番してしまう。やがて本物の警官がきました。

そのときの五、六人の観客は、この警官もお芝居の登場人物ではないかと思うわけです。

ところがこれが本物の警察官でした。そして俳優は本当に警察署に連れて行かれてしまったのです。しかし観客はそれが虚構なのか現実なのか、本当はよくわからないのです。近松門左衛門に「虚実皮膜論」というのがありますが、虚と実の間は皮一枚でつながっている。これがお芝居なのだ。どこまでが虚でどこからが実なのかわからない。観客は虚実の曖昧なところで芝居を観ている。

実際この市街劇というのは犯罪の一歩手前。法律に触れるか触れないかギリギリのところでの演劇公演です。そこまで寺山たちは踏み込んでしまった。彼らはここまでが安全地帯、そこから先は犯罪になってしまうギリギリの線を見ている。これが一九七五年に行なわれた『ノック』です。しかし、寺山らはこれに懲りたのか、これ以後は市街劇を止めています。

その後、一九七六年『阿呆船』、七八年『奴婢訓』、七九年『レミング』、八一年『百年の孤独』と、彼らの代表作が立て続けにつくられました。これらは東京・晴海にある国際貿易センターという巨大な見本市会場を使って公演が行なわれ、「晴海三部作」と称されました。空間があまりに巨大なので舞台セットやその前に観客席をつくってもほとんどが空きスペースになります。実際の上演スペースは全体の一割くらい。観客は舞台上の行為を観ていますが、実際は舞台の外側でも田植えのシーンだとか、俳優たちのアクション、劇行為は会場の至るところで行なわれていました。

なかでも『奴婢訓』は海外に招聘され、ロンドンの「リバーサイドスタジオ」や、パリの「シャイヨー宮」など、かなり格式のある劇場で上演しています。ただし、これらは劇場ですので晴海の倉庫のような仕掛けはできません。あくまで舞台だけを持っていきました。これで寺山修司は世界的に知られるようになります。

いろいろな観客がパリやロンドンで公演を観て、テラヤマはマジカル、日本にこのようなスペクタクルをつくる演出家がいるのかと衝撃を与えました。その中にサイモン・マクバーニー[*63]やロベール・ルパージュ[*64]といった、その後の世界の演劇を牽引していくことになる若者たちもいました。彼らは演劇を始める前、二〇代でこの舞台に触れているのです。

寺山修司と天井桟敷の舞台は、非常に完成度の高い劇でした。しかし「完成度が高い」ということは矛盾した言い方です。アングラは当初破壊をめざしている演劇でした。既成のものを壊すことで、洗練とは対極のものを提示することがアングラの狙いでした。それが一九七〇年代前半までの彼らの流儀でした。

ところが七〇年代後半から、先ほどの「黒テント」の三部作もそうですが、非常に完成度の高い作品ができ上っていきました。つまりアングラというものの当初を裏切ってしまうのです。これがアングラ・小劇場演劇の「熟成期」と呼ぶ理由です。完成度が高いというのは成熟度が高いということを示しています。

しかし、本来彼らがめざしていたのは「成熟」だったのでしょうか。つねに途上で、未完成のままプロセスを見せることを大事にしていたのが、運動としての演劇だったのではないか。その運動性が消えていくと、彼らがいつの間にか芸術の持っている「完成度」という枠に捉われてしまったのでしょうか。これは矛盾なのか必然なのか。ただ、この時期に彼らの代表作が矢継ぎ早に生み出されていたのは事実です。

＊63　サイモン・マクバーニー　一九五七〜。演出家・俳優。イギリス出身。劇団テアトル・ド・コンプリシテを率いる。フランスの演劇教育者ジャック・ルコックに師事。身体を通じた自由な発想による舞台創作が特徴。

＊64　ロベール・ルパージュ　一九五七〜。演出家。カナダ出身。創造集団「エクスマキナ」を結成し演出を手掛ける。視覚芸術性の強い舞台が特徴で「魔術師」の異名を持つ。シルク・ドゥ・ソレイユの『KA』、『トーテム』もルパージュの手による作品である。

第十七章

小劇場演劇の熟成期（続）［一九七四～八五］

1　第二世代の登場

六〇年代後半に始まった小劇場運動は、七〇年代前半に運動としてのピークを迎え、それ以後は「熟成期」に入っていきました。各劇団はそれぞれの代表作を七四年からの一〇年ほどの間に次々と発表していきます。別個にそれぞれの道を歩み始めるのがこの時期です。そこで七四年からバブル経済が始まる八六年までを「熟成期」と考えました。六〇年代に始まった世代のあと、この時代に次の世代の活動が始まりました。それが小劇場第二世代の登場です。

第二世代は俗に言う「団塊の世代」です。「全共闘世代」、「(第一次) ベビーブーム世代」

とも呼ばれます。一九四七年（昭和二二）から四九年（昭和二四）までの戦後生まれ世代を指します。「団塊の世代」とは元通産省（現経済産業省）の官僚で小説家でも知られる堺屋《さかいや》太一《たいち》*65が名づけました。子どもの数がとても多くて、受験や就職などでつねに競争を強いられてきた世代です。その分自己主張が強く、強制されることへの反発の強さも特徴的です。

小劇場第一世代というのはそのひとつ上の世代、一九四〇年前後に生まれ、学生の頃に六〇年安保を迎えるわけですが、団塊世代が二〇歳前後のときに出会うのが六〇年代後半の学生運動です。その象徴が全共闘運動でした。

この時代の大学生は現在と比べると人数も少なく、大学生＝エリートと呼ばれてもおかしくない時代でした。この世代は他に比べて突出して人数が多いので、彼らが就職していく頃に若者文化が流行りました。定年を迎えてからは、老後の生き方がマーケットの対象になっていきます。こうしてつねに注目され続けた世代でした。

*65　堺屋太一
一九三五〜二〇一九。作家・元経済企画庁長官。通商産業省入省後、一九七〇年の大阪万博の企画に携わる。在職中に作家デビュー。「団塊の世代」という言葉を生み出したことでも知られる。

2　つかこうへい

この世代の代表格がつかこうへいという劇作家です。つかは一九四八年に生まれ、二〇一〇年に亡くなりました。

つかこうへいは福岡県筑豊出身。慶應大学文学部に入学して、「仮面舞台」という演劇サークルに在籍した後、早稲田大学の劇団「暫《しばらく》」に所属します。そこで『郵便屋さんちょっと』という作品でデビューします。これは「プリーズ・ミスター・ポストマン」というアメリカでつくられた流行歌のタイトルをもじったものです。ビートルズやカーペンターズがカバーしたことでも有名です。

彼は学生劇団に在籍した頃から「早稲田小劇場」に出入りし、自分の作品を別役実や鈴木忠志に見せていました。小劇場界隈ではちょっと知られた存在だったのです。本名は金原峰雄と言って、在日韓国人でした。ただしずっと在日であることは隠していました。当時、在日韓国・朝鮮人は、今よりはるかに肩身の狭い生活を強いられ、苦しい思いをしながら学生生活、作家活動を送ってきました。在日の文化が公然と活動をするのは、八〇年代に入ってからです。

青山にかつてVAN99ホール[*66]がありました。これは九九人収容できるという名目の小さなホールで、入場料も九九円。ここで七四年に上演された『初級革命講座飛龍伝』『熱海殺人事件』は出世作になりました。定員の三倍くらいの観客を入れ、座布団を敷いて座るのですが、酸欠状態になりながら、観客は芝居を観ているのです。今からは考えられないほど劣悪な状態でした。そこで上演された舞台は、役者は三人しか登場しない。舞台セットは何もない。せりふを高速でしゃべりまくる。このせりふが当意即妙で、ひねりの効いたものでした。

『熱海殺人事件』は、熱海で女工を殺した事件の犯人とされる大山金太郎という主人公が部長警部の木村伝兵衛と新米刑事の熊田留吉に取調べを受けている。しかし調べを進めるに従って、本当に殺人事件があったのか、だんだん怪しくなってくる。その中で、部長と刑事と婦人警官のハナ子の三人が力を合わせて、大山金太郎を立派な犯人に成長させていくという奇妙な劇です。この芝居の妙味は、嘘か真かはっきりしない犯罪をあれこれ理由をつけて立派な事件に仕立て上げていく、一種の「捏造」が行なわれていくところで

＊66　VAN99ホール　かつて東京・青山に存在していたイベントスペース・劇場。カジュアルジャケットで有名だったVANがつくったホールで一九七三年に開場。つかこうへいの初期作品が上演されたことでも知られる。

す。真相は何なのか、事実は何なのか、観客は煙に巻かれながらこの劇を観ている。ある種の不条理的な状況というものがこの劇の根底に流れています。それをチャイコフスキーの『白鳥の湖』などのクラシック曲で感情を高揚させ、メリハリの効いた照明で劇的に盛り上げていく演出が特徴的です。

もうひとつの代表作『初級革命講座飛龍伝』は、かつての全共闘運動の活動家が引退してアパートに引きこもっている。しかしこの活動家と一戦を交えた元機動隊員が彼を追いかけて見張っている。しかし元機動隊員はいつか彼が立ち上がるのではないか。地下で活動をしているのではないかと探りながら二人でやり合っていくのです。挫折をした（あるいはその振りをしている）かつての大学闘争、学生運動の夢を追いかけている者たちの後日談です。

ここで語られているのは、六〇年代、七〇年代の大学闘争とは結局こんなものだったのかという揶揄です。かつての活動家はすぐ挫折し、引きこもって、何も立ち上がろうとしない。そういう無惨な姿を描いた劇として見ることができます。

七四年というと学生運動も下火になっています。下火になっているところに追い討ちをかけるような劇を、つかは書いています。当時の活動家たちの傷口に塩を塗り込むような残酷な芝居を鋭い言葉であばきたてていくのです。つかこうへいの登場がなぜセンセーショナルだったのかというと、かつての六〇年代の政治的な運動に対して冷水を浴びせかけるようなシニカルな劇を放ち続けたところです。当然、同世代の全共闘世代の演劇人たちに反発を受けました。つかは意図的に異質な他者を演じたのかもしれません。たしかに彼は同時代で突出した「異物」だったのです。

七八年には紀伊國屋ホールに進出します。そこで当日券を求めて観客が紀伊國屋ホールに押し寄せ、その列が劇場の外に伸びるくらいの大人気となりました。追加公演を重ねて、一日三回公演もざらでした。今のように指定席ではなくて、通路に座って観るのが当たり前の時代です。圧倒的な若者の人気をかっさらったのがつかこうへいという存在でした。

彼は「つかこうへい事務所」を八二年まで続け、紀伊國屋ホールでの『蒲田行進曲』を最後に休業宣言をします。三四歳の若さで演劇から足を洗い、演劇活動を止めてしまいました。

彼の舞台は口立て芝居と言って、作者自身が台詞を役者に伝えていく手法に基づいています。あらかじめ台詞を書くのではなく、稽古場で役者と丁々発止とやり合いながら、芝居をつくり上げていくのです。これは役者との強固な信頼と濃密な関係がなければ成立しません。それをつかは一〇年近くやってきたわけです。その協同者が平田満、三浦洋一、加藤健一、風間杜夫らだったのです。演出という仕事は肉体的にもとてもハードで、彼は物書き一本でいきたいと思って演劇を止めました。その後、つかは直木賞を受賞し、そのまま文筆一本でいくつもりでしたが、結局、エンタメ小説しか書けませんでした。

そこで九〇年に岸田今日子に当てて書いた『今日子』で演劇活動に戻るのですが、『熱海殺人事件』や『飛龍伝』のような旧作のリメイクばかりでオリジナルのものを生み出せなくなりました。かつてつかと一緒に活動していた長谷川康夫は『つかこうへい正伝　1968－1982』(二〇一五)という本を出しています。「正伝」であるにもかかわらず、一九八二年で筆を止めています。彼と一緒にやっていた仲間たちは、「つかこうへい事務所」までがつかの演劇活動と認じていて、以後はほとんど認めていないのではないか。これが現在のつか評価です。

九〇年以降、東京都北区や大分市で「つかこうへい劇団」をつくりますが、旧作を焼き直すだけでほとんど進展していきませんでした。三〇代でピークを迎えてしまって、それ以後は劇作家・演出家として「余生」を過ごすようになってしまった。それがつかこうへいだったのではないかと思います。

3　転位の季節

小劇場第二世代には流山児祥《りゅうざんじしょう》*67や山崎哲《やまざきてつ》*68など、多彩な顔触れが出てきました。彼らはおおむね先行世代から強い影響を受け、一九七〇年以降、小劇団を結成して活動を開始しました。山崎哲は「つんぼさじき」という劇団をつくり、解散後「転位・21」という劇団で八〇年から活動を再開しました。『うお伝説』や『漂流家族』など犯罪に焦点を当て、時代を抉る作風が一時代を築きました。流山児祥は「演劇団」の後、流山児★事務所を率い、劇団を超えたプロデュース公演を展開し、現在まで息の長い活動を持続させています。演出家としてはアジアの各地を経巡るなど、この世代ではリーダー的な存在として健在です。翠羅臼と桜井大造の「曲馬舘」、岡本章の「錬肉工房」、岡部耕大の「空間演技」、生田萬の「魔呵魔呵」（後にブリキの自発団）竹内銃一郎の「斜光社」（後に「秘法零番館」）というように、団塊世代の演劇人が七〇年代に続々と劇団を旗揚げしています。しかし、途中で劇団名を変えたり解散‐再結成を繰り返すなど、この世代の人たちは紆余曲折の活動を余儀なくされてきました。天井桟敷解散後、寺山の衣鉢を継いだ「演劇実験室◎万有引力」

*67　流山児祥
一九四七〜。俳優・演出家・プロデューサー。状況劇場に参加後、自身の劇団「演劇団」を結成。八〇年代からは流山児★事務所の代表を務め国内外で数々の舞台に関わり多くの演劇人と共同作業を展開している。

*68　山崎哲
一九四六〜。劇作家・演出家。広島大学を中退し状況劇場に参加。退団後、劇団「つんぼさじき」にて自作の発表を行なう。その後「転位・21」を結成。『うお伝説』、『漂流家族』で岸田國士戯曲賞受賞。八〇年代より社会的事件を基にした犯罪フィールドノートシリーズを展開する。

のJ・A・シーザーや岸田理生のカンパニーもあり、名古屋で活動する劇作家、北村想《きたむらそう》*69や関西で独自の野外劇を展開した「維新派」の松本雄吉《まつもとゆうきち》*70もいます。いずれも一つの傾向で括るのが不可能なほど、多彩な活動を繰り広げ、アングラ派の旗幟を鮮明にしながら百花斉放の感がありました。その中で何人かを取り上げていきます。

「犯罪フィールドノート」というシリーズを書き継いだのが、転位・21時代の山崎哲です。彼は広島大学の学生だった頃に、状況劇場の舞台に出会い、唐十郎に強烈なインパクトを受けて演劇活動を開始した一人です。唐の芝居を手本にしながら、ロマンや物語性の豊かな作品を書いていたのが七〇年代の「つんぼさじき」時代です。だが七〇年代末に劇団を解散した後、文体を変えて、再デビューしました。そのとき、彼が探ったのは、別役実のような日常の会話を基にし、「あれ」や「これ」といった指示語を多用する文体でした。唐ばりのロマンから、別役風の不条理の文体に近づいたと言ってもいいでしょう。まさに「転位」の季節を山崎自身は迎えたのです。

山崎が展開した一連の「犯罪もの」は、政治の季節が去った後、時代の矛盾は水面下に沈澱し、その間歇的な勃発がきまって「犯罪」という形をとることに着目したのです。『子供の領分』は、平和な家庭の中で起こった受験生による金属バット殺人事件です。八〇年代には、「家庭劇」が映画や小説でもよく取り上げられました。家族という集団の最少単位にこそ時代の「先端」があったという認識です。

激動の時代にさらなる虚構で対抗するのが七〇年代の手法だとすると、日常の中の亀裂に着目したのが八〇年代であり、ミクロな世界の断片に対応するのが、別役に代表される「不条理劇」だったのです。

*69　北村想
一九五二〜。劇作家・演出家。名古屋を拠点に小劇場演劇の中心的存在となる。ＴＰＯ★師団、彗星86などを主宰。代表作に『寿歌』『想稿・銀河鉄道の夜』『グッドバイ』など。

*70　松本雄吉
一九四六〜二〇一六。演出家。大阪教育大学で美術を学んだ後、劇団日本維新派（後に維新派）を結成。関西を拠点に野外に巨大なセットを組んだ作品を生み出していく。九一年の『少年街』から現代音楽と融合した独自のスタイル「ヂャンヂャン☆オペラ」を確立。以後年に一作のペースで瀬戸内海の離島や琵琶湖、平城京跡などを借景とした野外劇を展開した。

この時代の別役実は、文学座アトリエを主要な発表母体とし、すっかり新劇帰りしていました。ただし、文学座のアトリエは、新劇の中でもっとも小劇場寄りで、角野卓造や田村勝彦、吉野佳子（現由志子）らは「別役文体」に対応する演技を身につけ、演出家の藤原新平とともに、別役劇の上演に最適な場でもありました。山崎－別役のラインでこの時代をみていくと、八〇年代の風景がよく見えてきます。

この時代は多様な広がりを見せていました。身体を武器に前衛的な実験に挑戦していた鍊肉工房の岡本章《おかもとあきら》＊71は、伝統的な能の持つ根源的な力を現代演劇に活かそうと取り組みました。能役者や音楽家、美術家と共演した『水の声』（一九九〇）はひときわ高い成果を挙げました。岡本自身、俳優でもあり、彼自身が生きた演技の実践でもあったのです。

ＳＦ的思考を取り入れたのが生田萬《いくたよろず》です。彼は「ブリキの自発団」を再結成し、銀粉蝶や片桐はいりらと独自の作風を開拓していきました。『夜の子供』は漫画家の実作と舞台が同時進行するメタ演劇であり、衣裳や舞台セットを美術家が担当していたこともあり、ポップな明るさとアングラ調の暗さを同居させたことが特徴的です。

流山児祥は八〇年代に入ると、後続世代とも積極的に交わり、抜群のプロデューサー的手腕を発揮します。それまで劇団同士の垣根は堅く閉ざされていましたが、その閉鎖性を決壊させていったのが、彼のプロデュース公演でした。また高取英《たかとりえい》＊72に戯曲を書かせたのも彼であり、「月蝕歌劇団」はそこから誕生したものです。高取は『聖ミカエラ学園漂流記』（一九八二）など、サブカルチャーの先駆的な作品を生み、少女漫画と演劇を結びつけました。

流山児祥の演出家としての活動は、寺山修司の最晩年に共同作業を敢行し、『新・邪宗

＊71　岡本章
一九四九〜。演出家・俳優。早稲田大学在籍中に学生劇団「自由舞台」に参加。七一年に鍊肉工房を結成。能を現代に活かす活動を続け、伝統と現代の問題を作品や評論を通じて探り続ける。身体と言語の関係性を捉え直した「現代能楽集」の連作を一九八九年から開始。

＊72　高取英
一九五二〜二〇一八。劇作家・演出家・漫画編集者。月蝕歌劇団主宰。代表作『聖ミカエラ学園漂流記』は漫画化・アニメ化もされた。他に『ドグラ・マグラ』（原作・夢野久作）の舞台化などでも知られる。

門』の上演に漕ぎつけています。その後も北村想をはじめ、多くの劇作家と協同作業を達成しています。

彼らは六〇年代の思想を継承しながら、独自の方向に踏み出し、多様な方向へ模索を続けました。しかし、そのすぐ下の世代に豊かな才能を持った者たちが輩出したため、人気の中心はやがてそちらに移行していきました。彼らは小劇場「第三世代」と呼ばれ、多くの才能が一挙に登場したのです。

4　第三世代による相対化

小劇場第三世代は一九五〇年半ば前後生まれの世代です。第三世代になってくると、第一、第二世代の直接の影響圏から脱してきて、相対化する自由さが付与されました。その筆頭が野田秀樹《のだひでき》[*73]です。

野田もまた上の世代から大きな影響を受けています。彼の劇作は唐十郎の言葉遣いやドラマ構造と似ており、初期の別役実の作風に類似性があるとも指摘されました。また井上ひさしの言葉遊びの影響も認められます。野田は上の世代から多くの影響を受けながらも彼なりの独自の世界を展開していくのです。彼が生まれた一九五五年（昭和三〇）、その翌年に発表された経済白書で日本は「もはや戦後ではない」と記述されました。日本が焼け跡から立ち直り、経済的にも自立していき、やがて豊かな時代の始まりを告げる申し子が野田だったのです。団塊の世代は、産めよ増やせよで兄弟も多く弱肉強食の世代。それに比べて、第三世代はゆとりを持って活動を始めていける土壌がありました。そういうバッ

＊73　野田秀樹
一九五五〜。劇作家・演出家・俳優。小劇場第三世代を代表する人物の一人。東京大学在学中に「劇団夢の遊眠社」結成。『野獣降臨』にて岸田國士戯曲賞受賞。劇団解散後は野田地図（NODA MAP）にて自作の上演を行なうほか、東京芸術劇場の芸術監督、多摩美術大学教授も務める。

クグラウンドから第三世代が登場したのです。

野田秀樹は東大の演劇研究会出身で、在学中に「夢の遊眠社」という劇団を創設しました。程なくして学生演劇の枠を越える活動に発展し、ポストつかとして、VAN99ホールから紀伊國屋ホールに進出しました。観客動員もうなぎのぼりで、二〇代にして時代の寵児になりました。『野獣降臨』（一九八二）はこの当時の代表作で、人工衛星の月面到着から、負け続けるボクサーの人生、月の兎たちの光景など奇想に奇想を連ね、さながら万華鏡のような世界が開陳されました。

同様のことは、渡辺《わたなべ》えり*74（当初はえり子）にも見受けられます。山形県出身の彼女は、高校時代に清水邦夫の劇作に魅せられ、上京後は舞台芸術学院で俳優の勉強を開始しました。その中で、唐十郎に強いシンパシーを抱き、彼女もまた唐流の幻想的なファンタジーに富んだ劇世界を書き始めました。『ゲゲゲのげ』（一九八二）は漫画家水木しげるの原作から着想を得たもので、いじめられっ子が彷徨《さまよ》うファンタジーの森に東北特有の民話的世界が合体しました。渡辺えりは「劇団3〇〇（オフィス3〇〇）」を主宰し、今もなお持続しています。

二〇〇〇年に死去した如月《きさらぎ》小春《こはる》*75は東京女子大の出身で、「劇団綺畸」を母体に若くして才能を開花させました。『ロミオとフリージアのある食卓』（一九八一）は、今でいう「メタシアター」の極致のような作品で、実験性や前衛性に富んだ演出家でもありました。

野田秀樹や如月、早大の劇研出身の大橋宏（現DA・M）らが登場した七〇年代末は、学生演劇の最後の光芒とでも言うべき活況を呈していました。大学生という枠を越えた舞台創造と絶大な観客動員もあり、若い世代の演劇は大きな期待を寄せられました。

*74 渡辺えり
一九五五〜。劇作家・演出家・女優。舞台芸術学院出身。もたいまさこらと「劇団2〇〇」（げきだんにじゅうまる）を結成、その後3〇〇（さんじゅうまる）に改名。『ゲゲゲのげ』で岸田國士戯曲賞受賞。映画・テレビドラマ・ワイドショーのコメンテーターなど幅広く活動している。

*75 如月小春
一九五六〜二〇〇〇。劇作家・演出家。「劇団綺畸」にて活動を始め、その後劇団「NOISE」にて『DOLL』『MORAL』などを上演。映像や音楽などのマルチメディアと演者のパフォーマンスを組み合わせた作品を展開した。

一九五八年生まれの鴻上尚史《こうかみしょうじ》、*76 五九年生まれの川村毅《かわむらたけし》*77 はそれぞれ早大、明大出身の若い才能が続き、以後続々と学生演劇出身の新しい人材が登場しました。彼らが八〇年代の小劇場演劇を牽引し、それは「小劇場ブーム」とも言われました。

彼らの背中を押したのが、情報誌の存在です。ちょうどこの時期に「ぴあ」という情報誌が隆盛を極めました。「ぴあ」は七〇年七月に創刊されましたが、若者向けの情報誌が力を持ってくるのが、七〇年代の中盤から後半にかけてです。「ぴあ」が取り上げるのは一番旬な世代、そのときのターゲットが第三世代でした。この時代のもう一つの情報誌「シティロード」が「ぴあ」と並んで、二大情報誌として大きな影響を与えたのです。

これらの情報誌が読者による年間ベストテンを特集すると、上位にくるのが野田秀樹をはじめとする第三世代で、上の世代の寺山修司や唐十郎を追い抜く勢いを見せました。こうして主役の座は第三世代に移っていきました。これが八〇年代演劇の流れです。

この流れから何が言えるのか。

つかこうへいは前の世代の演劇を一掃した感があります。アングラ世代が持っていた政治性、暗い情念を明るいものにつくり変えていきました。一種のエンターテイメント化です。同時につかこうへいは観客の数をとても増やしました。ふだん演劇を観にいかないような一般学生や若い観客を動員し、それがそのまま、つか後の第三世代の劇に集まっていったのです。こうして演劇の流れが一気に変わりました。情報化社会の移り変わりとともに、読者や観客といった受け手の意識が変わり、演劇の扱われ方も変わっていくのです。情報誌によって、学生時代から若いスターが生まれていく。そのような時代を迎えたのが一九八〇年代です。

＊76　鴻上尚史
一九五八〜。劇作家・演出家。早稲田大学在学中に劇団「第三舞台」を結成し小劇場第三世代を代表する劇団に成長させる。『スナフキンの手紙』で岸田國士戯曲賞受賞。劇団解散後は「KOKAMI@network」「虚構の劇団」などで自作の発表をしている。またテレビ番組の司会なども務める。

＊77　川村毅
一九五九〜。劇作家・演出家。明治大学在学中に劇団「第三エロチカ」を結成、『ニッポン・ウォーズ』『ジェノサイド』で注目され、『新宿八犬伝』第一巻で岸田國士戯曲賞を受賞。二〇〇二年からはプロデュースカンパニー「T factory」にて自作を発表している。

そこで集まった若い観客は、劇場に笑いにくるような消費的な観客でしたが、ジャンルを越えてアートを受容する新しい観客をつくりだしたことも確かです。

バブル経済が始まる八六年まで、いろいろな演劇が登場する中で、果たしてはしゃいでいる演劇が良いのだろうかという疑問も投げかけられました。先行きの見えない時代、生きていくことが困難な時代の到来です。

5 前衛は死んだか

一九八三年に寺山修司が亡くなりました。八六年には前衛舞踏の創始者である土方巽も死去しています。この二人のアヴァンギャルドのアーティストの死によって、「前衛は終わった」ということが言われました。人びとの思考を変え、新しい実験的な演劇を手がけていく人たちがだんだんと生きにくくなっていく。そこに入れ替わるように登場してきたのが「エンターテインメント」という言葉です。

「前衛」と「エンターテインメント」は両立するのか。これが新しく提出された問いでしょう。六〇年代から八〇年代の前半までは、ある意味で前衛的なことを探っていくのが時代の必然でした。確かに舞台は難解かもしれないけれど、それに観客はついていった。今まで観たことのないような舞台に接し、使ったことのない頭の筋肉を駆使して舞台を観客とともに創造していく。劇現場と観客が演劇を一緒に育てていく風潮が当たり前だった時代が少しずつ変わってきました。むしろ演劇というエンターテインメントを「消費」する時代に変わってきたのです。

その先駆けがつかこうへいでした。しかし彼には、溢れるような悪意と挑発があり、その毒にまともに当てられてしまうと、観客は胸元に刃を突き刺される。こうした作風を引き継いだのが第三舞台の鴻上尚史です。鴻上は早大の演劇研究会出身ですが、その作風を踏襲するかのように、不条理劇をベースに、若者の切実な生き方を問う舞台を発表しました。旗揚げ公演『朝日のような夕日をつれて』（八一）はベケットの『ゴドーを待ちながら』を下敷きにしながら、先行きの見えない若者の心情を掬い取っていったのです。若者の共感を得ながら、同志的観客が彼らの舞台を力強く支え、一種のコミュニティを劇場のなかにつくりだしました。二〇代の若い観客は自分の当面する人生の課題を舞台に重ねながら、支持していったのです。鴻上は、時代のキーワードを舞台に散りばめながら難解さを感じさせず、時代を読み解く格好の舞台を提供したのです。

野田秀樹の舞台は難解です。一回観ただけでは筋が摑めない難解さがありました。けれども表面的には楽しそうに演じているので、難解な「前衛」と楽しい「エンタメ」が合体したような趣向に満ちていました。野田秀樹は確かにそうした新境地を開拓したのだと思います。

後続世代として川村毅と第三エロチカ（現 T factory）もまた第三世代を代表する一人です。ただしこの世代がある種のマイルドな様相を呈しているのに対して、川村は六〇年代の風を受け継いだ感があり、舞台は攻撃的で挑発に満ちていました。役者たちの無頼で暴力的な演技は、若手世代としては異彩を放ちました。

『ニッポン・ウォーズ』（八四）や『新宿八犬伝』第一巻（八五）など彼の出世作は明晰な批評意識で世界に挑みかかる物語です。アンドロイドのアイデンティティを扱った

『ニッポン・ウォーズ』は核兵器による最終戦争を予感させる物語で、近未来の戦争のイメージを先取るものです。同時に、人間の来たるべき未来が予見されており、川村は記憶を持たないアンドロイドに、人間の未来予想図を見ているかのようです。前衛劇というには明らかに異質ですが、しかし狙った主題はきわめて前衛的です。そこに六〇年代のアングラを潜り抜けた新しい前衛の姿を認めることができるかもしれません。

しかし時代の趨勢はどんどんエンターテインメントの方向に向かっていきます。すると六〇年代に前衛を志向していた人たちは行き場を失ってしまう。その象徴が太田省吾です。速度感があり、時代の空気をたっぷり吸いこんだ野田、鴻上の舞台がこの時代の顔となることは疑いないところですが、他方で太田の沈黙劇や川村や如月の実験的な試みの幅で八〇年代演劇を考えてみることが必要でしょう。バブルの発生を挟んだ一九八〇年代は、現代演劇にとって大きな岐路だったとも言えるのです。

第十八章

エンゲキの迷走期——新たな実験段階［一九八六〜九四］

1　八〇年代はスカだったか？

第三期は一九八六年から九四年を対象にします。八六年はバブル経済が始まった年です。また土方巽が亡くなった年でもありました。そして一九九五年は阪神・淡路大震災、地下鉄サリン事件が起きました。近過去における大きな節目の年です。その手前までを一括りにしてみようと思います。

これを「迷走期」と名づけましたが、一般的にこの時期がそう名づけられているわけではありません。演劇そのものを考えたときにここに大きな断絶があったのではないか、バブルが始まるときに何か断層のようなものがあったのではないかと考えたからです。それを明らかにしたいと思って「迷走期」と名づけました。

バブルとはいったい何だったのでしょうか。今から振り返るといろいろなことが言えると思います。日本は戦後復興し、ずっと右肩上がりを続けていたのですが、それが一旦止まるのが七三年のオイルショックでした。石油の産出国である中東の思惑一つで日本経済は不安定になってしまう。アラブの世界ではイスラエルとの抗争が中東戦争（一九四八〜七三）に発展し、政情不安が続きました。

演劇の運動も第三次中東戦争が始まる七三年を境に徐々に下降線をたどります。ただ、各劇団の代表作はむしろこの後に生まれています。さらに第二世代、第三世代などの後続世代が登場しました。

その後、ある程度日本経済が回復してきた中で、バブル経済が始まります。経済は上向きましたが日本の社会にはどこか空疎感が生まれてきました。

かつて「宝島」というサブカルチャー系マガジンがありました。漫画や映画や美術など、いろいろなジャンルを横断的に論じていく雑誌です。その雑誌を母体とする「別冊宝島」で『八〇年代の正体！』というタイトルで特集号が刊行されました（一九九〇年四月）。「宝島」というサブカルチャーを先導した雑誌の企画なので話題になりました。そのとき八〇年代は「スカ」だったという総括がなされました。つまり八〇年代は何もなかった、無意味な時代だった、と。その時代を一番引っ張っていた雑誌が「八〇年代はスカだった」と言ったことが衝撃でした。

ではそんなに実のない時代だったのか。演劇はどうだったのかを検証してみなければなりません。八〇年代は多くの人材を生み、演劇自体は隆盛を極めた時代だったと言われます。ただし、バブル以前と以後ではずいぶん色合いが違ってきます。バブル以前はさまざまな劇団が代表作を生むような土壌があって、実りがありました。その後、バブルが始まったあとくらいに日本の文化や経済はどうなったのか。

八〇年代という枠組みでそれを語ってしまうと、バブルの前も後も入ってしまう。経済的には浮かれ気分で喧騒に包まれた時代、祝祭的で底の浅い時代と映し出されがちですが、それを細かく見ていくと別の彩りがあることがわかります。

2 世界史の動向

ちょうどバブルの始まりから九四年くらいまでの間に世界史的には多くの出来事が起こりました。まず八六年に現在のウクライナにあったチェルノブイリ原発で事故[*78]が起きました。日本は二〇一一年の三・一一の事故で放射能漏れなどの大変な惨事になりましたが、それより二五年前にチェルノブイリの事故がヨーロッパの中央で起きていたのです。ヨーロッパは福島原発事故にとてもナーバスに反応しました。まずこの経験がヨーロッパの中で共有されていたからです。

次に八九年にもいろいろなことが起こりました。一番大きな出来事は、ベルリンの壁[*79]が崩壊したことです。東西ベルリンをさえぎっていたコンクリートの壁が壊され、行き来が自由になる。翌年、東西ドイツが統一します。そして九一年にはソヴィエト連邦が崩壊し、その後社会主義国が次々と崩壊していきました。これを社会主義崩壊のドミノ現象と言います。具体的には、市場経済に移行し、社会主義体制を封印しました。そして東西の対立、

＊78　チェルノブイリ原発事故
一九八六年に旧ソ連（現・ウクライナ）で発生した史上最悪の原発事故。外部電源喪失を想定した試験中の原子炉が炉心溶融を起こしその後大爆発を起こした。この事故により大気中に放出された放射性物質は北半球全域に拡がり、原発に近い現ウクライナ・ベラルーシ・ロシアに多大な被害を与えた。この際、旧ソ連による情報統制が被害を拡大させたともいわれている。

＊79　ベルリンの壁
一九六一年から八九年までベルリン市内に存在したコンクリート製の壁。第二次世界大戦後のドイツは東西冷戦の影響を受け東と西に分断された。しかし東ドイツ市民の西ドイツへの流出が深刻化し、東ドイツ政府は東ベルリン市民の西ベルリンへの流出を阻止するため壁を建設した。

冷戦構造というものの終焉を迎えるのです。そのあと米国による一国支配が始まりました。

アジアでは一九八九年に北京で天安門事件[*80]が起きます。共産党政権に対して若者たち、労働者たちが反乱を起こす。しかしこれは鎮圧されましたが、以後中国内部で少数民族弾圧の問題が表面化していきます。中東では九一年に湾岸戦争が起きます。そもそものきっかけは、ソヴィエトのアフガニスタン侵攻から始まるアラブの国々との抗争です。この地域は油田地帯なので、日本人にもさまざまな影響が出ました。ここからイラクのサダム・フセインの支配やＩＳ（イスラム国）の誕生など、その後のアラブ情勢の変化につながっていきます。

これに対して日本人はどのように受け止めたのか。ベルリンの壁やソ連や社会主義国の崩壊をどのように受け止めたかというと、反応は概して鈍かった。世界史的な事変が起きるとヨーロッパでは芸術が即対応するのですが、日本はほとんど反応しなかった。天安門事件も含め、他山の石のような感じで見ていたように思います。

3　日本国内の反応

世界史が激動しているとき、日本は国内問題に耽溺していました。世界の動向は自分たちには関係ない、日本の国内で演劇活動をやっていればいいじゃないかという風に閉じこもった演劇がこの時期に増えていきます。そのことを端的に指摘したのが、太田省吾の「機嫌のいい芸能がはびこって、芸術は壊滅した」という発言でしょう。八八年に芸術的にピークといっていい転形劇場が解散したことは、現代演劇が方向性を見失って立ち往生

＊80　天安門事件
一九八九年、北京の天安門広場に集まった民主化を求める民衆を中国政府が武力鎮圧した事件。

＊81　劇団四季
慶應義塾大学の学生を中心に一九五三年結成され、翌年『アルデール又は魔女』で旗揚げ。当初は翻訳劇中心のストレートプレイの劇団であったが七〇年代よりミュージカルを手掛け、現在は『オペラ

してしまった象徴のように思われました。これがバブル期に起こった現象です。その中で、三つの動きを挙げることができます。

一つは八〇年代の中で「劇団四季」[*81]が大変な力を持っていったことです。もともとアヌイ[*82]やジロドゥ[*83]といったフランスの戯曲の上演から始まった四季ですが、七三年の『ジーザス・クライスト＝スーパースター』の成功を機に、浅利慶太はストレートプレイからブロードウェイのミュージカル作品の上演にシフトチェンジしました。その勢いは一九八三年に新宿西口で『キャッツ』のテント公演で爆発します。それ以前に同じ土地に紅テントや黒テントが自前で建てたのと違って、保守政権の肝いりで劇団四季は一等地で公演を行なったのです。

これを契機にキャッツ・シアターが全国展開します。中曽根康弘総理大臣と仲の良かった浅利慶太は、「遊休地」活用を名目に、劇団四季はテント公演を全国展開していったのです。例えば札幌は演劇の動員が不毛な地と言われていました。ところが札幌駅前にキャッツ・シアターが建つと何万人もの観客を動員しました。今まで演劇など観たこともなかった人たちがいきなり『キャッツ』に出会う。それを誘導したのが国鉄と分割民営化後のJRです。劇団四季と提携してチケットを売る。北海道の各地域から札幌に観客を呼び寄せて、電車の切符と公演のチケットをセットで販売する。観客動員に関して、劇団四季を行政が後押ししたということです。こういうシステムで興行を拡大していくのが、四季の戦略になりました。劇団四季はこれを境に一気に力を増していきます。

二つ目は演劇ともダンスともつかないような新しい表現形態が生まれてきたことです。「ダムタイプ」[*84]という京都のグループは、ハイテクノロジーを使い、空間を造形してい

座の怪人』や『キャッツ』などの海外製ミュージカルの上演を主に行なっている。

＊82　ジャン・アヌイ　一九一〇～一九八七。フランスの劇作家。歴史劇や心理劇など題材は多岐にわたり多くの作品を残した。代表作に『アンチゴーヌ』『ひばり』など。

＊83　ジャン・ジロドゥ　※156頁＊39参照

＊84　ダムタイプ　京都市立芸術大学在籍中の学生らによって一九八四年に結成されたパフォーマンス集団。映像・美術・建築・音楽・デザインなどの異なる分野を背景に持つメンバーによりつくりだされる独自の世界は演劇という枠を越えて支持を集めた。代表作に『S／N』、『PH』など。

く、一種の演劇の枠を越えたパフォーマンスを上演しました。八四年から始まった、福島県のヒノエマタ[＊85]でパフォーマンス・フェスティバルがありました。一般的にパフォーマンスという言葉が使われ始めるのがこの辺りです。しかし当時の演劇人はパフォーマンスという言葉に難色を示しました。パフォーマンスは美術に端を発し、やがて音楽、ダンス、映像などが混淆し、メディアがクロスすることに特徴があるのですが、演劇の生命線ともいえる「ドラマ」といった概念から著しく逸脱していたからです。

しかし今からみると、ミクストメディアは目新しいわけではなく、演劇はそもそも多ジャンルが総合化されたものですから、演劇界の反応は実に素朴だったことがわかります。ただ演劇からはみ出す表現が徐々に生まれてくるようになったのは、八〇年代半ば頃からでしょう。

三つ目は宮沢章夫《みやざわあきお》ら[＊86]小劇場の外部の人間が、演劇に参入してくる動きです。彼らは新しいタイプの演劇をつくり始めます。宮沢章夫は今では評論などでも活躍していますが、小説家のいとうせいこうやタレントのきたろうなどと新しい笑いを追求するために、八五年に「ラジカル・ガジベリビンバ・システム」というユニットを結成しました。ちょうど八〇年代には漫才ブームが起きました。吉本興業が東京に進出し、漫才が全国的に拡がってくる。笑いに対する新しいアプローチがさまざまな形で生まれてきました。その先陣を切ったのが宮沢章夫らであり、彼に続くのが、大人計画の松尾《まつお》スズキ[＊87]やＮＹＬＯＮ１００℃（当時は健康）のケラリーノ・サンドロヴィッチ[＊88]です。彼らは学生演劇から出てきたのではなく、外部から参入してきたことに特徴があります。宮沢は大学で建築学を専攻しましたが、やがて放送作家になりました。松尾は九州の大学の演劇部で活動しますが、漫

＊85　ヒノエマタ
福島県南会津郡檜枝岐村。一九八四年から行なわれた「パフォーマンス・フェスティバル・イン・檜枝岐」の舞台になった。

＊86　宮沢章夫
一九五六〜二〇二二。劇作家・演出家。遊園地再生事業団主宰。一九八〇年代にシティボーイズ、竹中直人らとパフォーマンスユニット「ラジカル・ガジベリビンバ・システム」を結成。『ヒネミ』で岸田國士戯曲賞受賞。その他の代表作に『14歳の国』『トーキョー／不在／ハムレット』など。

＊87　松尾スズキ
一九六二〜。劇作家・演出家・俳優。一九八八年に劇団「大人計画」を結成。宮藤官九郎、阿部サダヲ、荒川良々、皆川猿時らを輩出するほか、自身もテレビドラマや映画などで俳優としての活動も多い。

画やイラストなどの絵心があってそちらの方で道を切り開こうとしました。ケラリーノ・サンドロヴィッチは高校時代までは演劇をやっていましたが、映画の専門学校に進み、その後バンド「有頂天」を結成します。インディーズ系では有名なバンドのボーカルをやっていました。

このように他業界、あるいは外部の人たちが演劇の世界に参入してきます。同世代の大学演劇出身の坂手洋二や平田オリザ、松田正隆らとはまったく違う演劇の出自を持ちます。彼らは気質も違うし、やり方も違うし、立ち位置も違う。どちらかというと既成のものを笑い飛ばそうとする、少しパロディがかった演劇に傾斜します。

こうして、六〇年代のアングラ・小劇場から始まって、第二、第三世代という系譜とは異質の演劇が出現してきました。したがって「第四世代」はここで途切れたのです。

＊88 ケラリーノ・サンドロヴィッチ 一九六三〜。ミュージシャン・劇作家・演出家。バンド「有頂天」でボーカルを務め、インディーズレーベル「ナゴムレコード」を主宰し筋肉少女帯、電気グルーヴ、たまなどを世に送り出す。演劇にも進出し、一九八五年に劇団「健康」を結成。後に「ナイロン100℃」となり人気を博す。

4　外部からの刺激

八〇年代の後半から九〇年代にかけて、日本の好景気の折から、海外から最新鋭の劇団やアーティストを招聘することが可能になりました。その先鞭をつけたのが八六年、ヤン・ファーブルの『劇的狂気の力』です。同年には、ピナ・バウシュと「ヴッパタール舞踊団」の来日公演『カフェ・ミュラー』『春の祭典』が上演されました。当時ヨーロッパで最先端と言える作品が初めて日本にやってきて、世界との「同時代性」を突きつけたのです。

日本の観客はいま小劇場でやっている笑いの芝居とはまったく異質の舞台がヨーロッパ

で生産されている事実を目のあたりにし、衝撃を受けました。これは一種のカルチャーショックです。この二つに加えて日本の観客に大きな影響を与えたのが、一九九一年の「フランクフルト・バレエ団」のウィリアム・フォーサイスの来日公演です。

バブルの恩恵で、世界の頂点にある三つのカンパニーが来演したことは、それまでとは違った演劇の環境をつくりだしました。この流れから、横浜が拠点となって新しい演劇のフェスティバルが始まります。一九八九年に横浜市制一〇〇周年・開港一三〇周年を記念して「ヨコハマ・アート・ウェーブ」（YAW'89）が開催されました。ここでも海外の先端的な若手のアーティストが続々とやってきました。その代表格がベルギーのダンスカンパニー「ローザス」[*89]です。ピナ・バウシュなどの後輩にあたる、まだ当時二〇代の集団です。スペインのバルセロナからは「ラ・フーラ・デルス・バウス」[*90]が野性味たっぷりのパフォーマンスを上演しました。日本からは勅使川原《てしがわら》三郎《さぶろう》[*91]がこれを迎え撃ちました。彼は日本の中でもっともクオリティの高いダンサーですが、彼がどのような位置づけにあるのか日本の中では理解されにくいところがありました。しかしこのようなフェスティバルに出ることで、日本にも世界の先端と拮抗できるアーティストがいることを気づかせてくれました。

神奈川県は「神奈川芸術フェスティバル」（現神奈川国際芸術フェスティバル）を九四年に開催します。YAWの精神を引き継ぐわけですが、海外のダンスカンパニーに並んで登場したのが「ダムタイプ」の『S/N』でした。この作品は、鮮烈な印象を与えました。

AIDSに感染した古橋悌二は、現在の社会が偏見と差別に満ちていることを対話によって解きほぐそうと試みます。ヴィジュアルアートとアナログな対話シーン、ダムタイ

＊89　ローザス
ベルギーを拠点に活動する国際的なダンスカンパニー。一九八三年にアンヌ・テレサ・ドゥ・ケースマイケルによって結成。音楽演奏と一体化した世界が特徴。代表作に『ファーズ』『ドラミング』『レイン』など。

＊90　ラ・フーラ・デルス・バウス
スペインを拠点としたパフォーマンス集団。倉庫を会場に生肉や水しぶきなどが観客に飛び散る破壊的作品『Suz/O/Suz』で初来日を果たす。その後バルセロナ・オリンピック（九二）開会式の演出で世界的に知られるようになった。

＊91　勅使川原三郎
一九五三〜。ダンサー・振付家。コンテンポラリーダンスカンパニー・KARAS主宰。

プは芸術という概念自体に新しい局面を提示しました。そればかりか、彼らの表現は舞台や劇場に留まらず、外部に波及し、社会問題にも触れるアクティヴィズム（活動）にまで拡がっていきました。

こうした日本の先端的なアーティスト、グループはヨーロッパと比べても遜色ありません。日本特有のコンプレックスを払拭し、世界との同時性を認識させてくれたのが勅使川原三郎であり、ダムタイプでした。日本の小劇場シーンとは違った局面が、世界の最先端と互して浮上してきたのです。

5　日本での新たな問題

他にもいろいろな問題がこの時期に起こります。

その一つは一九九二年に「アジア女性演劇会議」（ＡＷＴ）が如月小春を中心に開かれたことです。アジアの女性劇作家が大挙して来日し、リーディングやシンポジウムなどが開かれ、多くの日本人女性作家も参加しました。欧米に比べてアジアはまだ弱小であり、男性と対等とは言えない女性たちが結束して演劇の問題を議論する。八〇年代から徐々に形成されつつあったアジアと日本の交流はこうして本格化していったのです。

このとき、韓国からは演出家・金亜羅率いる舞天《ムチョン》が招聘され、『隠れた水』（チョン・ボックン作）が上演されました。以後、日韓の演劇交流は若い世代を中心に始まります。韓国の現代演劇が来演を果たすのも、九〇年代に入ってからです。新宿の小劇場タイニイアリスでは、演戯団コリペの李潤澤や木花の呉泰錫らが紹介され、日韓演劇交流の橋掛か

既存のダンスの枠に捉われない作品を創作し、国内外を問わず幅広く活動。特にヨーロッパでの評価は高い。

りとなりました。すでに「在日」韓国・朝鮮の演劇人の活躍も目につくようになっていました。金守珍や鄭義信らを核とした新宿梁山泊が旗揚げしたのが一九八七年。彼らは状況劇場、黒テント出身者を中心に結成されたのですが、在日演劇は重要な一角を担うようになったのです。新宿梁山泊の『千年の孤独』（八八）、『人魚伝説』（九〇）はいずれも鄭義信《チョン・ウィシン》*92作、金守珍《キムスジン》*93演出の傑作で、この時代を代表する舞台でもありました。芥川賞作家・柳美里《ゆうみり》*94も当時は青春五月党を率いる劇作・演出家として出発しています。日韓演劇交流は、二一世紀になってもはや欠かすことにできない重要なファクターになりましたが、その端緒は九〇年代に切られたのです。

ドイツの劇作家、ハイナー・ミュラーについてのプロジェクト（ＨＭＰ）が九〇年から始まり、難解で知られる劇作家をめぐっての議論が行なわれました。このプロジェクトは二〇〇二年、金沢、〇三年には東京でフェスティバルに発展します。これは「ハイナー・ミュラー／ザ・ワールド」（ＨＭ／Ｗ）と称し、実験的で挑戦的な舞台が三ヵ月にわたって一八劇団によって上演されたのです。二一世紀に入ってこの時期までは、前衛的な勢いは絶えていませんでした。

さきほど宝島は「スカ」と言いましたが、従来の演劇とは違う景色がこの時期に生まれたことは確かです。それをカタカナの「エンゲキ」と称しました。小劇場の外部からケラや宮沢らが出てきて、従来の小劇場とは異なる新しい演劇も生まれました。しかしそれで全部が一新されたかというとそうではありません。ただ演劇の選択肢を増やしていったのがこの時代ではないかと思います。演劇をどのような幅で見ていけばいいのか、がこの時代に改めて提起されました。

*92　鄭義信
一九五七〜。劇作家・脚本家・演出家。一九八七年劇団「新宿梁山泊」を旗揚げし座付き作家になる。『ザ・寺山』で岸田國士戯曲賞。退団後、『焼肉ドラゴン』で鶴屋南北戯曲賞、他に映画脚本『月はどっちに出ている』などを手掛ける。

*93　金守珍
一九五四〜。演出家・映画監督。状況劇場を経て劇団「新宿梁山泊」を旗揚げし以後演出を手掛ける。『夜を賭けて』、『ガラスの使途』など映画監督としても活動。

*94　柳美里
一九六八〜。劇作家・小説家。高校を中退し東由多加率いる「東京キッドブラザース」に入団し女優として活動。後に劇作家として『魚の祭』で岸田國士戯曲賞を最年少で受賞

この時期には種々の議論がありました。

九三年に演劇評論家の大笹吉雄《おおざさよしお》は*95「現代演劇のリアリズム回帰」を書き、論議の的となりました。九〇年代に出てきた小劇場はもともと新劇だった。新劇はそもそも小劇場で開始されたのであり、だから小劇場は新しいものではなくて、本来新劇に帰るべきものである。三谷幸喜、松田正隆、岩松了など現代演劇は次々と新劇のリアリズムに回帰している、という主張です。しかし、それらはいわゆる現実を再現するようなかつてのリアリズムに回帰しているわけではないでしょう。不条理の演劇を経て、もっと向こう側に行こうとしているのではないか。「リアル」という言葉がよく使われるようになったのもこの時期です。

このようにアングラや小劇場は終わって、新劇にもう一度帰っていくという「新劇回帰」説が九〇年代に出始めました。九九年に劇作家であり評論家である山崎正和は「文学的戯曲の復活と20世紀末」書きました。唐や寺山のような、六〇年代には文学を破壊するまったく新しい戯曲が出てきたが、それは肉体を前提とするもので読むに耐える自立した戯曲作品だろうか。文学的な戯曲をこよなく愛する保守的な劇作家は、寺山や唐の戯曲は文学ではないと主張したのです。しかし、唐十郎や寺山修司はすでに十分評価され、演劇史に残る劇作家です。演劇史は近代演劇としての「新劇」の文学主義を踏み越えて、身体を媒介とした言語による新しい戯曲作品に移行したことは明白であり、この歴史の解釈をめぐって議論はもっと深められていくべきでしょう。

「回帰」や「復活」という言葉は、昨今の保守的傾向とつながっています。戦前への回帰、昔の美しい日本を取り戻す。こうした政治家の主張を想起させるのです。かつての日

（二四歳）。小説家としても『家族シネマ』で芥川賞を受賞、自伝的小説『命』がベストセラーとなる。

*95　大笹吉雄　一九四一〜。演劇評論家。『正統なる退廃』、『同時代演劇と劇作家たち』ほか、大著『日本現代演劇史』などがある。

本には理想的な時代があり、それが現代になればなるほど歪んできた。こうした傾向が生まれ、コンサヴァティヴな批評が出始める。これが九〇年代のひとつの兆候です。

芸術の歴史も政治や経済と同じように、何かを越えていくと考えられてきました。そこには、日本には起源があり、その起源に回帰すべきだという発想が根底にあるのです。しかし起源に回帰するという考え方は、非常に危険です。それは排除の思想につながるからです。起源を遵守するという考え方は守旧派の考え方ですが、これは最終的に日本礼讃につながっていきます。愛国主義やナショナリズムに回帰しがちになります。

そういう兆候が九〇年代の変わり目に起こっているのではないでしょうか。

6　公共劇場の誕生

八六年から九四年という流れの中でもうひとつ注目すべき点は、公共劇場というものが誕生したことです。一九九〇年に茨城県水戸市の「水戸芸術館」、神奈川県藤沢市に「湘南台文化センター市民シアター」ができて、それぞれ鈴木忠志、太田省吾が芸術監督に就任しました。鈴木はＳＣＯＴという自分の劇団を持っています。転形劇場解散後の太田はフリーでした。

アングラは自前でやっていくことに意義がありました。それに対して、公共劇場は税金で賄う演劇です。自分の好きなようにやるというより、納税者の要求に応えるという側面が公共劇場にはあります。納税者、すなわち一般の人に対する説明責任、アカウンタビリティが問われてくるのです。

公共性という言葉が演劇の中で浮上してくるのが一九九〇年代です。演劇が私的なものではなくて、公的なものであるという考えがこの時期から議論されるようになりました。この議論を深めるきっかけになったのが、一九九〇年から始まる芸術文化振興基金による助成金制度です。これが演劇の創作環境を変えていきます。

それまでは劇団の運営はチケット収入で賄なわれてきました。ところがこの助成金によって赤字を補塡することが可能となり、少額といえども、小さな劇団では資金難を補う大きな支えとなりました。助成金制度が始まることで、演劇をやることに対して社会的な使命観というものが芽生えてきます。演劇への意識は確実に変わってくるのです。しかしこの助成金制度は、その後さまざまな曲折を経て、今日に至っています。そのことに関しては後述しましょう。

一九八六年から九四年にかけて、演劇はどこに行くのか。羅針盤がなく迷走しているようにも見えるし、時代はバブルで浮かれ気分に浸っているようにも思われがちです。が、演劇というジャンルから見ると非常に重要な問題が出てきていた時期ではないかと思います。

演劇の方向性も新たな段階に入り、環境も変わりました。それはまだ萌芽のレベルで、世紀末から二一世紀に向けて、大きな転換の予兆とも言えるでしょう。エンゲキとし、迷走したというのは、そうした意味です。

螺旋階段を描くようになっていくのが歴史ではないでしょうか。

第十九章

演劇の再生期【一九九五〜二〇〇二】

1　一九九五年の二つの出来事

六〇年代以降の日本の現代演劇の第四期は一九九五〜二〇〇二年、世紀末をまたいで新世紀に少し踏み込んだところまでを取り上げます。

一九九五年は阪神・淡路大震災と地下鉄サリン事件が起きた年です。日本の戦後社会の中で激震が走った年です。二〇〇一年にはニューヨークの世界貿易センタービルが自爆テロで破壊されるという大きな事件がありました。しかし日本人にとっては二〇〇三年のイラク戦争の方が身近だったのではないかと思います。

この八年間を演劇にとっての「再生期」と考えました。再生するためには一度破壊されたことが前提になります。九〇年代末は日本が内からも外からも崩壊していたことを自覚した時期だったと思います。九五年の大震災とサリン事件は、自然災害とテロ事件、それぞれ性格は異なりますが、何がそこで明らかになったかというと、日本の社会に基礎体力がなくなっていたということです。それまでなら持ちこたえられたものが持ちこたえられなくなった。その兆候があらわになったのだと考えられます。この九五年は、ちょうど敗戦五〇年に当たります。いろいろな意味でこの五〇年間は何だったのかと問い直された時期でもありました。

日本は戦後焼け跡から立ち直って、朝鮮戦争を契機に経済復興し、その後高度経済成長を遂げました。その象徴的な事柄が一九六四年の東京オリンピック開催です。このオリンピックの開催にともなって高速道路ができ、交通網が一気に近代化されました。東海道新幹線も開業して東西間の距離が一気に縮まり、東京・大阪間が近くなりました。高度経済成長のあとにオイルショックがあり、一旦経済は停滞しますが、その後復活して再び豊かな国になるのではと思っていた人も多かった。世界でも類例を見ない奇跡の国というイメージを日本人は持っていました。少なくとも八〇年代まではそうでした。

ところがバブル経済が破綻し、かげりが見え始めたときに九五年の震災とサリン事件が起きたのです。そこで、これまでの高度経済成長は「神話」だった、しかもきわめて危うい「神話」だったということに気づかされた年だったのではないかと思います。

2 震災によって見えてきた戦後五〇年

震災をめぐっていろいろな舞台がつくられました。とくに記憶に残っているのが『夏休み』です。劇作家・内藤裕敬《ないとうひろのり》率[*96]いる大阪の劇団「南河内万歳一座」の作品です。これは夏休みにお父さんがいなくなってしまい、小学生の息子がお父さんを探しにいくというお話です。この父探しには震災が仄めかされ、時代の象徴的な意味がこめられています。

内藤裕敬はこの頃震災をめぐるエッセイを書いています。阪神・淡路大震災で関西に住んでいる人たちはみんな心に傷を負った。その傷は何かというと、今までこういう災害や事件が起きると、必ず親父が出てきて、うまくまとめてくれた。そういう親父がいなくなってしまった、ということです。つまり父親が喪失してしまったことを自覚した契機が阪神・淡路大震災だったのです。

なるほど今まで日本には「親父」という存在がいました。例えば戦後の日本社会でいえば、政府自民党というのが「親父」に当たります。頑固で保守的だと言われても、いざというときに何とかしてくれるのが自民党の政治だった。保守政治の本領はそこにあります。ところが九五年の震災のときには、保守本流はもう崩壊していたことに気づかされます。

それを裏づけるように、九六年以降、大企業が次々と倒産し始めます。山一證券という四大証券会社の一つがある日突然倒産して社長が平謝りをする映像が何度もテレビで流されました。「親父」が情けなくも涙を流しながら平謝りをしている。それから北海道拓殖銀行という北海道のメインバンクが潰れてしまう。今までだったらそういうときに必ず応

*96 内藤裕敬 一九五九〜。劇作家・演出家・俳優。大阪芸術大学在学中に秋浜悟史に師事。在学中に「南河内万歳一座」を結成。旗揚げ公演は唐十郎作の『蛇姫様』。以後大阪を拠点に活動。代表作に『昼に聴いてみる』『青木さん家の奥さん』など。

急措置が施されました。東日本大震災のとき、東京電力が潰れそうになったときに、日本政府がテコ入れして何とか息を吹き返させたように。そういう手を打てなくなってしまったのがこの時期の政府です。

このときは日本の経済がもう破滅寸前でした。ここから日本の経済は低成長に入ります。九五年までは気づかないふりをして何とか生き延びてきましたが、ついに内部から崩壊していきます。九五年当時は自民党は単独政権時代が終わり、社会党、新党さきがけと連立政権を組んでいました。そのときに阪神・淡路大震災が起きたのですが、事実上政権を担っていた社会党は事後対応がうまくできなかった。自民党も、それに対抗する社会党も力がないということが露呈してしまったのが一九九五年です。日本社会の総崩れのようなものです。

戦後の日本は自民党と社会党がお互いを批判しながら、相互依存し合ってやってきました。これを「五五年体制」と言いますが、四〇年経ってその相互依存基盤が完全に崩壊してしまったのです。

同時にいろいろな凶悪犯罪も起きてきます。一四歳の中学生が小学生の首を切断して、その首を中学校の門の前に置くという猟奇的事件がありました。いわゆる「酒鬼薔薇《さかきばら》事件[*97]（神戸連続児童殺傷事件）」です。神戸の新興住宅街の須磨区北部で起きました。今まで中学生がこれほどの残虐な事件を起こしたことは記憶にありません。低年齢層に心の空洞が押し寄せてきて、それが事件となって噴出してくる。子どもの心の闇がここまで深く浸透していたのか、そうした事態も見て取れました。

ここからどのように再生していくのか。「再生期」と言ったのは、日本経済・社会の再

＊97　酒鬼薔薇事件
一九九七年、神戸市須磨区で発生した連続児童殺傷事件。遺体の一部を中学校の校門の前に放置し、犯人が「酒鬼薔薇聖斗」を名乗りマスコミに挑発的な犯行声明を送りつけるという異様さもさることながら、後に逮捕された犯人が一四歳の少年であったことは日本社会に大きな衝撃を与えた。

生と演劇の再生がどのようにつながるかということでもあります。

一方、ドイツでは歴史をもう一度見直そうという「歴史修正主義」が起きてきます。例えば、「アウシュヴィッツにガス室はなかった」ということをドイツの歴史学者が主張しはじめたのです。ポーランドのアウシュヴィッツ（オシフィエンチム）などにナチスはユダヤ人を強制収容して、全部で八〇〇万人を虐殺しました。この人類史上最大の汚点を修正しようとするのです。

同様のことを日本でも言い始めます。一九三七年に南京大虐殺がありました。これをでっち上げであると言い始めたのがこの時期です。このように歴史を捻じ曲げようという動きが戦後五〇年経ってから出てきます。歴史の風化とともに、かつてあった事実が「なかった」ことにされる。戦争の記憶が希薄になり、体験者がいなくなっていくにつれ、こうした傾向が生まれ、コンサヴァティヴな言説が出始める。これが九〇年代のひとつの傾向です。

ヨーロッパではネオナチがこの時期から抬頭します。ドイツだけでなく周辺国にもこの動きは広がっていきました。現在の難民排除につながる兆候が、この頃に始まっています。世界の右傾化が九五年あたりを境に急速に高まってきて、世の中が不穏になっていきます。

3 震災下で芸術は可能か

こうして一九九五年一月一七日に阪神・淡路大震災が起きるのですが、その直後に神戸で『ゲットー／GHETTO』[*98]という公演が企画されていました。イスラエルの劇作家ジョシュア・ソボル[*98]が一九八四年に書いた作品です。

この『ゲットー／ＧＨＥＴＴＯ』はリトアニアの町に作られたゲットー（強制居住区）で、隔離されたユダヤ人たちがこのまま殺されるのではなく、なんとか自分たちの存在を証明するために演劇公演をやりたい、と主張する芝居です。上演許可をもらうためにナチのＳＳ（秘密警察）の幹部に請願する。ナチスの中でも芸術に関心のある人がそれに協力して公演を実現しようとする、というお話です。

死を間際にし極限状態にあるユダヤ人たちが、芸術活動を通じて自分たちの尊厳を守りたい。こういう作品を上演しようとしていた矢先に震災が起きました。公演会場を予定していた新神戸オリエンタル劇場ではスプリンクラーが作動して劇場が水浸しとなり使用不可能になりました。こんな状況の中で演劇をやっていいのだろうかと出演者たちは煩悶します。劇場のすぐそばに被災者たちがテントや仮設住宅で暮らしているときに、のうのうとお芝居をやっている場合か、と芸術家は自らに問うわけです。

この作品の上演団体だった「ひょうご舞台芸術」は、こういうときだからこそ演劇を上演すべきではないかと考え、上演に踏み切ります。結果として舞台は大成功しました。俳優たちは兵庫県民の悲痛な思いを背負いながら鬼気迫る思いを舞台にぶつけました。舞台で表現されるユダヤ人たちを通して、極限状態に置かれた自分たちの生き方を重ねる奇跡の舞台が生まれました。観客もまた同様でしょう。ユダヤ人の生き方の中に神戸の被災者の姿を投影させたのです。

この作品を演出した栗山民也《くりやまたみや》[*99]はその後「新国立劇場」の演劇部門・芸術監督になりますが、彼の出世作がこの作品です。この舞台をつくったことで一気に一流の演出家になりま

＊98　ジョシュア・ソボル
一九三九〜。イスラエル出身の戯曲・脚本家。代表作に『ゲットー/GHETTO』、『ヒトラーの旋律』など。

＊99　栗山民也
一九五三〜。演出家。小沢昭一に師事。その後木村光一の演出助手を経た後、『エヴァ・帰りのない旅』ほか数々の舞台の演出を手掛ける。

した。

この一九九五年は戦争が終わって五〇年ということもあって、いろいろな問いかけがなされました。例えば芸術は本当に可能なのかというのもその一つです。

九五年に京都のグループ「ダムタイプ」は『S／N』で同様の問題を提起しました。AIDSウィルスに冒された古橋悌二《ふるはしていじ》は[*100]、自分の余命が限られた中、そのまま何もせず死んでいくのか、それとも表現を通して生き方を問うのか、これが『S／N』という作品に結実しました。平田《ひらた》オリザは[*101]『現代口語演劇のために』（九五）を書き、ここでも「演劇は可能か」を問うています。今まで演劇や芸術は、娯楽や、美の追求のための道具として扱われていましたが、そればかりでなく、極限の中での自分たちの生き方を問うものとして芸術があるのではないか。もちろんこれは、古くて新しい問いです。だが、こうした問いが期せずして提出されたことに、この時代の意味があるのではないかと思います。

古橋は自分たちの表現を観客にさし出すコミュニケーション・ツールとして考えました。作品を通じて対話をしていこう。芸術を通じて他者に向けて自分を開いていこう、と。それまでの芸術は作品をつくって観客がそれを鑑賞し、美学的に評価して終わる。そのような「アートワールド」という安全な世界で芸術が賞味されていく。しかし今自分が極限状態の中で作品をつくるという行為は、「アートワールド」から外に出て行くことではないか。外には当然他者がいる。観客という他者に向けて自分の問題をさらけだす。そこまで自分を開いた。今まで芸術が要求されてこなかった領域まで、ダムタイプと古橋悌二は踏み込んでいったのです。彼はその年の一〇月に亡くなりました。

他方、平田オリザの「演劇は可能か」という問いかけはあくまで自分の考えている演劇

＊100　古橋悌二
一九六〇～一九九五。一九八四年にダムタイプを結成し演出を手掛ける。一九九二年に自身がHIV陽性であることを公表し、その後エイズ、ジェンダー、人種などをテーマにした『S/N』を発表、自らパフォーマーとして舞台に立ち続けたが九五年に敗血症のため死去。

＊101　平田オリザ
一九六二～。劇作家・演出家。劇団「青年団」を主宰。こまばアゴラ劇場芸術監督。現代口語演劇を唱え『東京ノート』で岸田國士戯曲賞受賞。九〇年代における「静かな演劇」の代表格でもある。その他の作品に『ソウル市民』、『幕が上がる』など。

が可能なのかという非常に私的な問いかけです。自分の演劇が成立するためにはどのように世の中が変わっていけばよいか。どのような枠組みでそれは可能なのか。自分や作品はあくまで固定化し確立しているのです。古橋と平田の「芸術は可能か」という問いには大きな開きがあります。

「アクティヴィズム」という言葉は「活動」、あるいは「運動」という意味ですが、社会の中で美を追求するということ以上に、表現というもののアクティヴィティが問われる時代が到来しているのです。これは九五年から二〇〇〇年代にかけて、さまざまな領域で表現が問われていく予兆です。

4 公共劇場の進化

九〇年代に起こった大きな出来事として、公共劇場の本格的な始動があります。一九九七年に「新国立劇場」、「世田谷パブリックシアター」、「静岡県舞台芸術センター[*102]」という三つの公共劇場が誕生しました。これらは税金を使って演劇活動を支えていくという考え方でつくられた劇場です。国や県や区などの行政が本格的に演劇に参入してきます。

最初の「国立劇場[*103]」は一九六六年に東京・三宅坂につくられました。これは歌舞伎や文楽、伝統芸能などを保存するための劇場です。目的はあくまで伝統演劇の保護です。それに対して現代演劇の創造のための劇場は、伝統演劇の保存から三〇年遅れて誕生しました。それも期せずして、国と県と区を背景とした三館が同じ年に創設されたのです。

＊102　静岡県舞台芸術センター　一九九七年に開館した静岡市にある公益財団法人が運営する公共劇場。英語の略称はSPAC (Shizuoka Performing Arts Center)。ふじのくに⇄せかい演劇祭を開催し国内外の演劇作品を上演するほか、劇団「SPAC」の拠点にもなっている。

＊103　国立劇場　一九六六年に開館した独立行政法人日本芸術文化振興会が運営する公共劇場。大劇場と小劇場を備え主に日本の伝統芸能を上演する。

その前史として、一九九〇年に水戸市に「水戸芸術館[*104]」が立ち上がっていました。初代芸術監督は鈴木忠志です。藤沢市には「湘南台文化センター・市民シアター」が誕生し、初代芸術監督に太田省吾が就任しています。この動きが本格化してくるのが、九〇年代後半から末にかけてです。

経済的には下降してきましたが、企画が立ち上がったのはその一〇年くらい前、つまりバブル期です。景気が悪くなっても法案として成立すれば、計画を遂行するのが行政です。ということで九七年に公共劇場が立ち上がりました。このように経済と芸術の状況はつねに時間的なずれがあります。

新国立劇場の創設をめぐって、若手の演劇人たちが連絡会議を発足させて議論を始めました。当時は「第二国立劇場」と呼ばれていました。また九六年には「演劇人会議」というものが創設されます。これは鈴木忠志の提唱で始まりました。演劇の作り手たちが演劇の政策のために提言していく必要がある。そういう流れです。

それまで演劇界の圧力団体というのは「劇団協議会」や「演出者協会」など新劇系が中心の団体でしたが、演劇人が自ら発言して国や行政に働きかけて政策にもっと関わっていこうという動きが、主として小劇場系からも出てきました。ただし党派性や利権をめぐって、いろいろ演劇人が動き出した感は否めません。決して一枚岩で結束していったのではなく、必ずしも好転したとは言えません。ただこの連絡会議の中から「劇作家協会」が一九九七年に誕生したことは一つの成果でしょう。

では、公共劇場の役割で一番重要なのは何でしょうか。それは、自主事業をやるということです。日本にも紀伊國屋ホールや本多劇場など多くの民間劇場がありますが、それら

＊104　水戸芸術館
一九九〇年に開館した公益財団法人が運営する公共劇場。当初は美術・音楽・演劇からそれぞれ芸術監督が招かれていたが後に変更された。付属するＡＣＭ劇場は同名の専属劇団を擁している。

は基本的には貸し小屋です。劇団に劇場を貸して賃貸料で成り立っています。それに対して、公共劇場は創作を劇場から発信していく。それが本格化してくるのが九七年です。

それまではプロデューサーが作品を企画していました。実際に舞台をつくらない者が作品を企画して制作する。そこでは予算や収支が先に議論されます。だが公共劇場では実際の劇現場の演出家が身をもって作品を提示していく。ヨーロッパではこういう制度が戦後になってから始まりましたが、制度的にようやく日本も追いついてきました。

芸術監督の役割でもっとも重要なのは、自分たちが今演劇をどう考え、劇場の方針として理念を提示するかということです。それが一番明確になるのが、プログラムディレクターとしての側面です。演劇が今の時代にどうあるべきか、どういう観客に向けてどういうプログラムが必要か、それを決定していくのが芸術監督の役割です。

もちろん税金を使って活動をするのですから、納税者に対する説明責任が生じます。それまでの演劇人はそういうことを明言しませんでした。なぜなら自分たちがやりたい作品をやる、それを客が観にくる。こういう形で公演は成り立っていたからです。だが公共劇場はそれだけに留まってはいられません。もうひとつレベルを上げ、社会に向けて踏み込んでいかなければならないのです。そのために広い視野に立って文化政策を考え、それを打ち出していく必要があります。

新国立劇場の初代演劇部門芸術監督が渡辺浩子《わたなべひろこ》*105（「民藝」という新劇系の劇団の出身者）、二代目が栗山民也、それ以後、鵜山仁《うやまひとし》*106、宮田慶子《みやたけいこ》*107ら新劇系の人たちが就任しています（最新の芸術監督は、小川絵梨子）。

重要なのはどのようなレパートリーをつくるか、です。例えば栗山民也は戦争によって

*105　渡辺浩子
一九三五〜一九九八。演出家。早稲田大学で劇団「自由舞台」に参加。卒業後劇団民藝に所属。その後フランスに留学し、帰国後『ゴドーを待ちながら』で演出家デビュー。数々の舞台を手掛け、一九九六年に新国立劇場演劇部門初代芸術監督に就任。

*106　鵜山仁
一九五三〜。演出家。文学座所属。舞台芸術学院を経て文学座に参加。井上ひさしの作品や海外の翻訳戯曲などを多く手掛ける。二〇〇七年から一〇年まで新国立劇場演劇部門芸術監督を務めた。

*107　宮田慶子
一九五七〜。演出家。劇団青年座所属。青年座のほか商業演劇でも多くの作品の演出を手掛ける。二〇一〇年から一八年まで新国立劇場演劇部門の芸術監督を務めた。

失われてしまった記憶を掘り起こそうとしました。とくに九五年前後には歴史修正主義が出始めましたが、戦争に関わった人たちが大方亡くなってしまって、戦争についての証言がなされていない。栗山はこの「証言」というテーマを重要な課題として打ち出しました。二〇〇二年に新国立劇場で上演された永井愛《ながいあい》*108の『こんにちは、母さん』は栗山芸術監督時代の最大の傑作です。

永井愛は歴史に題材を取りながら、現代の問題にアクチュアルに関わっている作家です。この『こんにちは、母さん』は母親と息子の話です。お父さんは子煩悩だったのに戦争から帰ってくると急に無口になってしまった。一体どういう体験をしてきたのか。お母さんはお父さんについに聞くことができなかった。

あるとき、お父さんがうなされて夜中にトイレに立ったときにあまりにも様子がおかしいので、お母さんが追いかけていくと、鏡に映ったお父さんの顔を見てぞっとしたと言うのです。彼は何かを思い出してしまったようだ。それはどうやら戦争に行ってアジアの子どもを殺してしまった記憶ではないか、母はそう直観したのです。そういう経験を持って日本に帰ってきたからそれまで近所の子どもたちの野球のコーチをしていたのをぴたっとやめてしまう。あのときに聞いておけばよかったのにと彼女は悔やみます。証言の不在。そのような重いテーマが笑いに転化して描かれます。

戦争が終わって五〇年以上経ちました。この戦争の時代に何が起こったのか。ずっとわだかまりとして残っています。戦争は一九四五年に終わりましたが、人々の心の中では終わっていない。それから何十年たっても引きずっているのです。今でも高齢になった人たちがそういう思いを抱えながら心の中で戦っています。

*108 永井愛
一九五一〜。劇作家・演出家。脚本家の大石静と一九八一年に「二兎社」を結成。九〇年代からは永井が単独で作・演出を行なう。代表作に『ら抜きの殺意』、『兄帰る』、『ザ・空気』他、多数。

栗山民也はそうした思いをもって劇場を運営し、その方針のもとで作品を並べていきました。栗山が芸術監督の時代は、新国立劇場が非常に活気を帯びていました。

5　蜷川幸雄の活躍

この時期の演劇界にもう少し目を転じてみると、九〇年代の末から二〇〇〇年代にかけて、二人の演出家の突出した活躍が目につきます。その二人は蜷川幸雄と野田秀樹です。

蜷川幸雄は九〇年代の末からシアターコクーンや彩の国さいたま芸術劇場の芸術監督に就任し、ここを拠点に大活躍をしていきます。

その蜷川幸雄と野田秀樹が一九九九年に『パンドラの鐘』（作・野田秀樹）という作品を同時期に競演することがありました。シアターコクーンと世田谷パブリックシアターでぶつかり合い、どちらが面白いかを競ったのです。ある意味で若い野田に対して巨匠の蜷川が挑戦していくことが大きな話題になりました。

この一九九九年時点では、大家と中堅ががっぷり組んで演劇界の話題になるという、ある種の健全さがありました。日本の社会が停滞していると言いつつも、まだ活力が残されていた。自分たちが踏ん張ればまだまだやれるぞというような気概や気迫がありました。このとき、蜷川幸雄は六四歳、野田秀樹も四五歳です。

このあと蜷川幸雄はギリシア悲劇を集大成した『グリークス』を二〇〇〇年に上演し、シアターコクーンと彩の国さいたま芸術劇場でシェイクスピアの全三七作品の上演に挑み始めます。このように九〇年代の末から、蜷川幸雄、野田秀樹が演劇界をリードしていく時代が始まっていきます。

　公共劇場の誕生で、蜷川幸雄は先ほどの三つの劇場にほとんど関わりませんでした。本来は新国立劇場の芸術監督に収まってもおかしくなかった蜷川ですが、あえてそこを外して在野でやることにこだわりました。シアターコクーンは渋谷の東急文化村がバックについています。さいたま芸術劇場は、彼が埼玉県川口市出身であり、地元を盛り立てていくという使命観で芸術監督を引き受けました。ここは新宿から一時間近くかかり足の便は若干悪いのですが、蜷川幸雄はこの劇場をずっと満杯にし続けて観客を育てていきました。

　もちろん有名なアイドルタレントを起用して集客をしたりもしましたが、「アイドルを観にきたら結果的にお芝居を観てしまった」として演劇ファンになっていく。そういう観客教育をしていったのも蜷川幸雄の大きな功績だったと思います。ある意味で「文化としての演劇」をつくりたいという志が、世紀末から二一世紀にかけて劇場を引っ張っていった蜷川の活躍の原動力でした。

　このように九〇年代の後半から二〇〇〇年代の頭にかけていろいろな意味で演劇界は再編制されていく時期だったのではないかと思います。

第五部

二一世紀の演劇へ

第二十章

演劇界の分極化［二〇〇三〜一一］

1　イラク戦争の意味

現代演劇の近過去について、二〇〇三年から一一年までについて語ります。

二〇〇三年にイラク戦争がありました。イラク戦争は日本の現代史において格別重要な意味があります。それは戦後、事実上初めて自衛隊が戦争のために海外に派遣されたからです。湾岸戦争の際にも、掃海部隊が派遣されましたが、イラク戦争の参加はとくに強烈な印象を与えました。日本は憲法九条によって戦争ができないという固い縛りがありましたが、このときついにその禁を解いて自衛隊を中東に派遣したのです。

自衛隊は実際の戦闘には参加していませんが、水や食糧の補給など後方支援や人道復興支援という名目で戦争に関わりました。今の戦争ではこれも立派な参加になります。現在の戦争は昔のように戦車が走り、戦闘機が飛ぶというものではありません。ミサイルを飛ばすのもボタンひとつ。戦争を決定するのは指先の圧力ひとつで決まってしまうのです。そういう時代にあって、水や食糧を補給するということは、立派な戦争支援になってしまうのです。後に明らかになったことですが、航空自衛隊は多国籍軍の兵器輸送も行なっており、憲法九条に違反すると指摘されています。ここで、日本は「戦争ができる国」になりました。憲法九条を反故にして。それがイラク戦争の意味です。

この戦争はイラクのサダム・フセイン[*1]大統領が大量破壊兵器を隠しもっていると米国が独断で推測して、イラクに対して一方的に仕掛けた戦争です。確かにサダム・フセインは一筋縄ではいかない人物です。しかし国際法を無視した米国の態度は大国ゆえの傲慢さを滲ませるものでした。

この前後にいくつか関連した舞台が出てきます。

例えば野田秀樹の『オイル』。オイルは石油のことですが、「老いる」の意味合いも入っています。この芝居がイラク戦争の起こる直前に日本で上演されました。上演後に、実際にオイルが戦争の火種になってしまうという、皮肉な事態になってしまいました。

これは日本の広島に原爆が落とされたことに因んだ作品です。米軍が実際に広島に落としたのは半ば偶然のようなもので、本当は島根県の出雲に落とすはずだった。出雲という場所は日本の文化の発祥の地でもあるので、その一番起源のところに落とすことを米国は画策していたのでは、という歴史観に基づく創作です。

この翌年に話題になった『三月の5日間』という作品があります。これは「チェル

*1　サダム・フセイン　一九三七〜二〇〇六。イラク共和国の大統領を一九七九年から二〇〇五年まで務めた。イランン・イラク戦争、湾岸戦争、イラク戦争時の指揮官であり独裁者として知られる。イラク戦争敗戦後、逃亡先の民家でアメリカ軍に発見され拘束。その後の裁判で人道に対する罪で死刑判決が確定し、四日後に処刑された。

フィッチュ」の劇作・演出家である岡田利規《おかだとしき》*2の作品です。たまたま六本木のライブハウスで知り合った二人がにわかカップルになって渋谷のラブホテルで五日間セックスしまくるという芝居です。彼ら二人の日常とは個人的な性的な関係ですが、その外側では戦争が起こっている。けれどその戦争には一切関わらずに自分たち二人だけの空間をつくっている設定です。これはイラク戦争に触発されてつくられた作品ですが、現代の若者たちがいかに状況や世界の動きに関われないか、あるいは関心をもてないか、その絶妙の距離感を扱っていると評価されました。しかし実際には評価の難しい作品です。

また上演のスタイルも注目されました。喋っていることと動作がちぐはぐである。語っている主体が次々入れ替る。日常の会話体がだらだらと続く。超現代口語は果たして普遍性を持つものか。岡田は二〇〇七年以降、海外で評価が上がり、日本以上に海外公演の多い作家になりました。

二〇〇四年に坂手洋二《さかてようじ》*3と燐光群の『だるまさんがころんだ』という公演がありました。「だるまさんがころんだ」という遊びを地雷の問題などに重ねながら描いたオムニバス作品です。例えば、武器をつくっているオヤジさんがいるのですが、とても寡黙で家に帰ってきても妻や子どもとほとんど会話をしない。家ではそれなりに存在感はあるのですが、この人が会社でどんな仕事をしているかというと、戦争で使う武器を製造している。だから語るに語れない仕事。父親としては子どもに威厳を見せられない。戦争に対して迂回して遠くから関わっている日本人のあり方を描いています。

『三月の5日間』も『だるまさんがころんだ』も、戦争というものに日本人が間接的にどう関わっているのかが描かれているのですが、問題はその距離のとり方です。関われな

*2 岡田利規
一九七三〜。劇作家・演出家。チェルフィッチュ主宰。日常的所作を誇張した身振りによる口語演劇が特徴。代表作に『三月の5日間』、『クーラー』など。

*3 坂手洋二
一九六二〜。劇作家・演出家。劇団「燐光群」主宰。沖縄問題、戦争責任問題などを取り上げる社会派の作風で知られる。代表作に『天皇と接吻』、『ブレスレス』、『だるまさんがころんだ』他、多数。

いことに無力感を抱くか、無意識に関わらざるをえない社会構造を描くのか。その選択で作家の立場性が問われるのです。

2　ドイツからきた舞台

二〇〇五年は「日本におけるドイツ年」ということで、ドイツから次々と刺激的な舞台がやってきました。「ベルリーナー・アンサンブル」[*4]はブレヒトが戦後に創設した劇団ですが、初来日して、『アルトゥロ・ウィの興隆』という作品を上演しました。

アルトゥロ・ウィのモデルはアル・カポネです。カポネはシカゴで成り上がっていったギャング王です。このギャング王をブレヒトはヒトラーになぞらえました。一九三〇年代にヒトラーが政権を取りますが、もともと小さな政党だったナチを率いて、どうやって成り上がって大統領にまでなったのか。当時の大統領を汚職事件で引き摺り下ろして自分が大統領になっていく。それをシカゴという街でギャング王が成り上がっていく物語と重ね合わせました。非常によくできた寓話劇です。演出はハイナー・ミュラーが手がけました。

ミュラーはブレヒトの後継者と言われ、ブレヒト死後、ベルリンにやってきましたが、壁が建設された一九六一年以後、矛盾の塊たる東ドイツに住みながら挑発的な作家活動を展開しました。一九七七年に発表された『ハムレットマシーン』はとくに有名で、斬新な書き方は、その後の世界の前衛劇の方向を指し示したとも言われます。ベルリンの壁が崩壊した後、ミュラーはベルリーナー・アンサンブルの芸術監督になりました。そのヒット作が、『アルトゥロ・ウィ』なのです。

＊4　ベルリーナー・アンサンブル
第二次世界大戦終戦後、亡命先から帰国したベルトルト・ブレヒトによって設立されたドイツの劇団・劇場。ブレヒト死後も作品を守り続けている。

「フォルクスビューネ」[*5]はドイツの東ベルリンで一番先鋭的だった劇団です。演出家で芸術監督のフランク・カストルフが率いる劇団で、今回はテネシー・ウィリアムズ作『欲望という名の電車』をドイツ風にアレンジした『終着駅アメリカ』を上演しました。この作品は中年の女性教師が、ちょっとしたことから道を踏み外して転落し、最後は精神病院に入れられてしまう、アメリカの転落を一人の女性になぞらえた作品です。ドイツの終焉をアメリカのそれに置き換え、二〇世紀の帝国の終わる様を描いたとも言えます。

他にもドイツから刺激的な作品が相次ぎました。西ベルリンを代表する「シャウビューネ」[*6]はかつて巨匠のペーター・シュタイン[*7]が率いていましたが、マイエンブルク作、トーマス・オースターマイアー[*8]演出『火の顔』が上演されました。同作は息子が家の中で暴れてしまう家庭内暴力（DV）を描いたもので、日本でも当時問題になっていたことがドイツでも起きていたのです。自由主義圏の先進国で頻発する暴力には共通するものがあり、二一世紀になって、世界の内側からの崩壊は深刻なものであることを共時的に示しました。そのような作品を含め、ドイツから現在進行中の生の舞台がまとまって来演したことは、日本の演劇人にも大変刺激を与えました。

グローバル化が叫ばれる中、演劇もまた国境を越え、言語を超えて、共通の問題を探り合う時代が到来しているのです。海外のフェスティバルに招聘される劇団も増え、共同制作もますます盛んになりました。

＊5　フォルクスビューネ
一八九〇年設立のドイツの劇団。直訳は「民衆舞台」。ラインハルト、ピスカートルらが活躍した。

＊6　シャウビューネ
一九六二年に西ベルリンで設立された劇団。七〇年代よりペーター・シュタイン演出による先鋭的な舞台で世界的に注目された。

＊7　ペーター・シュタイン
一九三七〜。ドイツの演出家。西ベルリンの劇団シャウビューネで創作活動を行なう。『ハムレット』『ファウスト』などの演出で国際的に高い評価を得る。

＊8　トーマス・オスターマイアー
一九六八〜。ドイツの演出家。二〇〇〇年、弱冠三一歳にしてシャウビューネ芸術監督に

3　公共劇場の最後の贅沢

二〇〇六年には第一次安倍政権が誕生しますが、この二世首相の政権はあっという間に崩壊したものの、この頃から保守化が徐々に始まっていく予兆がありました。

この年のヒット作に永井愛の『歌わせたい男たち』があります。一九九九年に「君が代・日の丸法案」が成立し、それ以降学校の卒業式では「君が代」を歌うか否かで問題になっていました。この作品は「君が代」の伴奏を弾くことが苦痛である音楽教師と、何とか卒業式の体面を保ちたいので、嫌がる音楽教師に伴奏をさせようとする校長との、あまり笑えない喜劇です。この舞台は演劇各賞を総なめにしましたが、今から考えると、世の中に右傾化や保守化が襲いかかってきた兆候であり、その直前・直後の作品だったのです。

翌年の二〇〇七年から世田谷パブリックシアターを中心に演出家・松本修《まつもとおさむ》*9がカフカの作品を連続上演します。『失踪者』（以前は「アメリカ」というタイトルでした。）では、アメリカという新大陸に思いを寄せるドイツ青年がそこに逃げ延びていって、どういう結末を迎えていくかが描かれました。松本はこの作品を上演するに当たって、一年近く俳優たちとワークショップをこなし、そこでカフカの小説をもとに作品を徐々に起ち上げていく集団創作の形を探りました。長い時間、手間暇をかけて作品をつくるということがこの時期には可能だったのです。バックに公共劇場があったからこそできる〝贅沢〟な上演のプロセスです。劇団制が機能しなくなりつつある現在、公共劇場が創造の拠点として新しいシステムを開拓する格好の舞台になりました。松本はＭＯＤＥというユニットを一九八九年

就任。『ノラ』などの演出で知られる。

*9　松本修
一九五五〜。俳優・演出家。文学座を経て演劇集団MODEを設立。チェーホフやカフカ作品の演出で知られる。近畿大学教授。

に創設しますが、劇団制の次のかたちを検証するための場でもありました。小劇場を退団した俳優たちがそこでワークショップを通じて実験的な作業に取り組むことを可能にしたのです。

二〇〇七、八年の頃は、公共劇場がある意味で全盛期を迎えます。新国立劇場や世田谷パブリックシアターがプロデュースする作品が次々と名舞台を生んでいきます。

二〇〇八年、『焼肉ドラゴン』(鄭義信作・演出)が新国立劇場で上演されました。二〇〇〇年代の初頭から日本と韓国の演劇交流、合同公演が盛んに行なわれるようになってきました。その中のひとつの到達点がこの作品でした。日韓の俳優たちは、雰囲気、持っているテイストが違います。日本人は繊細で、計画的で長いスパンをかけて物をつくる。対して韓国は、瞬発力があって、感情も激しく一気呵成に芝居をつくっていく。こうして気質の違う二ヵ国が共同作業をしたらどうなるのか。その間に入っているのが在日韓国人の鄭義信でした。

このように日韓が演劇を通じて力を合わてどういうモデルをつくるか。これは大いなる実験です。例えばヨーロッパで、ベルギーとオランダ、ドイツとフランスで共同創作がどうやったらできるのか。スイスとオーストリアはどうか、イタリアとスペインは?と想像を働かすと、おそらく日韓のような形で隣国同士が共同制作することはできるのでしょうか。そのような意味では日韓の共同創作というのは世界的に見ても意義があるモデルケースではないでしょうか。

公共劇場の展開という側面でも、そのひとつのモデルケースが『焼肉ドラゴン』であり『失踪者』でした。しかしその後一〇年経って、そういう基礎体力が劇場になくなってしまいました。今から考えると二〇〇八年頃は日本の経済もまだ健全に機能して余裕があり、演劇の側もものをつくる環境が整っていたのです。

4　危機の始まり

二〇〇八年はリーマン・ショックが起きた年です。これは米国の全米第四位の投資銀行の倒産から始まった経済危機です。返済がおぼつかないような低所得層にまで銀行が融資し、それがこげつき回収できなくなる。そこまでリスクを冒さなければ立ち行かなくなった米国という経済大国の象徴がリーマン・ショック[*10]でした。これが世界的に波及しました。以後世界中が経済不況の環に巻きこまれていくのです。

日本はどうなっていたかというと、二〇〇九年に自民党政権が倒れて、鳩山由紀夫・菅直人による民主党政権が樹立します。これは中道左派の政党です。しかし沖縄の普天間基地返還の問題などで、その鳩山・菅内閣はあっけなく倒れてしまいました。一番大きなダメージを与えたのは二〇一一年の東日本大震災です。民主党政権はそこにうまく対応できなかった。日本が本当に危機に陥ったときに、無残に失敗してしまいました。

一九九五年の阪神・淡路大震災のときも自・社・さ連立政権でしたが、自民党がたまたま政権の座から降りたときに大きな震災が二度も起こって、それを担っていた政党が大ダメージを受ける。この中道路線の対応能力の欠如はマスコミに叩かれます。安倍政権が復活するときに、やっぱり保守政党でなければ駄目ではないかという口実を与えてしまったのがこの民主党政権です。

＊10　リーマン・ショック　二〇〇八年、アメリカ証券会社四位のリーマン・ブラザーズの経営破綻に端を発する国際的な金融危機。アメリカで低所得者用の住宅ローン・サブプライムローンの不良債権が問題化。世界中の株式市場が軒並み暴落し日本の実質GDPもマイナスに陥った。

二〇〇九年に「座・高円寺」に新しい公共劇場が誕生しました。芸術監督は佐藤信。彼は世田谷パブリックシアターの初代芸術監督でしたが五年で退任して（そのあとを継いだのが野村萬斎です）、劇作家協会と協力して新しい劇場の芸術監督に就任しました。

同じ二〇〇九年にF／T[＊11]（フェスティバル／トーキョー）が始まります。これは二〇二〇年の東京オリンピックの誘致を考えていた当時の東京都が文化芸術を海外に向けて発信できるフェスティバルを開催したいという目的で始まったものです。東京オリンピックの誘致キャンペーンの一貫でしたが、実際は少し毛色が違っていて、新ディレクターの相馬千《そうまち》秋《あき》[＊12]のプログラムは斬新で、海外の先鋭的なアーティストたちを招聘しました。

ドイツのギーセン大で学んだリミニ・プロトコル[＊13]は、俳優の存在しない演出家や企画者から成る集団で、『ムネモパーク』や『カール・マルクス：資本論、第一巻』などおよそ演劇とはかけ離れた作品で、「ポストドラマ演劇」を実践しました。特に『Cargo Tokyo-Yokohama』では、本国から持ち込んだバスに観客を乗せ、東京から横浜までツアーするパフォーマンスを行ないました。バスでは日本人の本物のドライバーが運転する過程でトークをするなど、かつて寺山修司と天井桟敷が実践した市街劇さながらのものでした。

イタリアのロメオ・カステルッチ[＊14]やドイツのマルターラー[＊15]らも来演し、新鮮なプログラムが並びました。その反面、日本人の若手の公募作品は、実験的ではあるものの、ポストドラマまがいのドキュメンタリー風の小品が並び、本格的な才能に出会わない一面もありました。ポルトBの高山明《たかやまあきら》[＊16]やマレビトの会の松田正隆《まつだまさたか》[＊17]が定番で舞台を発表しましたが、いささか固定化したことは否めず、ディレクターは二〇一四年に交替しました。

この頃、新国立劇場で芸術監督をめぐって紛糾する事件がありました。ちょうどこの時

＊11　F／T
フェスティバル／トーキョー。二〇〇九年から東京豊島区で開催されている国際演劇祭。前身は八八年に始まった東京国際演劇祭。国内外の様々な劇団・プロジェクトを召集し実験的・前衛的な作品も多く上演されることで知られる。

＊12　相馬千秋
一九七五〜。早稲田大学卒業後フランスに留学しアートマネジメントを学ぶ。フェスティバル／トーキョーのプログラムディレクターを二〇〇九年から一三年まで務めた。

＊13　リミニ・プロトコル
ドイツのアートプロジェクト。シュテファン・ケーギ、ヘルガルド・ハウグ、ダニエル・ヴェツェルの三人によって二〇〇〇年フランクフルトで結成。劇場空間の枠に捉われない観客参加型のパフォー

期に最大の焦点になっていたのは、「民主主義の危機」です。絶大な権力を持った者が超法規的に断を下すことが相次ぎ、戦後日本の根幹にあった民主主義をもう一回捉え直すことが急務になっていた折です。新国立劇場の理事長が、当時の芸術監督を交代させたことが、民主主義を踏みにじる象徴的な事件に映し出されたのです。こうした危機感を反映してか、その後国会にデモをかける市民団体や学生集団SHEALDSの活動も注目され、市民レベルでの意志表示の仕方も変わっていきました。

二〇一〇年には井上ひさしとつかこうへいの死がありました。井上ひさしとつかこうへいは年代的にいうと一世代違うのですが、興味深い比較がこの二人についてできます。

井上ひさしは晩年に「国民的な作家」と言われました。小説、演劇のみならず、彼の作品は映画化され、憲法問題など社会的な発言もあり、この時期の日本の文化・芸術を代表する作家となりました。

一方のつかこうへいは、一九七〇年代にデビューして若者文化の寵児になりましたが、彼は八二年に演劇活動から実質的に引退しました。九〇年に活動を再開しますが、つかこうへいは結局三〇代の半ばで、実質的な創作活動を停止したと考えられます。

若咲きの作家がつかこうへいだとすると、井上ひさしは遅咲きの作家です。彼が実質的にデビューするのが三〇代半ば。つかこうへいが絶頂期で引退するのとほぼ同じ年齢でようやく劇作家としてデビューするのです。井上は七〇代まで生きますが、むしろ晩年にならなければなるほど絶頂期を迎えます。典型的な早熟の作家と晩熟の作家の二人が同じ年に亡くなる。これも好対照な芸術家の生き方を考えさせる絶好の機会だったと思います。

以上、二〇〇四年から一〇年までの演劇と政治の歴史をたどりました。

マンスやプロの俳優を使わないドキュメンタリー演劇の手法を用いる。日本でも『ムネモパーク』、『カール・マルクス：資本論、第一巻』、『Cargo Tokyo-Yokohama』などが上演されている。

＊14　ロメオ・カステルッチ　一九六〇年〜。イタリアの演出家。劇団ソチエタス・ラファエロ・サンツィオ芸術監督。幻想的なヴィジュアルを持つ舞台を創作し、アヴィニョン演劇祭などで自作の上演を行なう。ダンテの『神曲』三部作（『地獄篇』、『煉獄篇』、『天国篇』）は日本国内でも上演され話題を呼んだ。

＊15　クリストフ・マルターラー　一九五一〜。演出家・作曲家。スイス生まれ。パリのルコック演劇学校に学ぶ。『ヨーロッパ人をやっつけろ』、『ファウスト』の演出などで

5　巨匠たちの輝き――蜷川幸雄、井上ひさし

演劇界は巨匠たちの輝きが目につきました。その代表が蜷川幸雄です。

蜷川幸雄は一九九九年に「シアターコクーン」の芸術監督になります。また「彩の国さいたま芸術劇場[*18]」と合わせてシェイクスピアの全作品上演に挑んでいきます。二つの劇場を拠点に彼は八面六臂の活躍をしていきます。二〇〇六年に「さいたまゴールド・シアター」という高齢者の劇団を創設しました。そのときに一〇〇〇名以上の応募者があって最終的に四十数名にまで絞ったのですが、平均年齢が七四歳。五五歳以上が参加資格なのに、実際はそれよりもはるかに上の世代の人たちがオーディションで合格しました。なぜこのような劇団を蜷川幸雄はつくったのか。日本社会が高齢化しているのに合わせて、高齢者の生き方をもう一度開花させたいと、自分の年齢を合わせながら考えていたのではないかと思います。

この「ゴールドシアター」でかつての自作を再上演していきます。例えば、彼が三〇代でデビューした頃の、『鴉よ、おれたちは弾丸をこめる』。

自分のかつての作品を、自分と同じ時代を生きてきた俳優たちと一緒に検証したいと考えていたのかもしれません。その前に『真情あふるる軽薄さ２００１』も繰り返しています。

最後の仕上げが、「さいたまネクスト・シアター」という若者の劇団の創設です。老齢者の劇団と若者の劇団を二つながらに引っ張っていく。まさにやりたいことができる状況

知られる。日本国内でも『ムルクス』が上演された。

＊16　高山明
一九六九〜。演出家。二〇〇二年演劇ユニットPort Bを結成。街頭における観客参加型作品の創作など、既存の演劇の枠組みを超えた活動を行う。『個室都市東京』、『完全避難マニュアル東京版』などがある。

＊17　松田正隆
一九六二〜。劇作家・演出家。一九九〇年、劇団「時空劇場」を結成。『紙屋悦子の青春』『坂の上の家』『海と日傘』などで評価を得る。二〇〇三年より、新たな演劇カンパニー「マレビトの会」を結成し『島式振動器官』、『福島を上演する』などを発表。

に晩年になってようやくたどり着くことができました。二〇〇〇年代にはさまざまな演劇賞や芸術賞を受賞し、日本を代表する演出家として蜷川の知名度は昇りつめました。

井上ひさしとも二〇〇〇年になって、『天保十二年のシェイクスピア』で共同作業を開始しました。一九三四年生まれの井上ひさしと三五年生まれの蜷川幸雄。ほぼ同世代であるにもかかわらず、七〇歳を超えて初めて二人は出会います。井上の晩年の三、四年は蜜月状態でした。井上ひさしと蜷川幸雄演出の最後の作品は『ムサシ』でした。このように蜷川には若い頃にやり残した仕事を次々とやれる状況が生まれてきました。

井上ひさしも二〇〇〇年代になって多くの作品を旺盛に書いていきます。

巨匠は晩年に、自分のやり残したことにどう決着をつけるか。井上が一番こだわっていたのは、敗戦直後に開かれた東京裁判です。日本の戦後の進路をどのように決定するのか。戦犯をどのように裁いていくのか。あるいは戦犯に間違われた人への冤罪。こうした戦後問題を東京裁判三部作（『夢の裂け目』、『夢の泪』、『夢の痂』）を通じて検証していきました。

最後の作品が『ムサシ』です。これは宮本武蔵と佐々木小次郎の巌流島の決闘の後日談です。宮本武蔵に敗れた佐々木小次郎は復讐のために武蔵を訪ねる。けれども結果として復讐を果たさない。策略にはまった者は怨みで復讐する。これはギリシア悲劇以来、演劇の常道でした。しかし井上ひさしはここで「復讐をしない」という結末を書きました。なぜか。

これは現代のテーマでもあるからです。二〇〇一年にニューヨークの世界貿易センター爆破テロに遭った米国は、アラブ世界に報復に出ました。報復と復讐の連鎖です。今の世界史を見るとテロと報復というものがずっと結びついている。米国は太平洋戦争のときに

＊18 彩の国さいたま芸術劇場

も日本に対して報復しました。真珠湾攻撃で米国の艦隊が撃沈された。この報復のために広島・長崎に原爆を落とした。これは国家レベルでの報復です。

戦争の根底にあるのは人間が人間を憎しみ、国家レベルで仕返しする。そのために敵をつくり、憎しみの感情を国民レベルで壊成する。このことを続けている限り、人類に平和は訪れないし、戦争は終わりません。では、どうやって戦争をやめることができるか。どちらか一方が我慢するしかない。これは「寛容」になれ、ということです。「報復」に対して「寛容」をもって立ち向かう。これが井上ひさしの最後のメッセージでした。

6　唐十郎、鈴木忠志

蜷川、井上よりも少し若いですが、唐十郎も二〇〇〇年代になって再び脚光を浴びるようになりました。二〇〇三年の『泥人魚』はその狼煙です。この作品で各種の演劇賞、文学賞を受賞して、「唐十郎ルネッサンス」という言葉も使われました。

唐十郎は、一九八八年に状況劇場を解散して同年「唐組」[*19]をつくります。同じように紅テントを使って公演をするわけですが、メンバーが全部入れ替わってしまいました。主演女優だった李麗仙も離婚によって主演女優から降りてしまう。唐十郎は二〇代の俳優たちと組んでゼロからスタートしました。

いくら唐十郎という名声があっても、役者が揃わなければ芝居はできません。どのように若者たちを育てていくのか。それを八〇年代、九〇年代を通じて実践していくわけです。それがようやく二〇〇〇年代に入って、少しずつ形になってくる。俳優たちも三〇代半ば

＊19　唐組
一九八八年の状況劇場の解散後に紅テントでの公演を引き継いで旗揚げされた唐十郎主宰による新たな劇団。『電子城』、『泥人魚』、『鉛の兵隊』などの作品を生み出す。

になり実力をつけ、そのような時期に劇団が一気に開花しました。

つかこうへいのように小説の方に行ってもいいし、タレントを使って商業演劇をやってもいい。そういう形での活動もやれなくはなかったのですが、唐十郎はあくまで劇団にこだわり、もう一度集団をつくり直して再出発しました。紅テントを手放さなかったことも復活の要因でしょう。こうして二〇〇〇年代の中盤から後半にかけて、「唐組」は輝きを取り戻します。自前で育てた俳優たちが続々と開花していったのです。

同時に彼は横浜国大や近畿大学で教授も務めました。二〇〇〇年代になっていろいろな大学に演劇学科が新設され、実践家の劇作家、演出家が招聘されて教育者になっていきました。その先鞭をつけたのも唐十郎でした。

唐と同世代の鈴木忠志は二〇〇四年に「モスクワ芸術座」で『リア王』を客演出します。モスクワ芸術座は日本の新劇のあこがれの劇団でした。その演劇の殿堂から演出を求められたわけです。これもある意味で歴史的な事柄でしょう。本家と崇め奉られた劇団から日本人演出家に招聘がくるというのは歴史が一巡したことの表われです。

鈴木は九七年に「静岡県舞台芸術センター」で発足した劇団SPACの芸術監督を二〇〇七年に退任し、富山県利賀村で活動を再開しました。SPACは宮城《みやぎ》聰《さとし》[*20]が後任になりました。

鈴木とともに前衛的な演劇理論を追求した太田省吾は、近畿大学を離れた後、京都造形芸術大学に舞台芸術学科を創設して、大学でも教鞭をとります。彼は二〇〇七年に亡くなりましたが、最期まで旺盛な活動を展開しました。

二〇一六年に亡くなった松本雄吉は「維新派」という関西で壮大な野外劇を上演するグ

＊20　宮城聰
一九五九〜。演出家。一〇代で野田秀樹に影響を受ける。一九九〇年に劇団「ク・ナウカ」を旗揚げ。二〇〇七年、前任の鈴木忠志から引き継ぎ静岡舞台芸術センター二代目芸術監督に就任。

ループを率いました。「ジャンジャン☆オペラ」は彼らの代名詞で、大阪の下町のジャンジャン横丁から誕生した演劇という呼称です。一九九一年に東京・汐留で上演された『少年街』以降、大阪南港、熊野、奈良、和歌山、岡山・犬島、果ては豪州やヨーロッパまで壮大な野外劇は遠征しました。大人数で大仕掛けのセット、それは時として映画の装置を思わせますが、日本で他に例を見ない野外劇で大きな金字塔を打ち立てたのが維新派と松本雄吉でした。

7 創造の現場とは

劇団制がこの時期に危うくなってきました。唐十郎は状況劇場解散後にゼロから劇団を起ち上げますが、次第に劇団はあまり好まれなくなりました。もちろん、文学座や民藝など老舗の新劇や、その傘下にある新劇団は相変わらず劇団制をとっていますが、創造集団というより、ゆるやかな会社組織になっているのが現状でしょう。

野田秀樹も「野田地図《マップ》」というユニットになり、劇団を維持していたのは、松尾スズキの「大人計画」、ケラリーノ・サンドロヴィッチの「ナイロン100℃」、坂手洋二の「燐光群」、金守珍の「新宿梁山泊」などで、多くはユニット化していきました。その方が身軽で経済的にもリスクが少ないし、そもそも劇団だと全員出演させなければならず、それが創作家としては縛りになります。そこで作品ごとにオーディションで俳優を選ぶような方向に作家や演出家たちがスライドしていきました。それがいいことなのか悪いことなのかは断定できません。しかし俳優はどこで育つのでしょうか。それは劇団ではないのか。

ユニットはオーディションである特性をもった俳優を集めますが、それは既存のキャラクターの組み合わせです。ＭＯＤＥの松本修も同様に一人ずつ集めてきました。だが俳優たちと触発し合いながら、共同で作品をつくり上げていくという点で、やわらかな形での劇団と言えるでしょう。松本修の仕事で評価すべき点は、ユニットでありながらほとんど劇団と見まごうばかりの集団性を持ち合わせていたということです。他は俳優の個性やキャラクターを組み合わせて舞台をつくっていくという方向に傾斜していきました。

二〇〇〇年代になって演劇のつくり方がかなり変わってきました。両極化、分極化してきたというのが一つの傾向でしょう。

一方で無名の俳優たちを集めて活動していく小劇場は相変わらずあるのですが、作品が縮み思考になっていきます。「〈私〉とその周辺」を扱い、その共感の共同体で作品世界を成り立たせる傾向が出てきます。

ここ一〇年間くらいの岸田戯曲賞の受賞者の系譜を見てみると、前田司郎（二〇〇八）、柴幸男（二〇一〇）、藤田貴大（二〇一二）、岩井秀人（二〇一三）、タニノクロウ（二〇一六）などが受賞していますが、彼らの母体となっているのは平田オリザが運営する「アゴラ劇場」の周辺です。そこである流派がつくられていきました。小さな世界を共感で埋めていくノスタルジックな世界です。

岩井は若い頃の自分をモデルに引きこもりの世界を描いています。前田司郎は冴えないヒモの男の生態を描く。どちらかというとダメな若者たちを好んで描いています。そのような作風が若者たちの心を癒し、慰撫してくれることは確かでしょう。それがある潮流をつくって評価を得てきました。

フェスティバルも増えました。先にF/Tについて言及しましたが、「ふじのくに⇄せかい演劇祭」は静岡のSPACが企画しているもので、ここでも日本の劇団だけでなく海外からも招聘されています。

これはフェスティバルとは少し違いますが、TPAM（国際舞台芸術ミーティングin横浜）というものがあります。もともとは芸術見本市として、一九九五年に日本の演劇を海外に売り出すためのショーケースとして始まりましたが、二〇一一年からは横浜に会場を移して、二〇一五年からはアジアの演劇に特化して欧米に紹介していく見本市に模様替えしました。日本から海外に向けて作品やアーティストを輸出していく。これも現政府が推進している時代の要請でしょうか。

先にも述べたチェルフィッチュは、海外で高い評価を得て、ドイツのミュンヘンで三年間新作を発表していくという企画もあります。日本の劇団が海外を拠点に活動していくことが徐々にですが起こり始めています。小さな日本だけにとどまるのではなく、ダイナミックな動き方が二一世紀になって始まってきており、これも新しい動向でしょう。

ただしこれはどんな文化的背景があって、輸出可能になっているかも吟味する必要があります。近年の日本のサブカルチャー、アニメやフィギュアなどチャイルディッシュな文化の演劇版として海外に渡るのでは、消費されて終るという域を出ません。

かつて六〇年代の演劇は、同時代のヨーロッパの前衛劇に互して、闘ってきました。その傾向は九〇年代から二〇〇〇年代初めのダムタイプや解体社[*21]まで続きました。しかし、それ以降は「シブヤカルチャー」のような消費社会が前面に出ている気がします。それは日本特有の「サブカル」の商品化です。

＊21　解体社
清水信臣らが一九八五年に結成した劇団。身体性を強調した前衛的な作風で知られる。国内外で作品を発表しヨーロッパでも多くの演劇祭に招聘されている。

二〇〇〇年代の演劇シーンは、果して「文化としての演劇」あるいは芸術的価値をもった演劇の位置づけが微妙に揺らいでしまった感があります。「分極化」はさまざまのレベルで進行したのです。

第二十一章

危機の時代の演劇［二〇一二〜一八］

1　東日本大震災と演劇

日本の現代演劇史を一九六七年から現在まで細かく分けて捉えてきましたが、今回がその最終回です。そこで二〇一一年から現在までを危機管理下の時代と捉えてみます。

二〇一一年の三月一一日に東日本大震災がありました。これは近過去において最大の自然災害であると同時に非常に大きな人災でもありました。それは自然災害である地震・津波と連動して福島原発事故が起きたからです。この原発事故は現在に至るまで解決しておらず、それをどうしていくのか、いまだ重要な課題として残っています。これ以後、危機管理というものをどう考えたらいいのか。非常事態に対してどのように対応したらいいのか。とりわけ演劇でどう対応するのか。

三・一一後、どういう演劇が生まれてきたのか。いくつか例を挙げてみましょう。

その一つは、福島県在住の劇作家・演出家の大信ペリカンの作品です。彼の劇団「満塁鳥王《キング》一座」（いまは「シア・トリエ」と名前を変えています）が『キル兄にゃとU子さん』という作品を上演しました。非常に奇妙なタイトルです。街中のどこにでもいる普通のおじさんたちが新聞を切り抜いている。キルというのは新聞の切り抜きをしている人たちの比喩です。被害に遭った人たちが地震の直後に、地震に関する記事の切り抜きをしました。U子さんというのはおじさんたちが探している女性の総称です。奥さんのU子さんもいれば娘のU子さんもいる。いろんなU子さんをおじさんたちが探しているという設定の劇です。福島の中にもいろいろな家庭があり、震災の際に子どもたちや妻や祖母たちがいなくなってしまった。取り残された男たちがその後どのように対応していくのか。

この劇の冒頭にこういう台詞が流れてきます。一九七〇年、〇〇が起きた。七一年、〇〇が起きたと、年号が列挙され出来事が並べられる。例えば福島で国体があったとか、熊が出没したとか、要するに福島の人たちにとってのミニヒストリーです。そのとき、いくつかの台詞のあとに信号音みたいなノイズが入りました。例えば一九七一年、大熊町の東京電力福島第一原子力発電所が発電を開始。そこにジャンと音が流れる。あるいは八七年に第二原発四号機が運転を開始というと、ジャン。その間に磐城高校が甲子園で優勝したとか食中毒があったりと、福島にとっての出来事が流れていきますが、その歴史の中に原発関連の年が刻まれているのです。それは一九七〇年がほぼ起点になっています。このあたりから日本の原発の建設は始まり、それが四一年後の二〇一一年の事故に結びついている。こういう事実を観客は客席で聞いているわけですが、単に年号を羅列しているだけの「記録」がまるで生きた台詞のように聞こえてきます。

「ドキュメンタリー演劇」という言葉があります。一九九〇年代に世界的に流行した、事実をそのまま舞台化していく演劇のことです。この芝居も一種の「ドキュメンタリー演劇」の形を模しています。そういうものの中に、先ほどのキル兄にゃとU子さんの小さな家庭の物語が語られていくのです。

このような戯曲が地震から二ヵ月後に上演されました。それは福島の劇作家が地震の直後に書いたという事実性もさることながら、そのドラマトゥルギー自体もこのような危機の時代に対応していたと思います。「よくできた物語」をつくるより事実を連ねていく方がよほど力を持ちます。事実はフィクションを超えてしまうのです。

同じようなことが韓国でもありました。二〇一四年のセウォル号沈没事故[*22]です。ここで修学旅行中の高校生が三〇〇人強亡くなりました。このあと韓国の劇作家たちは言葉を失ってしまいました。どういう戯曲を書いたらこの事故に拮抗できるのか。そのとき韓国で一本の作品『彼女について話そう』が書かれて話題になりました。その芝居の中で、三〇五名の亡くなった高校生の名前が一人一人読み上げられたのです。いま劇作家にできることは、こういう事実や記録を観客に届けて共有することしかないのではないか。「ドキュメンタリー演劇」が有効だった事例のひとつです。

大きな事件に遭遇したとき、われわれはしばしば言葉を失ないます。何を言ってもその事件の重さに拮抗できない。涙を流して哀悼の意を表すしかない。ぎりぎり対抗できるのは、事実、年号とそこで起こったことを認識し、記憶することしかない。これがある意味

＊22　セウォル号沈没事故　二〇一四年四月に韓国の大型客船セウォル号が観梅島沖で転覆しその後沈没した事故。修学旅行で乗船していた高校生を中心に三〇〇人近い犠牲者を出した。

で震災や戦争や大事故が起こった直後にできる人間の精一杯の行動なのかもしれません。

この震災の直後、公共広告機構の公共広告がずっと流れていました。商業的なコマーシャルは自粛し、喜劇的な番組やバラエティがテレビから一切消えてしまいました。この頃言われたのが、「同調圧力」という言葉です。みんなが押し黙って鎮魂しなければならない。しかし悲しみにくれることで被災した人間や津波で流されて亡くなった人を哀悼できるのでしょうか。このことを日本人は問われたのだと思います。

2　震災に拮抗する舞台

この頃観た舞台は多かれ少なかれ地震に関する言及がなされていました。その中でいくつか興味深い舞台がありました。

例えば、野田秀樹の芝居『エッグ』です。二〇一二年に上演された舞台は、直接地震に関わるものではありませんが、この劇中で、地震のシーンが出てくるのです。一九四〇年、東京でオリンピックが開催される予定でした。ここで「エッグ」という奇妙な競技が行なわれることになっていました。が、そこに戦争で「石井７３１部隊」が行なった人体実験がかぶさってくるのです。スポーツは人を熱狂させます。とりわけ五輪は理由もなく人をナショナリズムに駆り立てます。折しも二〇二〇年の東京五輪が決まるのですが、そうした熱狂の怖さにこの舞台は警鐘を鳴らしているのです。

あるいはケラリーノ・サンドロヴィッチの『奥様、お尻をどうぞ』です。これは相当人を喰った、笑いのある芝居です。今で言えば、不謹慎極まりないと言われかねないお芝居です。

なぜケラリーノ・サンドロヴィッチはこのようなお芝居をつくったのか。彼は地震の被災者に対して、真摯に向かおうとしました。そのときに悲しんでばかりで本当に救うことができるだろうか、むしろ笑うことが必要ではないか。笑うことで悲しみを乗り越え浄化していける。そうでないと息苦しくて窒息してしまう。

この頃よく、「がんばろう福島」とか「がんばろう東北」というスローガンが唱えられました。おそらくケラリーノ・サンドロヴィッチがやろうとしたことはこの「がんばろう」の対極です。「がんばらなくていいんだよ」。なぜなら東北の人たちは十分すぎるくらいがんばっているのだから。被災していない地域の人間が「がんばろう」と言ったところで、被災者に何か言ったことになるのか。むしろ被災者に対しておこがましいのではないか。そうであれば笑いで連帯しよう。その方がよほど真摯な態度だと思います。

もう一つ心に残った舞台は、青森中央高校の現役の教師であり、プロの劇作家、演出家でもある畑澤聖悟の作品です。彼が二〇一一／一二年の高校演劇で上演したのが『もしイタ〜もし高校野球の女子マネージャーが青森の『イタコ』を呼んだら』という作品です。「もしドラ」(「もし高校野球の女子マネージャーがドラッカーの『マネジメント』を読んだら」というベストセラー小説がありましたが、これをひねったものです。

この舞台は高校野球部の話です。ある高校に転校してきた男子生徒が弱小の野球部から、前の学校で野球をやっていたということで頼まれて入部しエースになります。彼は大して野球が上手くないのですが、この高校の周辺にシャーマンがいて、イタコとなってかつての野球のスーパースター、沢村栄治という巨人の伝説的なピッチャーを呼び出して高校生に取り憑かせます。高校野球の予選が始まると、今まで一度も勝ったことがない弱小高校が連戦連勝で勝ち抜いていき、県の決勝までこの無名校が勝ち上っていくのです。けれども、最後の最後でピッチャーの彼は肩を痛めて負けてしまう。ここまでなら、サクセストーリーが寸前で終わってしまう青春ドラマなのかと観客は受けとめるでしょう。ところがこの劇はこの後に本当のドラマが始まるのです。

彼は福島から移ってきた野球部の生徒で、他の野球部員は全員死んでしまいました。彼は自分一人だけが生き残って野球をやっていることに後ろめたい気持ちを持っています。そこでこのイタコがかつての旧友たちを呼び出すのです。

悪かった、お前たちは死んで俺だけが野球をやらせてもらって、と言ったときに、亡くなった旧友たちは、そうじゃない、お前は生き残ったのだから、俺たちの分まで野球をやってくれて嬉しい。それを聞いて、彼はようやく肩の荷が下りて救われるのです。

このころ「サバイバーズ・ギルト」という言葉が使われました。「生き残った人たちの罪」の意識です。東北で生き残った者たちには、あのときああしていればよかった、こうしていればあの人死ななかったのに、そんな思いを持っている方が多数いました。生き残った者にとっても亡くなった者にとってもどちらも「地獄」なわけです。

そのとき、生き残った者がやれることは何なのか。これをこの劇は問いかけています。生き残った者は亡くなった者に対して申し訳ないと思うのではなくて、もっと生きろ、というメッセージを与えていく。これは非常に強い芝居だと思いました。同時に今の時代に通用する現代演劇です。

現在、絶望感とか無力感、虚無感に包まれて、生きているのか死んでいるのかわからないという人間たちが増えています。そういう極限状況の中で言えるのが、「生きる」ということです。畑澤聖悟の作品は高校生が初演したものですが、舞台セットも何もなく衣裳も普段の練習着です。音楽も自分たちの声で音を出す。何もないところから何ができるのかということを同時に問うています。内容と形式が合致している。なにもかも流されてしまってなにもない中から、人間は何ができるのか。そういうことを高校生の体を通してこれほど見事に展開できた舞台はなかったと思います。

演劇関係者、芸術家たちはこの震災、そしてその後の流れに関して本当にいろいろなことを突きつけられました。

3 表現の不自由と管理下の演劇

この大地震の後に日本の政治も大きく変わっていきます。みんな一緒に悲しもうとする「同調圧力」という言葉が出てきました。これは一種の全体主義的な発想です。国全体が一つのイデオロギーに染まっていく。そういう風潮が地震を機に日本の中で再び広まっていきました。

「再び」というのは、日本社会にとってこれは二回目の経験だからです。一度目は、一九八九年に昭和天皇が亡くなったときです。その後大喪の礼が行なわれましたが、このとき歌舞音曲が自粛され、テレビのバラエティ番組も演劇公演も中止、自粛していきました。大きな事件が起きると自粛せざるをえない形で同調圧力がかかっていく。そのさ中で果敢に公演を打った劇団もありましたし、天皇の葬儀に合わせて自分たちのイベントを遂行した団体もありました。

しかし非常事態に遭遇したときに日本人は受身的になって萎縮してしまう。そういう傾向に対して、こういうときこそ演劇や芸術が突破口になるのではないか。つまり危機こそが次の飛躍のチャンスになるのです。

しかし二〇一二年以降、世の中は生きづらい時代になっていきました。第二次安倍政権がめざすところは憲法改正です。太平洋戦争が終わった後に日本国憲法ができたわけですが、憲法は戦争というものを絶対に起こさないということを九条で誓っています。

このことに対して日本は本当にそれでよいのかということを自民党はずっと唱えてきました。一方で米軍の支配というものが強化されてきました。例えば沖縄の基地。全国にもさまざまな基地ができましたが、治外法権のような形で米軍の支配が強化されていきます。そういうことを自民党政府は見て見ぬふりをしながら米国に加担してきたというのが戦後七〇年間の歴史でしょう。

その中で一九五四年に自衛隊ができますが、あくまで自衛隊は自分の国を守るのが名目です。戦争が仕掛けられない限り自衛隊は自分からは一歩も動けない。このことが自衛隊を不自由にしている。それで二〇〇三年のイラク戦争では、日本は水の補給など間接的な形ながら戦争に加担していきました。戦争のできる国にならないと、このまま世界から取り残されてしまう。そのときの一番都合の良い口実が、北朝鮮の存在です。北朝鮮が核ミサイルを持って米国と対峙する。当然日本と韓国、朝鮮半島は大きな危機にさらされる。そういう中で、われわれも武器を持たないといけない。核を持たないといけないという論調すら出はじめる。こういう準備を二〇一二年以降着々と安倍政権は進めていきました。

特定秘密保護法、安保法、共謀罪法などを次々と成立させました。

例えば共謀罪法というのは、今度こういう演劇をやりましょうと話しているだけで逮捕されてしまいかねない。これは表現に対する圧力、弾圧につながっていくでしょう。自己規制せざるをえない構造の中に押し込められてしまう。おそらく表現者を取り巻く状況は戦後最悪の事態にあるでしょう。戦前には検閲などによる露骨な弾圧がありましたが、戦後になると表現の自由や基本的人権が守られてきました。しかしここ一〇年くらいの間に、これが本当に危ういのではないかと思わせる方向にシフトチェンジしています。まさに表現の不自由と「危機の時代の演劇」なのです。

4　危機に対応する演劇

こうした事態に演劇が屈していったかといえば決してそうではありません。とくに二〇一一年以降に発表された演劇を観ると明らかに演劇の質が変わったように思います。

例えば「TRASHMASTERS」の中津留章仁《なかつるあきひと》。[*23] 彼は震災の直後にいち早く舞台を発表しました（『黄色い叫び』や『背水の孤島』など）。中津留は明らかに津波や震災を思わせる設定の中で、人間たちがどのように生きていくのかということを舞台で問いました。中津留は震災のあとに何回も福島や宮城に出かけてボランティアをしながら現場に関わる人を見てきました。とくに彼の舞台で鮮烈なのは、被害の内幕が暴かれていくところです。福島の原発にはさまざまな人間が集められてきました。被爆を覚悟で除染をやっていく者。世をはかなんで、夜な夜な酒盛りをしている者。マスコミでは決して報道できない内幕が中津

＊23　中津留章仁
一九七三〜。劇作家・演出家。TRASHMASTERS主宰。代表作に『黄色い叫び』、『そぞろの民』『背水の孤島』など。

留の手によって描かれていきます。

そのようなデリケートな問題を扱った劇が三・一一以降数多く生み出されてきました。太平な時代では浮上しなかった問題が次から次へと出てきました。それらを総称して「社会派の演劇」ということができます。地震のことを即物的に再現していくわけではなく、そこで何が問題として生じているのか。こういうことを抽象的な論議の中から探っていくのです。

前川知大《まえかわともひろ》*24とイキウメの『散歩する侵略者』では、宇宙人が地球にやってきて人々から概念を奪っていくことをテーマにした劇です。「概念」というのはとても抽象的ですが、例えば危機という概念をわれわれは漠然と体で知っています。それを奪われたら、危機的な事態が起きたときにどのように対応していけばいいか判断ができません。無感動で空っぽな人間にされてしまう。もしかしたらそれは今の日本社会の中でわれわれが置かれた状況そのものと言えるかもしれません。日々の娯楽やエンターテインメントによって本当の意味の危機を忘れさせられてしまう。前川はそれを宇宙人が日本に到来して概念を奪うという荒唐無稽なSF的設定で描いているのです。

かつて日本でも3S政策というものがありました。スポーツとセックスとスクリーン(娯楽映画)です。これを与えることによって、若者や学生がものを考えないようになる。これは七〇年代の大学闘争後に進められた政策です。そういう顚末が『散歩する侵略者』のやり方かもしれません。

「社会派の演劇」に関して言えば、そもそも演劇というものは社会的、公共的なものであって、決して個人の内面や趣味でやるものではなく、つねに開かれたものです。ですか

*24 前川知大 一九七四〜。劇作家・演出家。イキウメ、カタルシツ主宰。代表作に『散歩する侵略者』『関数ドミノ』『太陽』など。

ら社会性を帯びているのは当たり前です。社会的なテーマを扱っているから「社会派」なのではない。演劇をやること自体が社会的な行為なのです。

二〇〇〇年代は「私」とその周辺を描く芝居が多く見られました。それが観客に共感を得られる傾向にありました。つまり現状を確認し、自己を肯定していくのです。自分はこうして生きてきたし、その記憶を大切にしたい。それが舞台によって肯定されていく。そのときに失われていくのは他者という視点です。あるいは自分を傷つけるような他人という存在がここで完全に欠落しています。ゼロ年代、あるいは震災前の演劇は、他者がいなくても成立する小さな環境の中の柔らかい感性が描かれてきました。ところが、東日本大震災のように、とてつもない事件が起こったときにこれは明らかに他者として襲来するわけです。そのときにわれわれは変わらざるをえない。

二〇〇〇年代の演劇が無効とは言いませんが、そういう立ち位置が危うくなってしまったのが二〇一〇年代以降の演劇です。それが社会派の演劇の出現です。

逆に言うと「私」を描く演劇が成立していた時代の方がかなり稀有なのではないかと思います。「私」とその周辺を描いた演劇はバブル以降に始まった日本特有の文化と相即的です。「オタク」という文化に象徴されるように、自分だけ良ければいい、自分のことを傷つけられたくないから他人となるべく接触しないようにする。あるいはSNSのように距離を置いて付き合う。自分を脅かされないようにする。それがITの発展・普及とともに、加速度的に進行したのがゼロ年代の演劇ではないか。ゼロ年代に若者に支持されていた演劇には、演劇の本来のあり方からかなり後退した時代が刻印されていたのではないかと改めて考えられます。

＊25　古川健
一九七八〜。劇作家・俳優。劇団チョコレートケーキ所属。代表作に『治天ノ君』『追憶のアリラン』など。

＊26　日澤雄介
一九七六〜。演出家・俳優。劇団チョコレートケーキ主宰。『治天ノ君』の演出で読売演劇大賞優秀演出家賞受賞。

＊27　シライケイタ
一九七四〜。劇作家・演出家・俳優。劇団温泉ドラゴン代表。蜷川幸雄演出の舞台で俳優としてデビュー。劇団結成後、作・演出を手がける。代表作に『birth』『実録・連合赤軍　あさま山荘への道程』など。

震災や原発事故があったのがよかったわけではもちろんありませんが、表現者にとっては危機を逆手にとって自分たちの表現を鍛えていくのは必定です。絶望の底から、生きていく希望をもう一度提示していく。それを観た観客、被災者が励まされて、生きる欲望を回復していく。そういう連環が成立したときに演劇の社会性が機能したと言えるのではないでしょうか。演劇は単なる娯楽、趣味、エンターテインメントとしてその場限りで消えるものではないのです。

演劇という集団行為は、集団でつくり、集団で観ていくという社会的な行為であり、そこに生命線があります。

5　新世代の登場

二〇一〇年代以降に台頭してきた世代の代表格は、前述した中津留や前川、劇団チョコレートケーキの古川健《ふるかわたけし》*25、日澤雄介《ひさわゆうすけ》*26の作・演出コンビや温泉ドラゴンのシライケイタ*27らが加わります。また長田育恵《おさだいくえ》*28、瀬戸山美咲《せとやまみさき》*29、野木萌葱《のぎもえぎ》*30、詩森《しもり》ろば*31といった女性劇作家たちも急速に注目を集めてきました。彼女たちはつねに現実に目を向けながら、何が矛盾の根源なのか、そのことに距離を置きながら劇作しています。

他にも嶽本あゆ美、桑原裕子、蓬莱竜太、本谷有希子などがいます。彼ら、彼女らの特徴を見ると、ある世代的な括りができるように思います。それは彼らがおおむね七〇年代生まれで、四〇歳前後でようやく抬頭してきたことです。

かつては野田秀樹や鴻上尚史、川村毅などは二二、三歳でデビューしました。八〇年代

＊28　長田育恵
一九七七〜。劇作家。てがみ座主宰。ミュージカルにも多く関わる。代表作に『蜜柑とユウウツ—茨木のり子異聞—』、『SOETSU—韓くにの白き太陽—』など。

＊29　瀬戸山美咲
一九七七〜。劇作家・演出家。二〇〇一年ミナモザ旗揚げ。代表作に『エモーショナルレイバー』『彼らの敵』など。

＊30　野木萌葱
一九七七〜。パラドックス定数にて作・演出を行なう。代表作に『７３１』『東京裁判』『怪人21面相』など。

＊31　詩森ろば
劇作家・演出家。一九九三年、風琴工房旗揚げ。代表作に『紅き深爪』『葬送の教室』など。現在、シリアル・ナンバー代表。

は学生演劇出身者が演劇の最前線に出てきたのですが、それは今から思うと奇跡のような時代だったのかもしれません。それから三〇年ほど経って、次の世代が塊となって登場してきました。その理由として、彼らが通過してきた時代の経験があります。世紀末から新世紀にかけて、若者たちは冷遇されてきたという状況がありました。「ゆとり世代」と言われ、教育の実験に左右され、若者が決して優遇されなかった時代が実は二〇年くらい続いていたのではないでしょうか。その下積みの経験がようやく四〇歳くらいになって開花してきた。これは日本の高齢化社会とどこかで呼応しているのかもしれません。

現実的な問題に直面し、いまの世の中の動きに即応する形で演劇を自覚的に始めていっているのが二〇一一年以降の演劇の特徴です。例えば長田は江戸川乱歩や宮沢賢治などの評伝劇を書きながら、もっと歴史的な視点からその幻像を暴いていきます。それを通して結局何が見えてくるかと言うと日本および、日本の歴史です。それが透かし見えてくる。非常に焦点深度の深いところで書かれている作品が劇作家たちによって次々と生みだされていく。これは二〇〇〇年代にはなかった傾向ではないかと思います。彼らの先駆として、永井愛、坂手洋二、鐘下辰男らの劇作家がいたことは確かですし、演出家としては、栗山民也の存在も見逃せません。

劇作家だけでなく演出専門の人たちも出始めています。森新太郎《もりしんたろう》*32、上村聡史《かみむらさとし》*33、小川絵梨子《おがわえりこ》*34、谷賢一《たにけんいち》*35らです。そういう世代が翻訳劇や古典作品の回顧的な上演によって躍進してきているのが現在の演劇です。

これらを支えるものとして演劇の様変りも挙げられるでしょう。一九九七年に新国立劇場、世田谷パブリックシアター、静岡県舞台芸術センターができました。公共劇場が演出

*32　森新太郎
一九七六〜。演出家。演劇集団円所属。『エドワード二世』、『プラトーノフ』などを手掛ける。

*33　上村聡史
一九七九〜。演出家。元文学座所属。『アルトナの幽閉者』、『炎　アンサンディ』などを手掛ける。

*34　小川絵梨子
一九七八〜。演出家。ニューヨークで演出を学ぶ。『今は亡きヘンリー・モス』で注目を浴びる。二〇一八年、新国立劇場演劇部門芸術監督に就任。

*35　谷賢一
一九八二〜。劇作家・演出家。劇団「DULL-COLORED POP」主宰。『モリー・スウィーニー』、『最後の精神分析』で注目を集めた。

家を核として作品をプロデュースする。そこで作品創造の場が提供される。このように二〇年くらいで創作の環境もずいぶん変わりました。

あるいは商業劇場としては東急文化村のシアターコクーン。セゾン系のパルコ劇場。東宝のミュージカル。こういうものがバックアップしながら若手の演出家に表現の場を提供していきました。これも演劇の流れを変えていく一因です。

さらにプロデュース集団というものが出てきます。「シス・カンパニー」、「トム・プロジェクト」、「オフィス・コットーネ」、「ネルケプランニング」。このようなプロデュース集団が新しい人材を発掘して育てていきました。

例えば「トム・プロジェクト」を主宰する岡田潔は走狗で俳優を始め、その後俳優を辞めてプロデュース会社をつくり、そこに俳優学校を創設しました。その生徒が「トラッシュマスターズ」の中津留章仁です。彼は岡田に育てられ、戯曲を書いて「トム・プロジェクト」でデビューしました。やがて劇団をつくり、現代を代表する劇団になっていきました。あるいは日澤雄介、古川健の「チョコレートケーキ」。彼らも岡田が育てた劇団です。

このように目利きのプロデューサーが場をつくり、そこに人を集めて育成していく。単に興行的な公演を打っていくだけではなく、育成システムをプロデュース集団がつくっていく。こういうことも今までにない傾向かもしれません。

歌舞伎にもいろいろな現役の作家たちが呼ばれていきます。その一番の先鞭をつけたのが野田秀樹です。野田秀樹は亡くなった十八代目中村勘三郎《なかむらかんざぶろう》[*36]と協同して、歌舞伎座に書き下したのが二〇〇一年の『野田版　研辰《とぎたつ》の討たれ』です。(それ以前に、シアターコクーンで

＊36　十八代目中村勘三郎　一九五五〜二〇一二。歌舞伎役者。屋号は中村屋。江戸時代からの歌舞伎の伝統を守りつつコクーン歌舞伎や平成中村座などで野田秀樹や串田和美などといった現代演劇の作家と共に歌舞伎の上演を行なうなど幅広い活動を行なった。

歌舞伎公演を始めたのが一九九四年です）当時現代劇の作家が歌舞伎に書くことは畏れ多くて大変な事件でした。ところが中村勘三郎（当時は五代目中村勘九郎）という人は野田秀樹と同年生まれ（一九五五年）で、彼は若い頃に唐十郎の「状況劇場」を観にいき、これこそ現代の歌舞伎だと感動しました。今の歌舞伎にない本物の歌舞伎がここにあるといって、紅テントの舞台を発見したのです。彼は唐十郎には畏れ多くて頼めなかったので、同世代の野田秀樹に依頼しました。これが引き金になって蜷川幸雄も歌舞伎に呼ばれるようになりましたし、串田和美の「平成中村座」、市川猿之助（現・猿翁《えんおう》＊37）の一座で座付き作家になった横内謙介《よこうちけんすけ》＊38は「スーパー歌舞伎」をつくります。他にも渡辺えり、宮城聡らが「歌舞伎座」で上演しています。このような形で現代劇の広がりが増していきました。能に関しては錬肉工房の岡本章が現代の能役者と作品創造をしています。

またここ数年で急速な人気を得ている2・5次元ミュージカルは、中堅や若手の演出家を小劇場から雇用しています。商業的には成功し、海外に輸出しようとする動きもあります。これは日本特有のアニメなどのオタク文化が海外で人気が出たことの延長かもしれません。

今の日本の経済は明らかに低成長期にあります。高度経済成長の波に乗って日本の文化が海外に輸出されることはなくなりました。こういう中で演劇という文化はどのような役割を果たすのか。とくに現在のような自粛や同調圧力などの徹底的な管理社会の中で、演劇はどのように持続可能なものとして展開していけるのか。

現代に至るまでの流れはこの辺りで終わりにします。

＊37　二代目市川猿翁
一九三九〜。歌舞伎役者。屋号は澤瀉屋。三代目市川猿之助としても知られる。ケレンを得意とし、宙乗りや派手な立ち回りなどエンターテインメント性を強調した「スーパー歌舞伎」を八〇年代から上演。伝統的な歌舞伎界において新風を巻き起こした。

＊38　横内謙介
一九六一〜。演出家、劇作家。岡森諦、六角精児らと劇団「善人会議」を結成。その後劇団「扉座」と改名する。自身の劇団での作・演出のほか、「スーパー歌舞伎」の脚本を担当する。

6　演劇思想史とは何か

最後にこの講義のまとめを語ります。

能や歌舞伎、日本の明治以降の近代劇、戦後の新劇、アングラ・小劇場の流れ。さらに二〇〇〇年代の後半から、二一世紀の流れをお話ししてきました。

なかでも一番重要だったのは、一九六〇年代にアングラ・小劇場運動が起こったことです。実はここでつくられたパラダイムから現在まで、大して移行していないのではないかと考えられます。小集団をつくり座付きの劇作家や演出家が俳優たちとともに舞台を創造していく。そこではつねに自分たちの当面の課題が舞台で展開されていく。ある意味で個人の表現の幅が広がり、それは観客に共有されながら豊かなものになっていく。演劇はこうあるべきだ、という固定観念が新劇の時代にはありましたが、その鋳型を打ち破ったのがアングラの時代でした。

唐十郎や寺山修司や別役実がつくり始めた演劇は、硬い殻を打ち破って自由な表現を始めていくことでした。そこでは誰もが演劇をやることが可能であり、しかも自分たちの生き方を投影することができる。ハムレットを演じるときも、自分なりのハムレットを演じればいい。自分たちの生き方や考えを前面に押し出す表現というものが、六〇年代以降ようやく可能になってきた。これこそが「現代演劇」なのです。

近代演劇から現代演劇にパラダイム転換するときに、大きな革命が起こりました。そのためには台詞や戯曲が変わり、上演する。劇場も変わった。それから俳優の身体や演技も変わっていく。創造集団としての劇団も変わらなければならない。つまりあらゆる要素を全部一新しない限り、近代から現代への革命は起こりえなかった。

ここが近過去における最大の歴史の切断でした。一九六〇年代の演劇がそれを担ったのです。それ以後新しいパラダイムがあるかというと、どうだったでしょうか。

芸術の革命でいうと、一九二〇年代に西ヨーロッパでさまざまな実験や芸術の革命が起こりました。これを第一次アヴァンギャルドとすれば、六〇年代は第二次アヴァンギャルドと言うことができます。

では第三次革命はどうなっているのか。もう起こっているのか、いないのか。これから起こるのか。もうこれ以上起こらないのか。このようなことを歴史の問題として考察しなければならない時代に演劇史は立っています。

演劇を思想として捉え、人間の生き方や集団のあり方、国家に対する考え方をひとつの枠組みとして捉えた演劇史の話はこのあたりで終わりにします。日本の演劇思想史と言いながら、世界の演劇史の流れを時折混じえながら論じてきました。歴史が重要なのは、ひとつの島だけを見ていても、それが歴史の中でどのように位置づけられ、どのような文脈があって形成されてきたのかを知らないと、浮島だけでは何も理解することができないからです。だから世界演劇史と連関した流れを交錯させないと、歴史の面白みが出てきません。さらに古代から現代まで貫いていないと、演劇史の本当の深さ、面白さはわかりません。

本書で語ってきたのは、そうした流れ、文脈、関連性です。それを理解するのが演劇史なのです。

おわりに——刊行に至るまで

本書は、二〇一七年度の明治学院大学文学部での「文化史」の講義録をもとにしている。文学部の三年生を対象に語った内容を、翌年、精度を上げて「演劇身体表現論2年次演習」で再度扱った。この時点で原稿の原型はできあがっていたが、草稿段階でも、校正になってからも時間がかかり、なかなか完成稿にならなかった。

語りの原稿は聞き手との協同作業である。即興性や受講生の反応なども加味されるので、その時点で他者が介在することになる。机上で構想するのとは異なり、戸惑いが大きかった。その利点を活かすことに気づくのは、まだだいぶ先のことだ。ということで、原稿化されたものが本のかたちになるまで、思わぬ時間を要してしまった。

そしてもう一つは、「演劇史」という重みである。歴史は客観的記述と思われがちだが、主観を入れずに記述することは難しい。何を書くか、というより何を書かないのか。つねに選択を迫られるからだ。その上講義録であるから、一回九〇分という制約がある。ここでも取捨選択を決断しなければならなかった。何を選び、何を捨てるかで自分の歴史認識が問われてくる。校正の最終段階になっても、そうした自分と向き合うことが強いられた。これまでの著作にない経験だった。やはり演劇史を書くのは他の評論とは違う重みがある。

「日本演劇史」についてはじめて大学で講義したのは、今から二五年以上も前のことである。ただしその時は近代以後を対象とした演劇史で、古代の演劇の始まりや、能・狂言、歌舞伎・文楽まで拡大したのは二〇一七年からである。それまでは「日本演劇思想史／論」とし、演劇史と演劇論を交差させるものだった。それを見直し、古代から現代を貫く演劇史を語らねば、「歴史」として不十分ではないかと考えるようになった。

さらに本書の四部以降にあたる章は、それまでとはまったく異なり、はじめて編年体で語った。従来は、六〇年代以後の劇作家、演出家を「作家論」として語ってきたが、それを改めたのである。二〇一五年に『［証言］日本のアングラ』を刊行し、「作家論」をひとまずまとめたことも理由のひとつである。

四部以降の記述には原型がある。二〇〇三年に書いたもので、これは一九六七年から二〇〇三年を四つのパートに分けて論じたものである。この論考を『劇的クロニクル』（二〇〇六年）の冒頭に収録したところ、評判がよかった。今回、二〇〇三年以降をさらに二章分、加筆した。結局、約五〇年間を六つのパートに分け論じたことになる。ただし、二一世紀以降は「歴史」というより現在形に近い。したがって第五部は演劇時評を拡大したものである。可能であるならば、五年後くらいに、この部は書き改め、演劇史にふさわしい記述にしたいと考えている。

本書のもとになった講義録をテープ起こししてくれたのは、明治学院大学大学院生の石倉和真さんである。彼は大学院に入学した二〇一七年度の「文化史」の講義に出席し、毎回録音して講義録を原稿化してくれた。そればかりか本文を読んで適切な意見を述べてくれ、脚注も担当してくれた。彼はその間、修士論文を書き、現在博士課程に在籍している。日本近・現代演劇の研究者であり、舞台批評も執筆する、今後の演劇評論の有力な担い手だ。

また本書の刊行にさいして、論創社の方々には感謝したい。とくに編集を担当してくれた森下雄二郎さんにはたいへんお世話になった。遅々として進まない原稿や校正のあがりを辛抱強く待ってくれた。そのお蔭で、ある程度納得のいくものに仕上げることができた。書物とは個人の作業であるとともに、集団の営みであることを、今回ほど身に染みたことはない。あとは読者の判断にゆだねたい。

二〇二〇年二月

西堂 行人

第二版改訂にあたって

1

本書が刊行された二〇二〇年四月から二年経って、第二版を出すことになった。

本書の最終（第二十二）章「危機の時代の演劇」で扱った二〇一八年以後の三年間を補足することが目的である。二〇二〇年二月に「おわりに」を記した時点で、われわれはまだ未曽有の感染症の時代を迎えようとは思ってもみなかった。そのわずか数ヵ月後に新型コロナウィルスのパンデミックが世界中を覆い尽くした。東日本大震災とそれに連動した福島第一原発事故により、日本人が危機的状況に置かれた二〇一一年三月以降と、また別の闘い方をわれわれは強いられた。

新型コロナウィルスは目に見えない恐怖と不安を人びとに与えた。人と人との距離をとり、面と向かって話し合うことが禁じられ、俳優と観客が同じ空間を共有してこそ生まれる濃密な関係は遠ざけられた。その結果、従来の上演は不可能になった。

二〇二〇年四月から三ヵ月間、日本のほとんどの劇場で公演は絶えてしまった。おそらく百年に一度あるかないかの空前の出来事である。七月になって劇場が再開した時、舞台に立つ俳優は人前で演じる喜びにあふれ、舞台に立ち会う観客は上演されることの〝奇跡〟を改めて認識したのである。社会的距離（ソーシャルディスタンス）という言葉が日常語となり、「自粛警察」という不穏な言葉も生まれた。マスク着用が常態になり、街の飲食店は時短営業を余儀なくされ、旅行やさまざまな行事が中止に追いやられた。病床者を自由に見舞うことも許されず、近親者や友人の死を悼む機会すら与えられない事態は、死という尊厳までもが奪われたに等しい。

2

演劇は身軽な表現である。とりたてて装置がない空間でも、この身一つで舞台は成立する。こうした「持たざる演劇」は、非常時にかえって効果的だ。例えば、三好十郎の旧作『殺意　ストリップショウ』は、鈴木杏の一人芝居でほぼ裸舞台だった。言葉と身体だけを取り出した栗山民也演出と、鈴木の体当たりの演技は、観客の想像力をかき立て、深い感銘を与えた。

大劇場や大がかりなセットを必要とする舞台はなかなか立ち直れなかった。劇団四季や宝塚歌劇団など大劇場公演は、上演中止の打撃は大きく、期間が長びくにつれ、経済的に圧迫されていった。一方、小空間で少人数で演じられる小劇場は、被害を最小限に食い止め、果敢に上演を試みた。

オンラインを使った上演も盛んに試みられた。別々の空間で稽古をし、個別の演技を画面上で統合することで、見た目での上演は成立する。だが同一空間を共有する俳優と観客は分離し、演劇に必須の相互交流という関係性は失われた。上演活動の停滞と、ステイホームによる仕事の激減は演劇人から活力を奪い、経済的に追い詰めた。こうした状況下で、多くの演劇人は「自分にとって演劇とは何か」、「社会にとって演劇は必要か」を問い続け、多くの試行錯誤を繰り返した。だが、自分たちの演劇を理論的に鍛え直す好機でもあった。危機を乗り越えた先には、新しい演劇を生み出すだろう。

二〇二〇年秋以降、演劇界は収容人員を五割にし、客席間の距離をとるなど感染対策に工夫をこらし、上演活動を徐々に復活させた。演劇人は徹底した健康管理と劇場の浄化で、息を吹き返した。だがかつてのような演劇が復活したわけではない。生き残るのは、演劇の本質に根ざした舞台だけである。小手先の技術はたちまち廃れ、演劇は淘汰された。現代演劇は大きな変質を余儀なくされつつあるのだ。

3

二十一世紀に入って、インターネットの発達とＩＴの進化により世界は急速に一体化した。経済の「地球化（グローバル化）」は「地球温暖化」を悪化させ、食料危機や環境破壊をもたらした。同時に、情報格差が明確化し、それにともなって差別や貧困といった二〇世紀にすでに問題化していた事象がいっそう深刻化し、断絶感が決定的になった。しかもグローバル化は必然的に国歌間の競争を激化させ、生存を懸けた資源獲得競争がはじまった。二回にわたる世界大戦の要因となった〈帝国〉の状況が再び出現したと言えよう。グルーバル化は多様性の受容には進まず、むしろ大国の覇権主義が再来したのである。

こうした中で演劇に求められるものは何か。それは「娯楽」や「教養」からもう一歩踏み込んだ「思想」ではないか。思想を構築するためには、歴史を振り返り、かつての「過ち」を再検討することが有力な手掛かりとなる。

二〇二一年に上演された劇団チョコレートケーキの『帰還不能点』（作＝古川健、演出＝日澤雄介）は文字通り、歴史的な過ちを問う秀作だった。太平洋戦争前夜、なぜ日本人は米国との戦争で必敗することを知りながら、戦争突入を止められなかったのか。われわれは過去の歴史を再び問い直し、現在に召喚しなければならない。永井愛のメディア社会の低落を問う「ザ・空気」シリーズも民主主義を平気で踏みにじる政府自民党の暴走を皮肉る快作だった。政治の劣化と愚民化がもたらす社会を多くの舞台が提出した。

感染症拡大が収まらない二〇二一年、それでも東京五輪・パラリンピックは遂行された。無観客で視聴者はテレビの画面越しに身体の競演を見た。演劇は「マイナー」であるがゆえに自粛を求められたが、国家行事は「政治的」使命として、威信をかけて開催された。もはや「平和」も「平等」もなく、「復興五輪」はいつしか「コロナ禍を乗り越えた象徴」にすげ変えられた。最終的には、米国の巨大資本の商業主義の枠の中で、世界的ショウは断行されたのだ。

演劇もまた同じ命運をたどっていないだろうか。理念や思想が後退し、娯楽や癒しだけの演劇はひどく痩せたものに映し出される。社会的使命を失えば、不要不急の名目の下、たちまち切り棄てられる。

コロナ禍はそうした現状や演劇の位置を明るみに出した。と同時に、その淵からの克服の道や来るべき演劇の使命も仄見えてくる。

二〇一八年から現在までの数年間で、演劇はまた新しい局面を迎えた。

二〇二二年二月

西堂　行人

西堂行人
（にしどう・こうじん）

演劇評論家。国際演劇評論家協会（AICT）日本センター元会長（2006 ～ 2012）。日韓演劇交流センター副会長（2003 ～ 2023）。

1954年10月東京生まれ。早稲田大学文学部（演劇専修）卒。同大学院中退。
60年代以降の現代演劇を中心テーマに、アングラ・小劇場ムーブメントを理論化する。80年代末から世界演劇にも視野を広げ、韓国演劇及びドイツの劇作家ハイナー・ミュラーの研究。
90年代以降は大学で教育に関わる。「世界演劇講座」を2006年から開講。劇評講座、シンポジウム企画も多数。

主な著書に『演劇思想の冒険』『ハイナー・ミュラーと世界演劇』『劇的クロニクル』（以上論創社）『見ることの冒険』『小劇場は死滅したか』『ドラマティストの肖像』（以上れんが書房新社）『韓国演劇への旅』『現代演劇の条件』『演劇は可能か』（以上晩成書房）『［証言］日本のアングラ――演劇革命の旗手たち』『蜷川幸雄×松本雄吉――二人の演出家の死を超えて』『ゆっくりの美学――太田省吾の劇宇宙』『新時代を生きる劇作家たち』（以上作品社）。

編著に『演出家の仕事――六〇年代・アングラ・演劇革命』『八〇年代・小劇場演劇の展開――演出家の仕事③』（以上れんが書房新社）『如月小春は広場だった――60人が語る如月小春』（新宿書房）『近大はマグロだけじゃない！』『コロナ禍を生き抜く演劇論』『敗れざる者たちの演劇志』（以上論創社）『「残響の轟音」から――震災・原発と演劇』（晩成書房）『唐十郎特別講義――演劇・芸術・文学クロストーク』（国書刊行会）がある。

2016年3月まで近畿大学文芸学部教授。2017年4月から、明治学院大学文学部芸術学科教授。2023年まで。

日本演劇思想史講義

2020年4月20日　初版第1刷発行
2024年4月20日　二版第2刷発行

著者　西堂行人
発行者　森下紀夫
発行所　論創社
東京都千代田区神田神保町2-23　北井ビル
電話　03（3264）5254　振替口座00160-1-155266
装釘　宗利淳一
印刷・製本　中央精版印刷
ISBN978-4-8460-1892-4